Anleitung

zur steueramtlichen Ermittelung der Dichte
und des Gewichts

von

amerikanischem und russischem Petroleum

und dessen Produkten

mittelst des

Thermo-Aräometers.

Herausgegeben

von der

Kaiserlichen Normal-Aichungs-Kommission.

Springer-Verlag Berlin Heidelberg GmbH 1893

ISBN 978-3-662-39402-1 ISBN 978-3-662-40463-8 (eBook)
DOI 10.1007/978-3-662-40463-8

Anstatt aber für die Dichteermittelungen diese Normaltemperatur jedesmal herzustellen, was meist zu umständlich und unsicher ist, bedient man sich wie im vorigen Falle einer rechnungsmäßigen Verbesserung, durch welche die bei anderen Temperaturen ermittelten Dichten in die bei der Normaltemperatur stattfindenden verwandelt werden. Als Normaltemperatur für die bei dieser Tafel in Betracht kommenden Oele ist + 15° der hunderttheiligen Skale gewählt. Dieselbe Temperatur + 15° ist auch für das Aräometer selbst als Normaltemperatur angenommen. Die Ueberführung der scheinbaren Dichte in wahre Dichte und die Berechnung der wahren Dichte bei + 15° aus dieser wahren Dichte bei der Ablesungstemperatur ist in Tafel 1 und der Ergänzungstafel vereinigt. Bei der Ablesung des Aräometers ist nach Obigem die gleichzeitige Ablesung der Temperatur keinesfalls zu umgehen. Um die Anwendung eines besonderen Thermometers neben dem Aräometer zu vermeiden, ist letzteres mit einem Thermometer vereinigt und wird dementsprechend genauer als Thermo-Aräometer bezeichnet.

4. Tafel 1 dient zur Ermittelung der wahren Dichte bei + 15° für amerikanisches Petroleum und dessen Produkte. Sie giebt hiernach zu jeder abgelesenen scheinbaren Dichte und jeder abgelesenen Temperatur die wahre Dichte bei + 15°; sie umfaßt alle abgelesenen Dichten zwischen 0,620 und 0,920, fortschreitend nach Einheiten der dritten Dezimale. Für die Dichten bis zu 0,840, zu welchen die drei ersten der in der Bekanntmachung vom 23. Dezember 1891 (Reichs-Gesetzbl. 1891, Beilage zu Nr. 31) aufgeführten Thermo-Aräometer gehören, sind die wahren Dichten auf 0,0005 angegeben, über 0,840 nur noch auf 0,001. Für Anfang und Ende der Temperaturangaben in Tafel 1 war einerseits der Umfang der Thermometerskalen der Thermo-Aräometer, wie er entsprechend den Bedürfnissen im Gebrauch und Betrieb festgesetzt worden ist, maßgebend, andererseits die Siede- und Trübungstemperatur der Mineralöle. Dementsprechend gehen die Temperaturen für das Dichte-Intervall 0,620 bis 0,840, wie bei den entsprechenden Thermo-Aräometern, im Allgemeinen von — 10° bis + 35° und schreiten nach halben Graden fort, brechen jedoch für die leichten Oele, welche schon bei Temperaturen unter + 35° sieden, vorher ab und beginnen bei den schwereren Oelen hinter — 10°, weil von diesen manche Oele schon bei 0° sich zu trüben beginnen. Für die Dichten von 0,841 bis 0,920 schreiten die Temperaturen nach ganzen Graden fort und reichen von 0° oder + 5° bis + 60°. Auf jeder Seite der Tafel stehen in der überschriebenen Querzeile die abgelesenen scheinbaren Dichten, in der ersten Längsspalte die zugehörigen abgelesenen Temperaturen; die auf die erste Spalte folgenden 10 Spalten enthalten die wahren Dichten bei + 15°, welche zu den in der ersten Querzeile darüber-

Einleitung.

§. 1.

Scheinbare und wahre Dichte, Anwendung der Tafel 1 und der Ergänzungstafel.

1. Das Aräometer dient zur Ermittelung der Dichte von Flüssigkeiten. Die Einheit der Skalenangaben ist die Dichte, welche das reine Wasser unter normalen Verhältnissen im Zustande größter Zusammenziehung (bei etwa + 4° C.) besitzt, d. h. die Aräometerskale giebt an, in welchem Verhältniß die in einem Raumtheil der Flüssigkeit enthaltene Masse zu der Masse steht, welche in einem gleichen Raumtheil Wassers von obiger Beschaffenheit enthalten ist.

2. Das Aräometer würde in jeder Flüssigkeit unmittelbar die richtige Dichte angeben, wenn es stets dieselbe Temperatur behielte. Da dies jedoch nicht der Fall ist, und sich mit wechselnder Temperatur, in Folge der Ausdehnung des Glases, sein Volumen ändert, so zeigt es eine im Verhältniß zur wirklichen Dichte z. B. um so größere Dichte an, je höher seine Temperatur ist, und daher können seine Skalenangaben nur für *eine* bestimmte Temperatur genaue Geltung haben. Diese Temperatur, für welche das Aräometer abgeglichen ist, heißt die *Normaltemperatur des Aräometers*; die Angaben bei der Normaltemperatur sind *wahre* Dichten, bei allen anderen Temperaturen *scheinbare*. Um aus der am Aräometer unmittelbar abgelesenen scheinbaren Dichte die wahre zu ermitteln, hat man hiernach an erstere eine Verbesserung anzubringen, welche der durch die Abweichung von der Normaltemperatur bedingten Ausdehnung oder Zusammenziehung des Instruments Rechnung trägt.

3. Auch die Flüssigkeiten erfahren durch Temperaturänderungen bei gleichbleibendem Gewicht Veränderungen ihres Raumgehalts, haben also je nach der Temperatur verschiedene Dichten. Sollen Dichteangaben daher vergleichbar sein, so müssen sie sich auf eine und dieselbe Temperatur der Flüssigkeit beziehen. Man wählt dafür ebenfalls eine bestimmte Temperatur, *die Normaltemperatur der Flüssigkeit*.

stehenden abgelesenen scheinbaren Dichten und zu den in der ersten Längsspalte vertretenen abgelesenen Temperaturen gehören; je 10 Dichten nehmen 2 Seiten in Anspruch; auf der einen Seite sind die Zahlen für die niederen, auf der anderen diejenigen für die höheren abgelesenen Temperaturen zusammengestellt.

Wird das Thermo-Aräometer nicht nur auf ganze Einheiten der dritten Dezimale, sondern auf Zehntel dieser Dezimale abgelesen, so sind entweder diese Zehntel zu der für die nächst niedrigeren Ablesungen in ganzen Einheiten der dritten Dezimale gehörigen wahren Dichte zu addiren, oder es wird, was besser ist, zwischen den betreffenden Zahlen für die einschließenden ganzen Einheiten der dritten Dezimalen nach bekannten Regeln interpolirt.

5. Da die Mineralöle verschiedener Herkunft selbst bei gleicher Dichte sich nicht gleich ausdehnen, war es nothwendig, für die Oele verschiedener Herkunft auch besondere Tafeln zu berechnen. Hier kommen neben den amerikanischen einstweilen nur die russischen Petroleumprodukte in Frage. Die Abweichung der Ausdehnung der russischen von der Ausdehnung der amerikanischen Petroleumprodukte ist indessen so gering, daß dieselbe, wo eine größere Genauigkeit in der Ermittelung der Dichte als 0,002 nicht erforderlich scheint, unberücksichtigt bleiben und die Tafel 1 auch für die russischen Petroleumprodukte Anwendung finden darf. In den anderen Fällen genügt es, an die Zahlen der Tafel 1 Verbesserungen anzubringen, welche mit der Temperatur und der Dichte sich verändern, die man aber innerhalb 10 Einheiten der dritten Dezimale der Dichte als sich gleich bleibend ansehen kann.

Die Ergänzungstafel zu Tafel 1 enthält diese Verbesserungen, also diejenigen Zahlen, welche man zu den Zahlen der Tafel 1 hinzuzufügen oder von diesen Zahlen abzuziehen hat, um die wahren Dichten bei + 15° für die russischen Petroleumprodukte zu erhalten. Sie umfaßt alle abgelesenen Dichten zwischen 0,650 und 0,920, fortschreitend von 10 zu 10 Einheiten der dritten Dezimale. Im Uebrigen ist die Einrichtung die nämliche wie bei Tafel 1.

Es sei, als Beispiel für die Anwendung beider Tafeln, in einem Petroleumprodukt russischer Herkunft an der Aräometerskale die scheinbare Dichte 0,755, an der Thermometerskale in einem Falle die Temperatur — 5,5°, in einem andern Falle + 28° abgelesen. Die Rechnung ergiebt

Tafel 1	0,739		0,7645
Ergänzungstafel, Abzug	0,0015	Zuschlag	0,001
Wahre Dichte bei + 15°	0,7375		0,7655

6. Die Tafeln sind aus Versuchen berechnet, welche hinsichtlich der thermischen Ausdehnung der betreffenden Mineralöle die Normal-

Aichungs-Kommission ausgeführt hat. Die benutzten Mineralöle waren amerikanisches und russisches Rohpetroleum und dessen Destillationsprodukte, wie Rhigolen, Petroleumäther, Benzin, Naphta, Leuchtöl u. s. f. sowie die aus demselben hergestellten Schmieröle, sämmtlich aus Bremen und Hamburg beschafft. Es ist möglich, daß in späteren Jahren bei diesen Oelen, sei es in Folge Aenderung des Raffinationsverfahrens, sei es dadurch, daß anders geartete Oele erbohrt werden, die Tafeln nicht mehr als ausreichend richtig werden gelten können. Die Normal-Aichungs-Kommission wird alljährlich durch Stichproben an neuen Oelen amerikanischer und russischer Herkunft die weitere Gültigkeit der Tafeln feststellen und, sobald es nöthig erscheint, die Tafeln den neuen Verhältnissen entsprechend ändern.

§. 2.

Ablesung der Thermo-Aräometer.

1. Das Mineralöl, dessen Dichte bestimmt werden soll, ist in ein möglichst schlierenfreies, gut durchsichtiges Standglas von durchgehend gleicher Weite und mit matt abgeschliffenem Rande, dessen Durchmesser mindestens doppelt so groß ist als der größte Durchmesser des Thermo-Aräometers, soweit einzufüllen, daß auch beim Eintauchen des Instruments der Flüssigkeitsspiegel noch unterhalb des Gefäßrandes steht.

Nach kräftigem Durchrühren des Oeles wird das Standglas fest aufgestellt und es wird, unter wiederholtem weiteren Rühren, thunlichst abgewartet, bis die Temperatur des Oeles sich mit der Temperatur der umgebenden Luft ausgeglichen hat.

Das gehörig gereinigte Thermo-Aräometer wird dann langsam in die Flüssigkeit eingesenkt, so daß jedes Schwanken der Spindel und damit eine Benetzung oberhalb der Linie der Einstellung vermieden wird.

Die Ablesung des Thermo-Aräometers erfolgt an derjenigen Linie, in welcher der Flüssigkeitsspiegel die Spindel schneidet. Die Ermittelung dieser Schnittlinie wird aber dadurch erschwert, daß um die Spindel ein kleiner, die Schnittlinie verdeckender Flüssigkeitswulst sich bildet, wie solcher in der nachstehenden Zeichnung *A* etwas vergrößert angedeutet ist.

Um die Schnittlinie zu erkennen, bringt man das Auge in eine Stellung dicht unterhalb des Flüssigkeitsspiegels; man erblickt dann an der Stelle, über welcher der Flüssigkeitswulst liegt, nur noch einen Strich, welcher aus dem Flüssigkeitsspiegel zu beiden Seiten der Spindel deutlich hervortritt und scharf von der Spindel sich abhebt. Dieser Strich, wie ihn die nachstehende Zeichnung *B* andeutet, giebt die Schnittlinie. Hält man das Auge zu tief unterhalb des Flüssigkeitsspiegels, so sieht man statt des Striches eine länglich runde Fläche; erst wenn man das Auge hebt, zieht die Fläche sich zu dem Strich zusammen.

Unmittelbar auf die Ablesung der Aräometerskale folgt die Ablesung der Thermometerskale. Dabei bringt man das Auge in gleiche Höhe mit dem Ende des Quecksilberfadens, so daß die dort befindlichen Theilstriche ihrem ganzen Verlaufe nach geradlinig erscheinen.

Als Angaben für die scheinbare Dichte und die Temperatur werden meistens diejenigen der zunächstliegenden Skalenstriche und, bei gleicher Entfernung der Ablesungsstelle von zwei benachbarten Skalenstrichen, diejenigen der oberen Striche gelten können.

A. *B.*

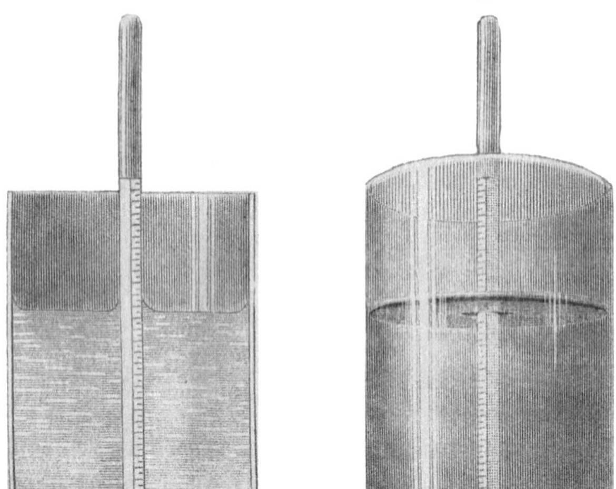

Genauer erhält man die Angaben, wenn man den Zwischenraum zwischen der Ablesungslinie (an der Aräometerskale) bezw. der Quecksilberkuppe (am Thermometer) und dem zunächst darunter liegenden Skalenstrich mit dem ganzen Skalentheil vergleicht, und zwar bei der Aräometerskale mit dem benachbarten unteren, weil nur dieser ganz sichtbar ist. Der so abgeschätzte Betrag dieses Zwischenraumes ist am Aräometer von dem Ablesungswerth des unteren Skalenstriches abzuziehen, am Thermometer diesem Werth hinzuzufügen.

2. Bei undurchsichtigen Oelen ist es natürlich nicht möglich, die Ablesungslinie am Flüssigkeitsspiegel zu erkennen. Man liest daher an derjenigen Stelle ab, an welcher der Flüssigkeitswulst an der Spindel aufzuhören scheint. Da jedoch alle Thermo-Aräometer ohne Ausnahme so berichtigt sind, daß nur die Angaben am Flüssigkeitsspiegel maßgebend sind, so ist hier an die Ablesung noch eine Verbesserung anzubringen, welche der Höhe des Wulstes Rechnung trägt. Angesichts der für die Thermo-Aräometer vorgeschriebenen erheblichen Abmessungen wird es im Allgemeinen genügen, zu der Ablesung am Wulstrande noch eine Einheit der dritten Dezimale hinzuzufügen, um den richtigen Werth für die Dichte zu erhalten; genauer hat man, je nachdem die Länge der Aräometerskale des betreffenden Instruments zwischen 140 mm und 160 mm bezw. zwischen 160 mm und 180 mm beträgt, 0,0015 bezw. 0,001 hinzuzufügen. Es bedarf dann zuvor einer Messung dieser Länge, welche mittelst eines Kantmaaßstabes durch Anlegen an den die Striche enthaltenden Theil der Skale erlangt wird. Den Einfluß, welchen auch die Dichte der betreffenden Flüssigkeiten auf diese Verbesserung hat, zu berücksichtigen, hat sich bei der hier zu erstrebenden Genauigkeit als unnöthig erwiesen; ebenso konnte, nachdem für die Dicke der Spindeln bestimmte Grenzen vorgeschrieben waren, auch von dem Einfluß des Durchmessers abgesehen werden.

Auch das Thermometer kann in undurchsichtigen Oelen nicht ohne Weiteres abgelesen werden. Zieht man es nicht vor, ein besonderes Thermometer anzuwenden, welches man, aber niemals zugleich mit dem Aräometer, bis zum Ende des Quecksilberfadens einsenkt, so kann man nach der Ablesung der Aräometerskale entweder das Instrument unmittelbar an die Wand des Standgefäßes heranbringen, oder man kann, was vorzuziehen ist, dieses Instrument aus der Flüssigkeit soweit herausziehen, bis gerade das Ende des Quecksilberfadens erscheint. Bei undurchsichtigen Flüssigkeiten können auch Standgefäße aus Metall zur Anwendung kommen; dann kann nur von der zweiten Methode Gebrauch gemacht werden.

3. Wiewohl nach den in den Vorschriften erlassenen Bestimmungen die dauerhafte Befestigung der Skalen gesichert sein soll, kann es doch vorkommen, daß die Skalen im Gebrauch sich loslösen und verschieben. Am Thermometer kann man sich davon, daß die Skale noch in der richtigen Lage verharrt, sehr leicht dadurch überzeugen, daß man das Instrument in schmelzendes geschabtes Eis einsenkt und abliest. Die Ablesung darf alsdann höchstens um den Betrag der Fehlergrenze (bei Theilung in halbe Grade um 0,2° und bei Theilung in ganze Grade um 0,4°) von Null abweichen.

Am Aräometer ist oben an der Skale auf die Spindel ein Strich aufgeätzt, welcher mit dem oberen Rande dieser Skale zusammenfallen soll; eine Verschiebung der Aräometerskale ist hier also an der Entfernung des oberen Aetzstriches von der Papierskale zu erkennen.

Noch aus einem anderen Grunde können die Skalen sich verändern. Das Papier ändert mit wechselnder Temperatur nicht allein in Folge der gewöhnlichen thermischen Ausdehnung, sondern auch durch Feuchtigkeitsverlust und durch andere noch nicht genügend erforschte Vorgänge seine Länge. Die Aenderungen sind bis zu + 60° bei gewöhnlichem Papier, welches in dieser Hinsicht die günstigsten Verhältnisse bietet, noch nicht sehr erheblich, sie wachsen aber mit steigender Temperatur sehr rasch an und können erhebliche Beträge erreichen; beim Rückgang der Temperatur können dieselben, je nach den obwaltenden Verhältnissen und nach der Art des Papiers, ganz oder theilweise bestehen bleiben. Mit Rücksicht hierauf ist vorgeschrieben worden, daß das Thermometer ohne Gefahr des Zerspringens höchstens bis zu + 70° soll erwärmt werden können. Da aber ein Theil der Thermo-Aräometer immerhin zur Anwendung bei Temperaturen bis zu + 60° bestimmt ist, wird in Betreff des Nachweises von Veränderungen der Skalen Folgendes bemerkt.

Weil die Skalen an ihrem oberen Ende befestigt, am unteren Ende frei sind, wird beim Eintreten solcher Veränderungen nur das untere Ende eine Verschiebung zeigen. Am Thermometer erkennt man dieselbe wieder durch eine Eispunktsbestimmung; hier fällt sie auch im Verhältniß zu der vorgeschriebenen Länge eines kleinsten Theilabschnitts und dem Einfluß der Temperaturerhöhungen auf die Dichte bei Erwärmungen, welche + 60° nicht überschreiten, nicht ins Gewicht.

Am Aräometer ist zur unmittelbaren Erkennung der Veränderungen unterhalb des untersten Striches der Skale auf die Spindel ein zweiter Strich aufgeätzt, dessen oberer Rand mit diesem untersten Strich zusammenfallen soll. Aus der Lage dieses Aetzstriches zum untersten Skalenstrich kann man ersehen, ob derartige Veränderungen eingetreten sind oder nicht. Im Bejahungsfalle — die Veränderung wird fast immer in einer Verkürzung der Skale bestehen — wird man im Privatgebrauch ihr dadurch Rechnung tragen können, daß man von den Angaben des Aräometers den, in Theilen der Dichte auszudrückenden, Betrag dieser Veränderung in von unten nach oben proportional abnehmender Größe abzieht. Eine fernere Berufung auf die amtliche Aichung des Instruments ist aber nur zulässig, wenn zuvor das Instrument an ein Aichamt eingesendet wird, welches entscheidet, ob die Angaben des Instruments noch die Fehlergrenze einhalten.

§. 3.

Gewichtsermittelung mit Tafel 2.

Wenn bei der Steuerabfertigung die Kenntniß des Gewichts einer Oelmenge erforderlich ist, so wird im Allgemeinen die Oelmenge unmittelbar zu verwiegen sein. In denjenigen Fällen jedoch, in welchen eine solche Verwiegung nicht angängig ist, kann das Gewicht auch aus dem Raumgehalt der Oelmenge und ihrer Dichte berechnet werden; hierzu ermittelt man erst den Raumgehalt in Liter, senkt das Thermo-Aräometer ein und liest an diesem die scheinbare Dichte ab. Die Berechnung des Gewichts erfolgt alsdann mit Hülfe der Tafel 2.

Diese Tafel 2 giebt zu jeder Dichte innerhalb 0,620 bis 0,919 und den Einern, Zehnern, Hunderten, Tausenden des Liter das zugehörige Gewicht in Kilogramm, und zwar unterhalb 1000 Liter auf Zehntel des Kilogramm, von 1000 Liter aufwärts auf ganze Kilogramm abgerundet. Die Dichten schreiten von Einheit zu Einheit der dritten Dezimale fort, je 10 Dichten stehen auf einer Seite in der überschriebenen Querzeile. Die Liter sind in der ersten Längsspalte zusammengestellt, die anderen Längsspalten enthalten die Gewichte, welche zu den in der ersten Querzeile darüberstehenden abgelesenen scheinbaren Dichten und zu den in der ersten Längsspalte aufgeführten Liter gehören. Setzt sich ein Raumgehalt aus Tausenden, Hunderten, Zehnern und Einern des Liter zusammen, so gewinnt man das Gewicht durch Zusammenzählen der in der Tafel für die Tausende, Hunderte, Zehner und Einer des Liter gegebenen Zahlen.

Als Beispiel für die Anwendung der Tafel 2 sei als Raumgehalt 9658 Liter, als Dichte 0,764 abgelesen. Dann beträgt das Gewicht

bei 0,764 für	9000 Liter	. . . . .	6866 kg
„ „ „	600 „	. . . . . .	457,7 „
„ „ „	50 „	. . . . . .	38,2 „
„ „ „	8 „	. . . . . .	6,1 „
mithin zusammen für	9658 Liter	. . . . .	7368,0 kg.

Tafeln

zur steueramtlichen Ermittelung der Dichte und des Gewichts

von

amerikanischem und russischem Petroleum

und dessen Produkten

mittelst des

Thermo-Aräometers.

Tafel 1
zur Ermittelung der wahren Dichte bei + 15°.

Wärmegrad	Scheinbare Dichte									
	0,620	0,621	0,622	0,623	0,624	0,625	0,626	0,627	0,628	0,629
	Wahre Dichte bei + 15° für obige scheinbare Dichte									
—10	0,5955	0,5965	0,5975	0,5985	0,600	0,601	0,602	0,603	0,604	0,605
9,5	0,596	0,597	0,598	0,599	0,600	0,6015	0,6025	0,6035	0,6045	0,6055
9	0,5965	0,5975	0,5985	0,5995	0,6005	0,6015	0,603	0,604	0,605	0,606
8,5	0,597	0,598	0,599	0,600	0,601	0,602	0,603	0,6045	0,6055	0,6065
— 8	0,5975	0,5985	0,5995	0,6005	0,6015	0,6025	0,6035	0,605	0,606	0,607
— 7,5	0,598	0,599	0,600	0,601	0,602	0,603	0,604	0,605	0,606	0,607
7	0,5985	0,5995	0,6005	0,6015	0,6025	0,6035	0,6045	0,6055	0,6065	0,6075
6,5	0,599	0,600	0,601	0,602	0,603	0,604	0,605	0,606	0,607	0,608
6	0,5995	0,6005	0,6015	0,6025	0,6035	0,6045	0,6055	0,6065	0,6075	0,6085
— 5,5	0,600	0,601	0,602	0,603	0,604	0,605	0,606	0,607	0,608	0,609
— 5	0,6005	0,6015	0,6025	0,6035	0,6045	0,6055	0,6065	0,6075	0,6085	0,6095
4,5	0,601	0,602	0,603	0,604	0,605	0,606	0,607	0,608	0,609	0,610
4	0,6015	0,6025	0,6035	0,6045	0,6055	0,6065	0,6075	0,6085	0,6095	0,6105
3,5	0,602	0,603	0,604	0,605	0,606	0,607	0,608	0,609	0,610	0,611
— 3	0,6025	0,6035	0,6045	0,6055	0,6065	0,6075	0,6085	0,6095	0,6105	0,6115
— 2,5	0,603	0,604	0,605	0,606	0,607	0,608	0,609	0,610	0,611	0,612
2	0,603	0,604	0,6055	0,6065	0,6075	0,6085	0,6095	0,6105	0,6115	0,6125
1,5	0,6035	0,6045	0,6055	0,607	0,608	0,609	0,610	0,611	0,612	0,613
1	0,604	0,605	0,606	0,607	0,6085	0,6095	0,6105	0,6115	0,6125	0,6135
— 0,5	0,6045	0,6055	0,6065	0,6075	0,6085	0,610	0,611	0,612	0,613	0,614
0	0,605	0,606	0,607	0,608	0,609	0,610	0,611	0,6125	0,6135	0,6145
+ 0,5	0,6055	0,6065	0,6075	0,6085	0,6095	0,6105	0,6115	0,6125	0,6135	0,615
1	0,606	0,607	0,608	0,609	0,610	0,611	0,612	0,613	0,614	0,615
1,5	0,6065	0,6075	0,6085	0,6095	0,6105	0,6115	0,6125	0,6135	0,6145	0,6155
2	0,607	0,608	0,609	0,610	0,611	0,612	0,613	0,614	0,615	0,616
+ 2,5	0,6075	0,6085	0,6095	0,6105	0,6115	0,6125	0,6135	0,6145	0,6155	0,6165
+ 3	0,608	0,609	0,610	0,611	0,612	0,613	0,614	0,615	0,616	0,617
3,5	0,6085	0,6095	0,6105	0,6115	0,6125	0,6135	0,6145	0,6155	0,6165	0,6175
4	0,609	0,610	0,611	0,612	0,613	0,614	0,615	0,616	0,617	0,618
4,5	0,6095	0,6105	0,6115	0,6125	0,6135	0,6145	0,6155	0,6165	0,6175	0,6185
+ 5	0,610	0,611	0,612	0,613	0,614	0,615	0,616	0,617	0,618	0,619
+ 5,5	0,6105	0,6115	0,6125	0,6135	0,6145	0,6155	0,6165	0,6175	0,6185	0,6195
6	0,611	0,612	0,613	0,614	0,615	0,616	0,617	0,618	0,619	0,620
6,5	0,6115	0,6125	0,6135	0,6145	0,6155	0,6165	0,6175	0,6185	0,6195	0,6205
7	0,612	0,613	0,614	0,615	0,616	0,617	0,618	0,619	0,620	0,621
+ 7,5	0,6125	0,6135	0,6145	0,6155	0,6165	0,6175	0,6185	0,6195	0,6205	0,6215
+ 8	0,613	0,614	0,615	0,616	0,617	0,618	0,619	0,620	0,621	0,622
8,5	0,6135	0,6145	0,6155	0,6165	0,6175	0,6185	0,6195	0,6205	0,6215	0,6225
9	0,614	0,615	0,616	0,617	0,618	0,619	0,620	0,621	0,622	0,623
9,5	0,6145	0,6155	0,6165	0,6175	0,6185	0,6195	0,6205	0,6215	0,6225	0,6235
+10	0,615	0,616	0,617	0,618	0,619	0,620	0,621	0,622	0,623	0,624
+10,5	0,6155	0,6165	0,6175	0,6185	0,6195	0,6205	0,6215	0,6225	0,6235	0,6245
11	0,616	0,617	0,618	0,619	0,620	0,621	0,622	0,623	0,624	0,625
11,5	0,6165	0,6175	0,6185	0,6195	0,6205	0,6215	0,6225	0,6235	0,6245	0,6255
12	0,617	0,618	0,619	0,620	0,621	0,622	0,623	0,624	0,625	0,626
+12,5	0,6175	0,6185	0,6195	0,6205	0,6215	0,6225	0,6235	0,6245	0,6255	0,6265

Tafel 1
zur Ermittelung der wahren Dichte bei + 15°.

Wärmegrad	Scheinbare Dichte									
	0,620	0,621	0,622	0,623	0,624	0,625	0,626	0,627	0,628	0,629
	Wahre Dichte bei + 15° für obige scheinbare Dichte									
+13	0,618	0,619	0,620	0,621	0,622	0,623	0,624	0,625	0,626	0,627
13,5	0,6185	0,6195	0,6205	0,6215	0,6225	0,6235	0,6245	0,6255	0,6265	0,6275
14	0,619	0,620	0,621	0,622	0,623	0,624	0,625	0,626	0,627	0,628
14,5	0,6195	0,6205	0,6215	0,6225	0,6235	0,6245	0,6255	0,6265	0,6275	0,6285
+15	0,620	0,621	0,622	0,623	0,624	0,625	0,626	0,627	0,628	0,629
+15,5	0,6205	0,6215	0,6225	0,6235	0,6245	0,6255	0,6265	0,6275	0,6285	0,6295
16	0,621	0,622	0,623	0,624	0,625	0,626	0,627	0,628	0,629	0,630
16,5	0,6215	0,6225	0,6235	0,6245	0,6255	0,6265	0,6275	0,6285	0,6295	0,6305
17	0,622	0,623	0,624	0,625	0,626	0,627	0,628	0,629	0,630	0,631
+17,5	0,6225	0,6235	0,6245	0,6255	0,6265	0,6275	0,6285	0,6295	0,6305	0,6315
+18	0,623	0,624	0,625	0,626	0,627	0,628	0,629	0,630	0,631	0,632
18,5	0,6235	0,6245	0,6255	0,6265	0,6275	0,6285	0,6295	0,6305	0,6315	0,6325
19	0,624	0,625	0,626	0,627	0,628	0,629	0,630	0,631	0,632	0,633
19,5	0,6245	0,6255	0,6265	0,6275	0,6285	0,6295	0,6305	0,6315	0,6325	0,6335
+20	0,625	0,626	0,627	0,628	0,629	0,630	0,631	0,632	0,633	0,634
+20,5	0,6255	0,6265	0,6275	0,6285	0,6295	0,6305	0,6315	0,6325	0,6335	0,6345
21	0,626	0,627	0,628	0,629	0,630	0,631	0,632	0,633	0,634	0,635
21,5	0,6265	0,6275	0,6285	0,6295	0,6305	0,6315	0,6325	0,6335	0,6345	0,6355
22	0,627	0,628	0,629	0,630	0,631	0,632	0,633	0,634	0,635	0,636
+22,5	0,6275	0,6285	0,6295	0,6305	0,6315	0,6325	0,6335	0,6345	0,6355	0,6365
+23	0,628	0,629	0,630	0,631	0,632	0,633	0,634	0,635	0,636	0,637
23,5	0,6285	0,6295	0,6305	0,6315	0,6325	0,6335	0,6345	0,6355	0,6365	0,6375
24	0,629	0,630	0,631	0,632	0,633	0,634	0,635	0,636	0,637	0,638
24,5						0,634	0,635	0,636	0,637	0,638
+25						0,6345	0,6355	0,6365	0,6375	0,6385
+25,5						0,635	0,636	0,637	0,638	0,639
26						0,6355	0,6365	0,6375	0,6385	0,6395

Tafel 1

zur Ermittelung der wahren Dichte bei + 15°.

Wärmegrad	Scheinbare Dichte 0,630	0,631	0,632	0,633	0,634	0,635	0,636	0,637	0,638	0,639
	Wahre Dichte bei + 15° für obige scheinbare Dichte									
—10	0,606	0,607	0,608	0,609	0,610	0,611	0,612	0,613	0,614	0,615
9,5	0,6065	0,6075	0,6085	0,6095	0,6105	0,6115	0,6125	0,6135	0,6145	0,6155
9	0,607	0,608	0,609	0,610	0,611	0,612	0,613	0,614	0,615	0,616
8,5	0,6075	0,6085	0,6095	0,6105	0,6115	0,6125	0,6135	0,6145	0,6155	0,6165
— 8	0,608	0,609	0,610	0,611	0,612	0,613	0,614	0,615	0,616	0,617
— 7,5	0,6085	0,6095	0,6105	0,6115	0,6125	0,6135	0,6145	0,6155	0,6165	0,6175
7	0,609	0,610	0,611	0,612	0,613	0,614	0,615	0,616	0,617	0,618
6,5	0,609	0,610	0,611	0,612	0,613	0,614	0,615	0,616	0,6175	0,6185
6	0,6095	0,6105	0,6115	0,6125	0,6135	0,6145	0,6155	0,6165	0,618	0,619
— 5,5	0,610	0,611	0,612	0,613	0,614	0,615	0,616	0,617	0,618	0,619
— 5	0,6105	0,6115	0,6125	0,6135	0,6145	0,6155	0,6165	0,6175	0,6185	0,6195
4,5	0,611	0,612	0,613	0,614	0,615	0,616	0,617	0,618	0,619	0,620
4	0,6115	0,6125	0,6135	0,6145	0,6155	0,6165	0,6175	0,6185	0,6195	0,6205
3,5	0,612	0,613	0,614	0,615	0,616	0,617	0,618	0,619	0,620	0,621
— 3	0,6125	0,6135	0,6145	0,6155	0,6165	0,6175	0,6185	0,6195	0,6205	0,6215
— 2,5	0,613	0,614	0,615	0,616	0,617	0,618	0,619	0,620	0,621	0,622
2	0,6135	0,6145	0,6155	0,6165	0,6175	0,6185	0,6195	0,6205	0,6215	0,6225
1,5	0,614	0,615	0,616	0,617	0,618	0,619	0,620	0,621	0,622	0,623
1	0,6145	0,6155	0,6165	0,6175	0,6185	0,6195	0,6205	0,6215	0,6225	0,6235
— 0,5	0,615	0,616	0,617	0,618	0,619	0,620	0,621	0,622	0,623	0,624
0	0,6155	0,6165	0,6175	0,6185	0,6195	0,6205	0,6215	0,6225	0,6235	0,6245
+ 0,5	0,616	0,617	0,618	0,619	0,620	0,621	0,622	0,623	0,624	0,625
1	0,6165	0,6175	0,6185	0,6195	0,6205	0,6215	0,6225	0,6235	0,6245	0,6255
1,5	0,617	0,618	0,619	0,620	0,621	0,622	0,623	0,624	0,625	0,626
2	0,6175	0,6185	0,6195	0,6205	0,6215	0,6225	0,6235	0,6245	0,6255	0,6265
+ 2,5	0,618	0,619	0,620	0,621	0,622	0,623	0,624	0,625	0,626	0,627
+ 3	0,6185	0,6195	0,6205	0,6215	0,6225	0,6235	0,6245	0,6255	0,6265	0,6275
3,5	0,619	0,620	0,621	0,622	0,623	0,624	0,625	0,626	0,627	0,628
4	0,6195	0,6205	0,6215	0,6225	0,6235	0,6245	0,6255	0,6265	0,6275	0,6285
4,5	0,620	0,621	0,622	0,623	0,624	0,625	0,626	0,627	0,628	0,629
+ 5	0,6205	0,6215	0,6225	0,6235	0,6245	0,6255	0,6265	0,6275	0,6285	0,6295
+ 5,5	0,621	0,622	0,623	0,624	0,625	0,626	0,627	0,628	0,629	0,630
6	0,621	0,622	0,623	0,624	0,625	0,626	0,627	0,628	0,629	0,630
6,5	0,6215	0,6225	0,6235	0,6245	0,6255	0,6265	0,6275	0,6285	0,6295	0,6305
7	0,622	0,623	0,624	0,625	0,626	0,627	0,628	0,629	0,630	0,631
+ 7,5	0,6225	0,6235	0,6245	0,6255	0,6265	0,6275	0,6285	0,6295	0,6305	0,6315
+ 8	0,623	0,624	0,625	0,626	0,627	0,628	0,629	0,630	0,631	0,632
8,5	0,6235	0,6245	0,6255	0,6265	0,6275	0,6285	0,6295	0,6305	0,6315	0,6325
9	0,624	0,625	0,626	0,627	0,628	0,629	0,630	0,631	0,632	0,633
9,5	0,6245	0,6255	0,6265	0,6275	0,6285	0,6295	0,6305	0,6315	0,6325	0,6335
+10	0,625	0,626	0,627	0,628	0,629	0,630	0,631	0,632	0,633	0,634
+10,5	0,6255	0,6265	0,6275	0,6285	0,6295	0,6305	0,6315	0,6325	0,6335	0,6345
11	0,626	0,627	0,628	0,629	0,630	0,631	0,632	0,633	0,634	0,635
11,5	0,6265	0,6275	0,6285	0,6295	0,6305	0,6315	0,6325	0,6335	0,6345	0,6355
12	0,627	0,628	0,629	0,630	0,631	0,632	0,633	0,634	0,635	0,636
+12,5	0,6275	0,6285	0,6295	0,6305	0,6315	0,6325	0,6335	0,6345	0,6355	0,6365

Tafel 1
zur Ermittelung der wahren Dichte bei + 15°.

Wärmegrad	Scheinbare Dichte									
	0,630	0,631	0,632	0,633	0,634	0,635	0,636	0,637	0,638	0,639
	Wahre Dichte bei + 15° für obige scheinbare Dichte									
+13	0,628	0,629	0,630	0,631	0,632	0,633	0,634	0,635	0,636	0,637
13,5	0,6285	0,6295	0,6305	0,6315	0,6325	0,6335	0,6345	0,6355	0,6365	0,6375
14	0,629	0,630	0,631	0,632	0,633	0,634	0,635	0,636	0,637	0,638
14,5	0,6295	0,6305	0,6315	0,6325	0,6335	0,6345	0,6355	0,6365	0,6375	0,6385
+15	0,630	0,631	0,632	0,633	0,634	0,635	0,636	0,637	0,638	0,639
+15,5	0,6305	0,6315	0,6325	0,6335	0,6345	0,6355	0,6365	0,6375	0,6385	0,6395
16	0,631	0,632	0,633	0,634	0,635	0,636	0,637	0,638	0,639	0,640
16,5	0,6315	0,6325	0,6335	0,6345	0,6355	0,6365	0,6375	0,6385	0,6395	0,6405
17	0,632	0,633	0,634	0,635	0,636	0,637	0,638	0,639	0,640	0,641
+17,5	0,6325	0,6335	0,6345	0,6355	0,6365	0,6375	0,6385	0,6395	0,6405	0,6415
+18	0,633	0,634	0,635	0,636	0,637	0,638	0,639	0,640	0,641	0,642
18,5	0,6335	0,6345	0,6355	0,6365	0,6375	0,6385	0,6395	0,6405	0,6415	0,6425
19	0,634	0,635	0,636	0,637	0,638	0,639	0,640	0,641	0,642	0,643
19,5	0,6345	0,6355	0,6365	0,6375	0,6385	0,6395	0,6405	0,6415	0,6425	0,6435
+20	0,635	0,636	0,637	0,638	0,639	0,640	0,641	0,642	0,643	0,644
+20,5	0,6355	0,6365	0,6375	0,6385	0,6395	0,6405	0,6415	0,6425	0,6435	0,6445
21	0,636	0,637	0,638	0,639	0,640	0,641	0,642	0,643	0,644	0,645
21,5	0,6365	0,6375	0,6385	0,6395	0,6405	0,6415	0,6425	0,6435	0,6445	0,6455
22	0,637	0,638	0,639	0,640	0,641	0,642	0,643	0,644	0,645	0,646
+22,5	0,637	0,638	0,639	0,640	0,641	0,642	0,643	0,644	0,645	0,646
+23	0,6375	0,6385	0,6395	0,6405	0,6415	0,6425	0,6435	0,6445	0,6455	0,6465
23,5	0,638	0,639	0,640	0,641	0,642	0,643	0,644	0,645	0,646	0,647
24	0,6385	0,6395	0,6405	0,6415	0,6425	0,6435	0,6445	0,6455	0,6465	0,6475
24,5	0,639	0,640	0,641	0,642	0,643	0,644	0,645	0,646	0,647	0,648
+25	0,6395	0,6405	0,6415	0,6425	0,6435	0,6445	0,6455	0,6465	0,6475	0,6485
+25,5	0,640	0,641	0,642	0,643	0,644	0,645	0,646	0,647	0,648	0,649
26	0,6405	0,6415	0,6425	0,6435	0,6445	0,6455	0,6465	0,6475	0,6485	0,6495
26,5						0,646	0,647	0,648	0,649	0,650
27						0,6465	0,6475	0,6485	0,6495	0,6505
+27,5						0,647	0,648	0,649	0,650	0,651
+28						0,6475	0,6485	0,6495	0,6505	0,6515

Tafel 1

zur Ermittelung der wahren Dichte bei + 15°.

Wärmegrad	Scheinbare Dichte 0,640	0,641	0,642	0,643	0,644	0,645	0,646	0,647	0,648	0,649
	Wahre Dichte bei + 15° für obige scheinbare Dichte									
—10	0,616	0,617	0,618	0,619	0,620	0,621	0,622	0,623	0,624	0,625
9,5	0,6165	0,6175	0,6185	0,6195	0,6205	0,6215	0,6225	0,6235	0,6245	0,6255
9	0,617	0,618	0,619	0,620	0,621	0,622	0,623	0,624	0,625	0,626
8,5	0,6175	0,6185	0,6195	0,6205	0,6215	0,6225	0,6235	0,6245	0,6255	0,6265
— 8	0,618	0,619	0,620	0,621	0,622	0,623	0,624	0,625	0,626	0,627
— 7,5	0,6185	0,6195	0,6205	0,6215	0,6225	0,6235	0,6245	0,6255	0,6265	0,6275
7	0,619	0,620	0,621	0,622	0,623	0,624	0,625	0,626	0,627	0,628
6,5	0,6195	0,6205	0,6215	0,6225	0,6235	0,6245	0,6255	0,6265	0,6275	0,6285
6	0,620	0,621	0,622	0,623	0,624	0,625	0,626	0,627	0,628	0,629
— 5,5	0,620	0,621	0,622	0,623	0,624	0,6255	0,6265	0,6275	0,6285	0,6295
— 5	0,6205	0,6215	0,6225	0,6235	0,6245	0,6255	0,627	0,628	0,629	0,630
4,5	0,621	0,622	0,623	0,624	0,625	0,626	0,627	0,6285	0,6295	0,6305
4	0,6215	0,6225	0,6235	0,6245	0,6255	0,6265	0,6275	0,6285	0,630	0,631
3,5	0,622	0,623	0,624	0,625	0,626	0,627	0,628	0,629	0,630	0,631
— 3	0,6225	0,6235	0,6245	0,6255	0,6265	0,6275	0,6285	0,6295	0,6305	0,6315
— 2,5	0,623	0,624	0,625	0,626	0,627	0,628	0,629	0,630	0,631	0,632
2	0,6235	0,6245	0,6255	0,6265	0,6275	0,6285	0,6295	0,6305	0,6315	0,6325
1,5	0,624	0,625	0,626	0,627	0,628	0,629	0,630	0,631	0,632	0,633
1	0,6245	0,6255	0,6265	0,6275	0,6285	0,6295	0,6305	0,6315	0,6325	0,6335
— 0,5	0,625	0,626	0,627	0,628	0,629	0,630	0,631	0,632	0,633	0,634
0	0,6255	0,6265	0,6275	0,6285	0,6295	0,6305	0,6315	0,6325	0,6335	0,6345
+ 0,5	0,626	0,627	0,628	0,629	0,630	0,631	0,632	0,633	0,634	0,635
1	0,6265	0,6275	0,6285	0,6295	0,6305	0,6315	0,6325	0,6335	0,6345	0,6355
1,5	0,627	0,628	0,629	0,630	0,631	0,632	0,633	0,634	0,635	0,636
2	0,6275	0,6285	0,6295	0,6305	0,6315	0,6325	0,6335	0,6345	0,6355	0,6365
+ 2,5	0,628	0,629	0,630	0,631	0,632	0,633	0,634	0,635	0,636	0,637
+ 3	0,6285	0,6295	0,6305	0,6315	0,6325	0,6335	0,6345	0,6355	0,6365	0,6375
3,5	0,629	0,630	0,631	0,632	0,633	0,634	0,635	0,636	0,637	0,638
4	0,6295	0,6305	0,6315	0,6325	0,6335	0,6345	0,6355	0,6365	0,6375	0,6385
4,5	0,630	0,631	0,632	0,633	0,634	0,635	0,636	0,637	0,638	0,639
+ 5	0,6305	0,6315	0,6325	0,6335	0,6345	0,6355	0,6365	0,6375	0,6385	0,6395
+ 5,5	0,631	0,632	0,633	0,634	0,635	0,636	0,637	0,638	0,639	0,640
6	0,631	0,632	0,633	0,634	0,635	0,636	0,637	0,638	0,639	0,640
6,5	0,6315	0,6325	0,6335	0,6345	0,6355	0,6365	0,6375	0,6385	0,6395	0,6405
7	0,632	0,633	0,634	0,635	0,636	0,637	0,638	0,639	0,640	0,641
+ 7,5	0,6325	0,6335	0,6345	0,6355	0,6365	0,6375	0,6385	0,6395	0,6405	0,6415
+ 8	0,633	0,634	0,635	0,636	0,637	0,638	0,639	0,640	0,641	0,642
8,5	0,6335	0,6345	0,6355	0,6365	0,6375	0,6385	0,6395	0,6405	0,6415	0,6425
9	0,634	0,635	0,636	0,637	0,638	0,639	0,640	0,641	0,642	0,643
9,5	0,6345	0,6355	0,6365	0,6375	0,6385	0,6395	0,6405	0,6415	0,6425	0,6435
+10	0,635	0,636	0,637	0,638	0,639	0,640	0,641	0,642	0,643	0,644
+10,5	0,6355	0,6365	0,6375	0,6385	0,6395	0,6405	0,6415	0,6425	0,6435	0,6445
11	0,636	0,637	0,638	0,639	0,640	0,641	0,642	0,643	0,644	0,645
11,5	0,6365	0,6375	0,6385	0,6395	0,6405	0,6415	0,6425	0,6435	0,6445	0,6455
12	0,637	0,638	0,639	0,640	0,641	0,642	0,643	0,644	0,645	0,646
+12,5	0,6375	0,6385	0,6395	0,6405	0,6415	0,6425	0,6435	0,6445	0,6455	0,6465

Tafel 1
zur Ermittelung der wahren Dichte bei + 15°.

Wärmegrad	Scheinbare Dichte									
	0,640	0,641	0,642	0,643	0,644	0,645	0,646	0,647	0,648	0,649
	Wahre Dichte bei + 15° für obige scheinbare Dichte									
+13	0,638	0,639	0,640	0,641	0,642	0,643	0,644	0,645	0,646	0,647
13,5	0,6385	0,6395	0,6405	0,6415	0,6425	0,6435	0,6445	0,6455	0,6465	0,6475
14	0,639	0,640	0,641	0,642	0,643	0,644	0,645	0,646	0,647	0,648
14,5	0,6395	0,6405	0,6415	0,6425	0,6435	0,6445	0,6455	0,6465	0,6475	0,6485
+15	0,640	0,641	0,642	0,643	0,644	0,645	0,646	0,647	0,648	0,649
+15,5	0,6405	0,6415	0,6425	0,6435	0,6445	0,6455	0,6465	0,6475	0,6485	0,6495
16	0,641	0,642	0,643	0,644	0,645	0,646	0,647	0,648	0,649	0,650
16,5	0,6415	0,6425	0,6435	0,6445	0,6455	0,6465	0,6475	0,6485	0,6495	0,6505
17	0,642	0,643	0,644	0,645	0,646	0,647	0,648	0,649	0,650	0,651
+17,5	0,6425	0,6435	0,6445	0,6455	0,6465	0,6475	0,6485	0,6495	0,6505	0,6515
+18	0,643	0,644	0,645	0,646	0,647	0,648	0,649	0,650	0,651	0,652
18,5	0,6435	0,6445	0,6455	0,6465	0,6475	0,6485	0,6495	0,6505	0,6515	0,6525
19	0,644	0,645	0,646	0,647	0,648	0,649	0,650	0,651	0,652	0,653
19,5	0,6445	0,6455	0,6465	0,6475	0,6485	0,6495	0,6505	0,6515	0,6525	0,6535
+20	0,645	0,646	0,647	0,648	0,649	0,650	0,651	0,652	0,6525	0,6535
+20,5	0,6455	0,6465	0,6475	0,6485	0,6495	0,6505	0,651	0,652	0,653	0,654
21	0,646	0,647	0,648	0,649	0,6495	0,6505	0,6515	0,6525	0,6535	0,6545
21,5	0,6465	0,6475	0,648	0,649	0,650	0,651	0,652	0,653	0,654	0,655
22	0,6465	0,6475	0,6485	0,6495	0,6505	0,6515	0,6525	0,6535	0,6545	0,6555
+22,5	0,647	0,648	0,649	0,650	0,651	0,652	0,653	0,654	0,655	0,656
+23	0,6475	0,6485	0,6495	0,6505	0,6515	0,6525	0,6535	0,6545	0,6555	0,6565
23,5	0,648	0,649	0,650	0,651	0,652	0,653	0,654	0,655	0,656	0,657
24	0,6485	0,6495	0,6505	0,6515	0,6525	0,6535	0,6545	0,6555	0,6565	0,6575
24,5	0,649	0,650	0,651	0,652	0,653	0,654	0,655	0,656	0,657	0,658
+25	0,6495	0,6505	0,6515	0,6525	0,6535	0,6545	0,6555	0,6565	0,6575	0,6585
+25,5	0,650	0,651	0,652	0,653	0,654	0,655	0,656	0,657	0,658	0,659
26	0,6505	0,6515	0,6525	0,6535	0,6545	0,6555	0,6565	0,6575	0,6585	0,6595
26,5	0,651	0,652	0,653	0,654	0,655	0,656	0,657	0,658	0,659	0,660
27	0,6515	0,6525	0,6535	0,6545	0,6555	0,6565	0,6575	0,6585	0,6595	0,6605
+27,5	0,652	0,653	0,654	0,655	0,656	0,657	0,658	0,659	0,660	0,661
+28	0,6525	0,6535	0,6545	0,6555	0,6565	0,6575	0,6585	0,6595	0,6605	0,6615
28,5	0,653	0,654	0,655	0,656	0,657	0,658	0,659	0,660	0,661	0,662
29	0,6535	0,6545	0,6555	0,6565	0,6575	0,6585	0,6595	0,6605	0,6615	0,6625
29,5	0,654	6,655	0,656	0,657	0,658	0,659	0,660	0,661	0,662	0,663
+30	0,6545	0,6555	0,6565	0,6575	0,6585	0,6595	0,6605	0,6615	0,6625	0,6635
+30,5						0,6595	0,6605	0,6615	0,6625	0,6635
31						0,660	0,661	0,662	0,663	0,664
31,5						0,6605	0,6615	0,6625	0,6635	0,6645
+32						0,661	0,662	0,663	0,664	0,665

Tafel 1

zur Ermittelung der wahren Dichte bei + 15°.

Wärmegrad	Scheinbare Dichte									
	0,650	0,651	0,652	0,653	0,654	0,655	0,656	0,657	0,658	0,659
	Wahre Dichte bei + 15° für obige scheinbare Dichte									
—10	0,626	0,627	0,628	0,6295	0,6305	0,6315	0,6325	0,6335	0,6345	0,6355
9,5	0,6265	0,6275	0,6285	0,6295	0,631	0,632	0,633	0,634	0,635	0,636
9	0,627	0,628	0,629	0,630	0,631	0,6325	0,6335	0,6345	0,6355	0,6365
8,5	0,6275	0,6285	0,6295	0,6305	0,6315	0,6325	0,634	0,635	0,636	0,637
— 8	0,628	0,629	0,630	0,631	0,632	0,633	0,634	0,6355	0,6365	0,6375
— 7,5	0,6285	0,6295	0,6305	0,6315	0,6325	0,6335	0,6345	0,6355	0,637	0,638
7	0,629	0,630	0,631	0,632	0,633	0,634	0,635	0,636	0,637	0,6385
6,5	0,6295	0,6305	0,6315	0,6325	0,6335	0,6345	0,6355	0,6365	0,6375	0,6385
6	0,630	0,631	0,632	0,633	0,634	0,635	0,636	0,637	0,638	0,639
— 5,5	0,6305	0,6315	0,6325	0,6335	0,6345	0,6355	0,6365	0,6375	0,6385	0,6395
— 5	0,631	0,632	0,633	0,634	0,635	0,636	0,637	0,638	0,639	0,640
4,5	0,6315	0,6325	0,6335	0,6345	0,6355	0,6365	0,6375	0,6385	0,6395	0,6405
4	0,632	0,633	0,634	0,635	0,636	0,637	0,638	0,639	0,640	0,641
3,5	0,6325	0,6335	0,6345	0,6355	0,6365	0,6375	0,6385	0,6395	0,6405	0,6415
— 3	0,6325	0,6335	0,635	0,636	0,637	0,638	0,639	0,640	0,641	0,642
— 2,5	0,633	0,634	0,635	0,636	0,6375	0,6385	0,6395	0,6405	0,6415	0,6425
2	0,6335	0,6345	0,6355	0,6365	0,6375	0,6385	0,640	0,641	0,642	0,643
1,5	0,634	0,635	0,636	0,637	0,638	0,639	0,640	0,6415	0,6425	0,6435
1	0,6345	0,6355	0,6365	0,6375	0,6385	0,6395	0,6405	0,6415	0,643	0,644
— 0,5	0,635	0,636	0,637	0,638	0,639	0,640	0,641	0,642	0,643	0,6445
0	0,6355	0,6365	0,6375	0,6385	0,6395	0,6405	0,6415	0,6425	0,6435	0,6445
+ 0,5	0,636	0,637	0,638	0,639	0,640	0,641	0,642	0,643	0,644	0,645
1	0,6365	0,6375	0,6385	0,6395	0,6405	0,6415	0,6425	0,6435	0,6445	0,6455
1,5	0,637	0,638	0,639	0,640	0,641	0,642	0,643	0,644	0,645	0,646
2	0,6375	0,6385	0,6395	0,6405	0,6415	0,6425	0,6435	0,6445	0,6455	0,6465
+ 2,5	0,638	0,639	0,640	0,641	0,642	0,643	0,644	0,645	0,646	0,647
+ 3	0,6385	0,6395	0,6405	0,6415	0,6425	0,6435	0,6445	0,6455	0,6465	0,6475
3,5	0,639	0,640	0,641	0,642	0,643	0,644	0,645	0,646	0,647	0,648
4	0,6395	0,6405	0,6415	0,6425	0,6435	0,6445	0,6455	0,6465	0,6475	0,6485
4,5	0,640	0,641	0,642	0,643	0,644	0,645	0,646	0,647	0,648	0,649
+ 5	0,6405	0,6415	0,6425	0,6435	0,6445	0,6455	0,6465	0,6475	0,6485	0,6495
+ 5,5	0,641	0,642	0,643	0,644	0,645	0,646	0,647	0,648	0,649	0,650
6	0,6415	0,6425	0,6435	0,6445	0,6455	0,6465	0,6475	0,6485	0,6495	0,6505
6,5	0,6415	0,643	0,644	0,645	0,646	0,647	0,648	0,649	0,650	0,651
7	0,642	0,643	0,644	0,6455	0,6465	0,6475	0,6485	0,6495	0,6505	0,6515
+ 7,5	0,6425	0,6435	0,6445	0,6455	0,647	0,648	0,649	0,650	0,651	0,652
+ 8	0,643	0,644	0,645	0,646	0,647	0,6485	0,6495	0,6505	0,6515	0,6525
8,5	0,6435	0,6445	0,6455	0,6465	0,6475	0,6485	0,650	0,651	0,652	0,653
9	0,644	0,645	0,646	0,647	0,648	0,649	0,650	0,6515	0,6525	0,6535
9,5	0,6445	0,6455	0,6465	0,6475	0,6485	0,6495	0,6505	0,6515	0,653	0,654
+10	0,645	0,646	0,647	0,648	0,649	0,650	0,651	0,652	0,653	0,6545
+10,5	0,6455	0,6465	0,6475	0,6485	0,6495	0,6505	0,6515	0,6525	0,6535	0,6545
11	0,646	0,647	0,648	0,649	0,650	0,651	0,652	0,653	0,654	0,655
11,5	0,6465	0,6475	0,6485	0,6495	0,6505	0,6515	0,6525	0,6535	0,6545	0,6555
12	0,647	0,648	0,649	0,650	0,651	0,652	0,653	0,654	0,655	0,656
+12,5	0,6475	0,6485	0,6495	0,6505	0,6515	0,6525	0,6535	0,6545	0,6555	0,6565

Tafel 1
zur Ermittelung der wahren Dichte bei + 15°.

Wärmegrad	Scheinbare Dichte 0,650	0,651	0,652	0,653	0,654	0,655	0,656	0,657	0,658	0,659
	Wahre Dichte bei + 15° für obige scheinbare Dichte									
+13	0,648	0,649	0,650	0,651	0,652	0,653	0,654	0,655	0,656	0,657
13,5	0,6485	0,6495	0,6505	0,6515	0,6525	0,6535	0,6545	0,6555	0,6565	0,6575
14	0,649	0,650	0,651	0,652	0,653	0,654	0,655	0,656	0,657	0,658
14,5	0,6495	0,6505	0,6515	0,6525	0,6535	0,6545	0,6555	0,6565	0,6575	0,6585
+15	0,650	0,651	0,652	0,653	0,654	0,655	0,656	0,657	0,658	0,659
+15,5	0,6505	0,6515	0,6525	0,6535	0,6545	0,6555	0,6565	0,6575	0,6585	0,6595
16	0,651	0,652	0,653	0,654	0,655	0,656	0,657	0,658	0,659	0,660
16,5	0,6515	0,6525	0,6535	0,6545	0,6555	0,6565	0,6575	0,6585	0,6595	0,6605
17	0,652	0,653	0,654	0,655	0,656	0,657	0,658	0,659	0,660	0,661
+17,5	0,6525	0,6535	0,6545	0,6555	0,6565	0,6575	0,6585	0,6595	0,6605	0,6615
+18	0,653	0,654	0,655	0,656	0,657	0,658	0,659	0,660	0,661	0,662
18,5	0,6535	0,6545	0,6555	0,6565	0,6575	0,6585	0,6595	0,6605	0,6615	0,6625
19	0,654	0,655	0,656	0,657	0,6575	0,6585	0,6595	0,6605	0,6615	0,6625
19,5	0,6545	0,655	0,656	0,657	0,658	0,659	0,660	0,661	0,662	0,663
+20	0,6545	0,6555	0,6565	0,6575	0,6585	0,6595	0,6605	0,6615	0,6625	0,6635
+20,5	0,655	0,656	0,657	0,658	0,659	0,660	0,661	0,662	0,663	0,664
21	0,6555	0,6565	0,6575	0,6585	0,6595	0,6605	0,6615	0,6625	0,6635	0,6645
21,5	0,656	0,657	0,658	0,659	0,660	0,661	0,662	0,663	0,664	0,665
22	0,6565	0,6575	0,6585	0,6595	0,6605	0,6615	0,6625	0,6635	0,6645	0,6655
+22,5	0,657	0,658	0,659	0,660	0,661	0,662	0,663	0,664	0,665	0,666
+23	0,6575	0,6585	0,6595	0,6605	0,6615	0,6625	0,6635	0,6645	0,6655	0,6665
23,5	0,658	0,659	0,660	0,661	0,662	0,663	0,664	0,665	0,666	0,667
24	0,6585	0,6595	0,6605	0,6615	0,6625	0,6635	0,6645	0,6655	0,6665	0,6675
24,5	0,659	0,660	0,661	0,662	0,663	0,664	0,665	0,666	0,667	0,668
+25	0,6595	0,6605	0,6615	0,6625	0,6635	0,6645	0,6655	0,6665	0,6675	0,6685
+25,5	0,660	0,661	0,662	0,663	0,664	0,665	0,666	0,667	0,668	0,669
26	0,6605	0,6615	0,6625	0,6635	0,6645	0,6655	0,6665	0,6675	0,6685	0,6695
26,5	0,661	0,662	0,663	0,664	0,665	0,666	0,667	0,668	0,669	0,6695
27	0,6615	0,6625	0,6635	0,6645	0,6655	0,6665	0,6675	0,668	0,669	0,670
+27,5	0,662	0,663	0,664	0,665	0,666	0,667	0,6675	0,6685	0,6695	0,6705
+28	0,6625	0,6635	0,6645	0,6655	0,6665	0,667	0,668	0,669	0,670	0,671
28,5	0,663	0,664	0,665	0,666	0,6665	0,6675	0,6685	0,6695	0,6705	0,6715
29	0,6635	0,6645	0,665	0,666	0,667	0,668	0,669	0,670	0,671	0,672
29,5	0,664	0,6645	0,6655	0,6665	0,6675	0,6685	0,6695	0,6705	0,6715	0,6725
+30	0,664	0,665	0,666	0,667	0,668	0,669	0,670	0,671	0,672	0,673
+30,5	0,6645	0,6655	0,6665	0,6675	0,6685	0,6695	0,6705	0,6715	0,6725	0,6735
31	0,665	0,666	0,667	0,668	0,669	0,670	0,671	0,672	0,673	0,674
31,5	0,6655	0,6665	0,6675	0,6685	0,6695	0,6705	0,6715	0,6725	0,6735	0,6745
32	0,666	0,667	0,668	0,669	0,670	0,671	0,672	0,673	0,674	0,675
+32,5	0,6665	0,6675	0,6685	0,6695	0,6705	0,6715	0,6725	0,6735	0,6745	0,6755
+33	0,667	0,668	0,669	0,670	0,671	0,672	0,673	0,674	0,675	0,676
33,5	0,6675	0,6685	0,6695	0,6705	0,6715	0,6725	0,6735	0,6745	0,675	0,676
34	0,668	0,669	0,670	0,671	0,672	0,673	0,6735	0,6745	0,6755	0,6765
34,5	0,6685	0,6695	0,6705	0,6715	0,672	0,673	0,674	0,675	0,676	0,677
+35	0,669	0,670	0,6705	0,6715	0,6725	0,6735	0,6745	0,6755	0,6765	0,6775

Tafel 1

zur Ermittelung der wahren Dichte bei + 15°.

Wärme-grad	Scheinbare Dichte 0,660	0,661	0,662	0,663	0,664	0,665	0,666	0,667	0,668	0,669
	Wahre Dichte bei + 15° für obige scheinbare Dichte									
—10	0,6365	0,6375	0,6385	0,6395	0,6405	0,6415	0,6425	0,6435	0,6445	0,6455
9,5	0,637	0,638	0,639	0,640	0,641	0,642	0,643	0,644	0,645	0,646
9	0,6375	0,6385	0,6395	0,6405	0,6415	0,6425	0,6435	0,6445	0,6455	0,6465
8,5	0,638	0,639	0,640	0,641	0,642	0,643	0,644	0,645	0,646	0,647
— 8	0,6385	0,6395	0,6405	0,6415	0,6425	0,6435	0,6445	0,6455	0,6465	0,6475
— 7,5	0,639	0,640	0,641	0,642	0,643	0,644	0,645	0,646	0,647	0,648
7	0,6395	0,6405	0,6415	0,6425	0,6435	0,6445	0,6455	0,6465	0,6475	0,6485
6,5	0,640	0,641	0,642	0,643	0,644	0,645	0,646	0,647	0,648	0,649
6	0,640	0,6415	0,6425	0,6435	0,6445	0,6455	0,6465	0,6475	0,6485	0,6495
— 5,5	0,6405	0,6415	0,643	0,644	0,645	0,646	0,647	0,648	0,649	0,650
— 5	0,641	0,642	0,643	0,6445	0,6455	0,6465	0,6475	0,6485	0,6495	0,6505
4,5	0,6415	0,6425	0,6435	0,6445	0,646	0,647	0,648	0,649	0,650	0,651
4	0,642	0,643	0,644	0,645	0,646	0,647	0,6485	0,6495	0,6505	0,6515
3,5	0,6425	0,6435	0,6445	0,6455	0,6465	0,6475	0,6485	0,6495	0,6505	0,652
— 3	0,643	0,644	0,645	0,646	0,647	0,648	0,649	0,650	0,651	0,652
— 2,5	0,6435	0,6445	0,6455	0,6465	0,6475	0,6485	0,6495	0,6505	0,6515	0,6525
2	0,644	0,645	0,646	0,647	0,648	0,649	0,650	0,651	0,652	0,653
1,5	0,6445	0,6455	0,6465	0,6475	0,6485	0,6495	0,6505	0,6515	0,6525	0,6535
1	0,645	0,646	0,647	0,648	0,649	0,650	0,651	0,652	0,653	0,654
— 0,5	0,6455	0,6465	0,6475	0,6485	0,6495	0,6505	0,6515	0,6525	0,6535	0,6545
0	0,646	0,647	0,648	0,649	0,650	0,651	0,652	0,653	0,654	0,655
+ 0,5	0,646	0,6475	0,6485	0,6495	0,6505	0,6515	0,6525	0,6535	0,6545	0,6555
1	0,6465	0,6475	0,649	0,650	0,651	0,652	0,653	0,654	0,655	0,656
1,5	0,647	0,648	0,649	0,6505	0,6515	0,6525	0,6535	0,6545	0,6555	0,6565
2	0,6475	0,6485	0,6495	0,6505	0,652	0,653	0,654	0,655	0,656	0,657
+ 2,5	0,648	0,649	0,650	0,651	0,652	0,653	0,6545	0,6555	0,6565	0,6575
+ 3	0,6485	0,6495	0,6505	0,6515	0,6525	0,6535	0,6545	0,6555	0,657	0,658
3,5	0,649	0,650	0,651	0,652	0,653	0,654	0,655	0,656	0,657	0,658
4	0,6495	0,6505	0,6515	0,6525	0,6535	0,6545	0,6555	0,6565	0,6575	0,6585
4,5	0,650	0,651	0,652	0,653	0,654	0,655	0,656	0,657	0,658	0,659
+ 5	0,6505	0,6515	0,6525	0,6535	0,6545	0,6555	0,6565	0,6575	0,6585	0,6595
+ 5,5	0,651	0,652	0,653	0,654	0,655	0,656	0,657	0,658	0,659	0,660
6	0,6515	0,6525	0,6535	0,6545	0,6555	0,6565	0,6575	0,6585	0,6595	0,6605
6,5	0,652	0,653	0,654	0,655	0,656	0,657	0,658	0,659	0,660	0,661
7	0,6525	0,6535	0,6545	0,6555	0,6565	0,6575	0,6585	0,6595	0,6605	0,6615
+ 7,5	0,653	0,654	0,655	0,656	0,657	0,658	0,659	0,660	0,661	0,662
+ 8	0,6535	0,6545	0,6555	0,6565	0,6575	0,6585	0,6595	0,6605	0,6615	0,6625
8,5	0,654	0,655	0,656	0,657	0,658	0,659	0,660	0,661	0,662	0,663
9	0,6545	0,6555	0,6565	0,6575	0,6585	0,6595	0,6605	0,6615	0,6625	0,6635
9,5	0,655	0,656	0,657	0,658	0,659	0,660	0,661	0,662	0,663	0,664
+10	0,6555	0,6565	0,6575	0,6585	0,6595	0,6605	0,6615	0,6625	0,6635	0,6645
+10,5	0,6555	0,6565	0,658	0,659	0,660	0,661	0,662	0,663	0,664	0,665
11	0,656	0,657	0,658	0,659	0,6605	0,6615	0,6625	0,6635	0,6645	0,6655
11,5	0,6565	0,6575	0,6585	0,6595	0,6605	0,6615	0,663	0,664	0,665	0,666
12	0,657	0,658	0,659	0,660	0,661	0,662	0,663	0,664	0,665	0,666
+12,5	0,6575	0,6585	0,6595	0,6605	0,6615	0,6625	0,6635	0,6645	0,6655	0,6665

Tafel 1
zur Ermittelung der wahren Dichte bei + 15°.

Wärmegrad	Scheinbare Dichte 0,660	0,661	0,662	0,663	0,664	0,665	0,666	0,667	0,668	0,669
	Wahre Dichte bei + 15° für obige scheinbare Dichte									
+13	0,658	0,659	0,660	0,661	0,662	0,663	0,664	0,665	0,666	0,667
13,5	0,6585	0,6595	0,6605	0,6615	0,6625	0,6635	0,6645	0,6655	0,6665	0,6675
14	0,659	0,660	0,661	0,662	0,663	0,664	0,665	0,666	0,667	0,668
14,5	0,6595	0,6605	0,6615	0,6625	0,6635	0,6645	0,6655	0,6665	0,6675	0,6685
+15	0,660	0,661	0,662	0,663	0,664	0,665	0,666	0,667	0,668	0,669
+15,5	0,6605	0,6615	0,6625	0,6635	0,6645	0,6655	0,6665	0,6675	0,6685	0,6695
16	0,661	0,662	0,663	0,664	0,665	0,666	0,667	0,668	0,669	0,670
16,5	0,6615	0,6625	0,6635	0,6645	0,6655	0,6665	0,6675	0,6685	0,6695	0,6705
17	0,662	0,663	0,664	0,665	0,666	0,667	0,668	0,669	0,670	0,671
+17,5	0,6625	0,6635	0,6645	0,6655	0,6665	0,6675	0,6685	0,6695	0,6705	0,6715
+18	0,663	0,664	0,665	0,666	0,667	0,668	0,669	0,670	0,671	0,672
18,5	0,6635	0,6645	0,6655	0,6665	0,6675	0,6685	0,6695	0,6705	0,6715	0,6725
19	0,6635	0,6645	0,6655	0,6665	0,6675	0,6685	0,6695	0,6705	0,6715	0,6725
19,5	0,664	0,665	0,666	0,667	0,668	0,669	0,670	0,671	0,672	0,673
+20	0,6645	0,6655	0,6665	0,6675	0,6685	0,6695	0,6705	0,6715	0,6725	0,6735
+20,5	0,665	0,666	0,667	0,668	0,669	0,670	0,671	0,672	0,673	0,674
21	0,6655	0,6665	0,6675	0,6685	0,6695	0,6705	0,6715	0,6725	0,6735	0,6745
21,5	0,666	0,667	0,668	0,669	0,670	0,671	0,672	0,673	0,674	0,675
22	0,6665	0,6675	0,6685	0,6695	0,6705	0,6715	0,6725	0,6735	0,6745	0,6755
+22,5	0,667	0,668	0,669	0,670	0,671	0,672	0,673	0,674	0,675	0,676
+23	0,6675	0,6685	0,6695	0,6705	0,6715	0,6725	0,6735	0,6745	0,6755	0,6765
23,5	0,668	0,669	0,670	0,671	0,672	0,673	0,674	0,675	0,676	0,677
24	0,6685	0,6695	0,6705	0,6715	0,6725	0,6735	0,6745	0,6755	0,6765	0,6775
24,5	0,669	0,670	0,671	0,672	0,673	0,674	0,675	0,676	0,677	0,678
+25	0,6695	0,6705	0,6715	0,6725	0,6735	0,6745	0,675	0,676	0,677	0,678
+25,5	0,670	0,671	0,672	0,6725	0,6735	0,6745	0,6755	0,6765	0,6775	0,6785
26	0,6705	0,671	0,672	0,673	0,674	0,675	0,676	0,677	0,678	0,679
26,5	0,6705	0,6715	0,6725	0,6735	0,6745	0,6755	0,6765	0,6775	0,6785	0,6795
27	0,671	0,672	0,673	0,674	0,675	0,676	0,677	0,678	0,679	0,680
+27,5	0,6715	0,6725	0,6735	0,6745	0,6755	0,6765	0,6775	0,6785	0,6795	0,6805
+28	0,672	0,673	0,674	0,675	0,676	0,677	0,678	0,679	0,680	0,681
28,5	0,6725	0,6735	0,6745	0,6755	0,6765	0,6775	0,6785	0,6795	0,6805	0,6815
29	0,673	0,674	0,675	0,676	0,677	0,678	0,679	0,680	0,681	0,6815
29,5	0,6735	0,6745	0,6755	0,6765	0,6775	0,6785	0,6795	0,6805	0,681	0,682
+30	0,674	0,675	0,676	0,677	0,678	0,679	0,680	0,6805	0,6815	0,6825
+30,5	0,6745	0,6755	0,6765	0,6775	0,6785	0,6795	0,680	0,681	0,682	0,683
31	0,675	0,676	0,677	0,678	0,679	0,6795	0,6805	0,6815	0,6825	0,6835
31,5	0,6755	0,6765	0,6775	0,6785	0,679	0,680	0,681	0,682	0,683	0,684
32	0,676	0,677	0,678	0,6785	0,6795	0,6805	0,6815	0,6825	0,6835	0,6845
+32,5	0,6765	0,6775	0,678	0,679	0,680	0,681	0,682	0,683	0,684	0,685
+33	0,6765	0,6775	0,6785	0,6795	0,6805	0,6815	0,6825	0,6835	0,6845	0,6855
33,5	0,677	0,678	0,679	0,680	0,681	0,682	0,683	0,684	0,685	0,686
34	0,6775	0,6785	0,6795	0,6805	0,6815	0,6825	0,6835	0,6845	0,6855	0,686
34,5	0,678	0,679	0,680	0,681	0,682	0,683	0,684	0,685	0,6855	0,6865
+35	0,6785	0,6795	0,6805	0,6815	0,6825	0,6835	0,6845	0,685	0,686	0,687

Tafel 1
zur Ermittelung der wahren Dichte bei + 15°.

Wärmegrad	Scheinbare Dichte									
	0,670	0,671	0,672	0,673	0,674	0,675	0,676	0,677	0,678	0,679
	Wahre Dichte bei + 15° für obige scheinbare Dichte									
—10	0,6465	0,6475	0,6485	0,6495	0,651	0,652	0,653	0,654	0,655	0,656
9,5	0,647	0,648	0,649	0,650	0,651	0,6525	0,6535	0,6545	0,6555	0,6565
9	0,6475	0,6485	0,6495	0,6505	0,6515	0,6525	0,654	0,655	0,656	0,657
8,5	0,648	0,649	0,650	0,651	0,652	0,653	0,654	0,6555	0,6565	0,6575
— 8	0,6485	0,6495	0,6505	0,6515	0,6525	0,6535	0,6545	0,6555	0,657	0,658
— 7,5	0,649	0,650	0,651	0,652	0,653	0,654	0,655	0,656	0,657	0,6585
7	0,6495	0,6505	0,6515	0,6525	0,6535	0,6545	0,6555	0,6565	0,6575	0,6585
6,5	0,650	0,651	0,652	0,653	0,654	0,655	0,656	0,657	0,658	0,659
6	0,6505	0,6515	0,6525	0,6535	0,6545	0,6555	0,6565	0,6575	0,6585	0,6595
— 5,5	0,651	0,652	0,653	0,654	0,655	0,656	0,657	0,658	0,659	0,660
— 5	0,6515	0,6525	0,6535	0,6545	0,6555	0,6565	0,6575	0,6585	0,6595	0,6605
4,5	0,652	0,653	0,654	0,655	0,656	0,657	0,658	0,659	0,660	0,661
4	0,6525	0,6535	0,6545	0,6555	0,6565	0,6575	0,6585	0,6595	0,6605	0,6615
3,5	0,653	0,654	0,655	0,656	0,657	0,658	0,659	0,660	0,661	0,662
— 3	0,653	0,654	0,655	0,6565	0,6575	0,6585	0,6595	0,6605	0,6615	0,6625
— 2,5	0,6535	0,6545	0,6555	0,6565	0,6575	0,659	0,660	0,661	0,662	0,663
2	0,654	0,655	0,656	0,657	0,658	0,659	0,660	0,6615	0,6625	0,6635
1,5	0,6545	0,6555	0,6565	0,6575	0,6585	0,6595	0,6605	0,6615	0,6625	0,664
1	0,655	0,656	0,657	0,658	0,659	0,660	0,661	0,662	0,663	0,664
— 0,5	0,6555	0,6565	0,6575	0,6585	0,6595	0,6605	0,6615	0,6625	0,6635	0,6645
0	0,656	0,657	0,658	0,659	0,660	0,661	0,662	0,663	0,664	0,665
+ 0,5	0,6565	0,6575	0,6585	0,6595	0,6605	0,6615	0,6625	0,6635	0,6645	0,6655
1	0,657	0,658	0,659	0,660	0,661	0,662	0,663	0,664	0,665	0,666
1,5	0,6575	0,6585	0,6595	0,6605	0,6615	0,6625	0,6635	0,6645	0,6655	0,6665
2	0,658	0,659	0,660	0,661	0,662	0,663	0,664	0,665	0,666	0,667
+ 2,5	0,6585	0,6595	0,6605	0,6615	0,6625	0,6635	0,6645	0,6655	0,6665	0,6675
+ 3	0,659	0,660	0,661	0,662	0,663	0,664	0,665	0,666	0,667	0,668
3,5	0,6595	0,6605	0,6615	0,6625	0,6635	0,6645	0,6655	0,6665	0,6675	0,6685
4	0,6595	0,6605	0,6615	0,6625	0,6635	0,6645	0,666	0,667	0,668	0,669
4,5	0,660	0,661	0,662	0,663	0,664	0,665	0,666	0,667	0,6685	0,6695
+ 5	0,6605	0,6615	0,6625	0,6635	0,6645	0,6655	0,6665	0,6675	0,6685	0,6695
+ 5,5	0,661	0,662	0,663	0,664	0,665	0,666	0,667	0,668	0,669	0,670
6	0,6615	0,6625	0,6635	0,6645	0,6655	0,6665	0,6675	0,6685	0,6695	0,6705
6,5	0,662	0,663	0,664	0,665	0,666	0,667	0,668	0,669	0,670	0,671
7	0,6625	0,6635	0,6645	0,6655	0,6665	0,6675	0,6685	0,6695	0,6705	0,6715
+ 7,5	0,663	0,664	0,665	0,666	0,667	0,668	0,669	0,670	0,671	0,672
+ 8	0,6635	0,6645	0,6655	0,6665	0,6675	0,6685	0,6695	0,6705	0,6715	0,6725
8,5	0,664	0,665	0,666	0,667	0,668	0,669	0,670	0,671	0,672	0,673
9	0,6645	0,6655	0,6665	0,6675	0,6685	0,6695	0,6705	0,6715	0,6725	0,6735
9,5	0,665	0,666	0,667	0,668	0,669	0,670	0,671	0,672	0,673	0,674
+10	0,6655	0,6665	0,6675	0,6685	0,6695	0,6705	0,6715	0,6725	0,6735	0,6745
+10,5	0,666	0,667	0,668	0,669	0,670	0,671	0,672	0,673	0,674	0,675
11	0,6665	0,6675	0,6685	0,6695	0,6705	0,6715	0,6725	0,6735	0,6745	0,6755
11,5	0,667	0,668	0,669	0,670	0,671	0,672	0,673	0,674	0,675	0,676
12	0,667	0,668	0,669	0,670	0,671	0,672	0,673	0,674	0,675	0,676
+12,5	0,6675	0,6685	0,6695	0,6705	0,6715	0,6725	0,6735	0,6745	0,6755	0,6765

Tafel 1

zur Ermittelung der wahren Dichte bei + 15°.

Wärmegrad	Scheinbare Dichte									
	0,670	0,671	0,672	0,673	0,674	0,675	0,676	0,677	0,678	0,679
	Wahre Dichte bei + 15° für obige scheinbare Dichte									
+13	0,668	0,669	0,670	0,671	0,672	0,673	0,674	0,675	0,676	0,677
13,5	0,6685	0,6695	0,6705	0,6715	0,6725	0,6735	0,6745	0,6755	0,6765	0,6775
14	0,669	0,670	0,671	0,672	0,673	0,674	0,675	0,676	0,677	0,678
14,5	0,6695	0,6705	0,6715	0,6725	0,6735	0,6745	0,6755	0,6765	0,6775	0,6785
+15	0,670	0,671	0,672	0,673	0,674	0,675	0,676	0,677	0,678	0,679
+15,5	0,6705	0,6715	0,6725	0,6735	0,6745	0,6755	0,6765	0,6775	0,6785	0,6795
16	0,671	0,672	0,673	0,674	0,675	0,676	0,677	0,678	0,679	0,680
16,5	0,6715	0,6725	0,6735	0,6745	0,6755	0,6765	0,6775	0,6785	0,6795	0,6805
17	0,672	0,673	0,674	0,675	0,676	0,677	0,678	0,679	0,680	0,681
+17,5	0,6725	0,6735	0,6745	0,6755	0,6765	0,6775	0,6785	0,6795	0,6805	0,6815
+18	0,673	0,674	0,675	0,6755	0,6765	0,6775	0,6785	0,6795	0,6805	0,6815
18,5	0,6735	0,6745	0,6755	0,6765	0,677	0,678	0,679	0,680	0,681	0,682
19	0,6735	0,6745	0,6755	0,6765	0,6775	0,6785	0,6795	0,6805	0,6815	0,6825
19,5	0,674	0,675	0,676	0,677	0,678	0,679	0,680	0,681	0,682	0,683
+20	0,6745	0,6755	0,6765	0,6775	0,6785	0,6795	0,6805	0,6815	0,6825	0,6835
+20,5	0,675	0,676	0,677	0,678	0,679	0,680	0,681	0,682	0,683	0,684
21	0,6755	0,6765	0,6775	0,6785	0,6795	0,6805	0,6815	0,6825	0,6835	0,6845
21,5	0,676	0,677	0,678	0,679	0,680	0,681	0,682	0,683	0,684	0,685
22	0,6765	0,6775	0,6785	0,6795	0,6805	0,6815	0,6825	0,6835	0,6845	0,6855
+22,5	0,677	0,678	0,679	0,680	0,681	0,682	0,683	0,684	0,685	0,686
+23	0,6775	0,6785	0,6795	0,6805	0,681	0,682	0,683	0,684	0,685	0,686
23,5	0,678	0,679	0,680	0,6805	0,6815	0,6825	0,6835	0,6845	0,6855	0,6865
24	0,6785	0,6795	0,680	0,681	0,682	0,683	0,684	0,685	0,686	0,687
24,5	0,679	0,6795	0,6805	0,6815	0,6825	0,6835	0,6845	0,6855	0,6865	0,6875
+25	0,679	0,680	0,681	0,682	0,683	0,684	0,685	0,686	0,687	0,688
+25,5	0,6795	0,6805	0,6815	0,6825	0,6835	0,6845	0,6855	0,6865	0,6875	0,6885
26	0,680	0,681	0,682	0,683	0,684	0,685	0,686	0,687	0,688	0,6885
26,5	0,6805	0,6815	0,6825	0,6835	0,6845	0,685	0,686	0,687	0,688	0,689
27	0,681	0,682	0,683	0,6835	0,6845	0,6855	0,6865	0,6875	0,6885	0,6895
+27,5	0,6815	0,6825	0,683	0,684	0,685	0,686	0,687	0,688	0,689	0,690
+28	0,682	0,6825	0,6835	0,6845	0,6855	0,6865	0,6875	0,6885	0,6895	0,6905
28,5	0,682	0,683	0,684	0,685	0,686	0,687	0,688	0,689	0,690	0,691
29	0,6825	0,6835	0,6845	0,6855	0,6865	0,6875	0,6885	0,6895	0,6905	0,6915
29,5	0,683	0,684	0,685	0,686	0,687	0,688	0,689	0,690	0,691	0,692
+30	0,6835	0,6845	0,6855	0,6865	0,6875	0,6885	0,6895	0,6905	0,6915	0,6925
+30,5	0,684	0,685	0,686	0,687	0,688	0,689	0,690	0,691	0,692	0,693
31	0,6845	0,6855	0,6865	0,6875	0,6885	0,6895	0,6905	0,6915	0,6925	0,6935
31,5	0,685	0,686	0,687	0,688	0,689	0,690	0,691	0,692	0,6925	0,6935
32	0,6855	0,6865	0,6875	0,6885	0,6895	0,6905	0,691	0,692	0,693	0,694
+32,5	0,686	0,687	0,688	0,689	0,6895	0,6905	0,6915	0,6925	0,6935	0,6945
+33	0,6865	0,6875	0,688	0,689	0,690	0,691	0,692	0,693	0,694	0,695
33,5	0,687	0,6875	0,6885	0,6895	0,6905	0,6915	0,6925	0,6935	0,6945	0,6955
34	0,687	0,688	0,689	0,690	0,691	0,692	0,693	0,694	0,695	0,696
34,5	0,6875	0,6885	0,6895	0,6905	0,6915	0,6925	0,6935	0,6945	0,6955	0,6965
+35	0,688	0,689	0,690	0,691	0,692	0,693	0,694	0,695	0,696	0,697

Tafel 1
zur Ermittelung der wahren Dichte bei + 15°.

Wärmegrad	Scheinbare Dichte									
	0,680	0,681	0,682	0,683	0,684	0,685	0,686	0,687	0,688	0,689
	Wahre Dichte bei + 15° für obige scheinbare Dichte									
—10	0,657	0,658	0,659	0,660	0,661	0,662	0,663	0,664	0,665	0,666
9,5	0,6575	0,6585	0,6595	0,6605	0,6615	0,6625	0,6635	0,6645	0,6655	0,6665
9	0,658	0,659	0,660	0,661	0,662	0,663	0,664	0,665	0,666	0,667
8,5	0,6585	0,6595	0,6605	0,6615	0,6625	0,6635	0,6645	0,6655	0,6665	0,6675
— 8	0,659	0,660	0,661	0,662	0,663	0,664	0,665	0,666	0,667	0,668
— 7,5	0,6595	0,6605	0,6615	0,6625	0,6635	0,6645	0,6655	0,6665	0,6675	0,6685
7	0,660	0,661	0,662	0,663	0,664	0,665	0,666	0,667	0,668	0,669
6,5	0,660	0,6615	0,6625	0,6635	0,6645	0,6655	0,6665	0,6675	0,6685	0,6695
6	0,6605	0,6615	0,663	0,664	0,665	0,666	0,667	0,668	0,669	0,670
— 5,5	0,661	0,662	0,663	0,664	0,6655	0,6665	0,6675	0,6685	0,6695	0,6705
— 5	0,6615	0,6625	0,6635	0,6645	0,6655	0,667	0,668	0,669	0,670	0,671
4,5	0,662	0,663	0,664	0,665	0,666	0,667	0,6685	0,6695	0,6705	0,6715
4	0,6625	0,6635	0,6645	0,6655	0,6665	0,6675	0,6685	0,670	0,671	0,672
3,5	0,663	0,664	0,665	0,666	0,667	0,668	0,669	0,670	0,671	0,6725
— 3	0,6635	0,6645	0,6655	0,6665	0,6675	0,6685	0,6695	0,6705	0,6715	0,6725
— 2,5	0,664	0,665	0,666	0,667	0,668	0,669	0,670	0,671	0,672	0,673
2	0,6645	0,6655	0,6665	0,6675	0,6685	0,6695	0,6705	0,6715	0,6725	0,6735
1,5	0,665	0,666	0,667	0,668	0,669	0,670	0,671	0,672	0,673	0,674
1	0,665	0,6665	0,6675	0,6685	0,6695	0,6705	0,6715	0,6725	0,6735	0,6745
— 0,5	0,6655	0,6665	0,668	0,669	0,670	0,671	0,672	0,673	0,674	0,675
0	0,666	0,667	0,668	0,6695	0,6705	0,6715	0,6725	0,6735	0,6745	0,6755
+ 0,5	0,6665	0,6675	0,6685	0,6695	0,6705	0,672	0,673	0,674	0,675	0,676
1	0,667	0,668	0,669	0,670	0,671	0,672	0,673	0,6745	0,6755	0,6765
1,5	0,6675	0,6685	0,6695	0,6705	0,6715	0,6725	0,6735	0,6745	0,6755	0,677
2	0,668	0,669	0,670	0,671	0,672	0,673	0,674	0,675	0,676	0,677
+ 2,5	0,6685	0,6695	0,6705	0,6715	0,6725	0,6735	0,6745	0,6755	0,6765	0,6775
+ 3	0,669	0,670	0,671	0,672	0,673	0,674	0,675	0,676	0,677	0,678
3,5	0,6695	0,6705	0,6715	0,6725	0,6735	0,6745	0,6755	0,6765	0,6775	0,6785
4	0,670	0,671	0,672	0,673	0,674	0,675	0,676	0,677	0,678	0,679
4,5	0,6705	0,6715	0,6725	0,6735	0,6745	0,6755	0,6765	0,6775	0,6785	0,6795
+ 5	0,671	0,672	0,673	0,674	0,675	0,676	0,677	0,678	0,679	0,680
+ 5,5	0,6715	0,6725	0,6735	0,6745	0,6755	0,6765	0,6775	0,6785	0,6795	0,6805
6	0,672	0,673	0,674	0,675	0,676	0,677	0,678	0,679	0,680	0,681
6,5	0,672	0,673	0,674	0,675	0,676	0,677	0,678	0,679	0,6805	0,6815
7	0,6725	0,6735	0,6745	0,6755	0,6765	0,6775	0,6785	0,6795	0,6805	0,682
+ 7,5	0,673	0,674	0,675	0,676	0,677	0,678	0,679	0,680	0,681	0,682
+ 8	0,6735	0,6745	0,6755	0,6765	0,6775	0,6785	0,6795	0,6805	0,6815	0,6825
8,5	0,674	0,675	0,676	0,677	0,678	0,679	0,680	0,681	0,682	0,683
9	0,6745	0,6755	0,6765	0,6775	0,6785	0,6795	0,6805	0,6815	0,6825	0,6835
9,5	0,675	0,676	0,677	0,678	0,679	0,680	0,681	0,682	0,683	0,684
+10	0,6755	0,6765	0,6775	0,6785	0,6795	0,6805	0,6815	0,6825	0,6835	0,6845
+10,5	0,676	0,677	0,678	0,679	0,680	0,681	0,682	0,683	0,684	0,685
11	0,6765	0,6775	0,6785	0,6795	0,6805	0,6815	0,6825	0,6835	0,6845	0,6855
11,5	0,677	0,678	0,679	0,680	0,681	0,682	0,683	0,684	0,685	0,686
12	0,677	0,678	0,679	0,680	0,681	0,682	0,683	0,684	0,685	0,686
+12,5	0,6775	0,6785	0,6795	0,6805	0,6815	0,6825	0,6835	0,6845	0,6855	0,6865

Tafel 1
zur Ermittelung der wahren Dichte bei + 15°.

Wärmegrad	Scheinbare Dichte									
	0,680	0,681	0,682	0,683	0,684	0,685	0,686	0,687	0,688	0,689
	Wahre Dichte bei + 15° für obige scheinbare Dichte									
+13	0,678	0,679	0,680	0,681	0,682	0,683	0,684	0,685	0,686	0,687
13,5	0,6785	0,6795	0,6805	0,6815	0,6825	0,6835	0,6845	0,6855	0,6865	0,6875
14	0,679	0,680	0,681	0,682	0,683	0,684	0,685	0,686	0,687	0,688
14,5	0,6795	0,6805	0,6815	0,6825	0,6835	0,6845	0,6855	0,6865	0,6875	0,6885
+15	0,680	0,681	0,682	0,683	0,684	0,685	0,686	0,687	0,688	0,689
+15,5	0,6805	0,6815	0,6825	0,6835	0,6845	0,6855	0,6865	0,6875	0,6885	0,6895
16	0,681	0,682	0,683	0,684	0,685	0,686	0,687	0,688	0,689	0,690
16,5	0,6815	0,6825	0,6835	0,6845	0,6855	0,6865	0,6875	0,6885	0,6895	0,6905
17	0,682	0,683	0,684	0,685	0,686	0,687	0,688	0,689	0,690	0,691
+17,5	0,6825	0,6835	0,6845	0,6855	0,6865	0,6875	0,688	0,689	0,690	0,691
+18	0,6825	0,6835	0,6845	0,6855	0,6865	0,6875	0,6885	0,6895	0,6905	0,6915
18,5	0,683	0,684	0,685	0,686	0,687	0,688	0,689	0,690	0,691	0,692
19	0,6835	0,6845	0,6855	0,6865	0,6875	0,6885	0,6895	0,6905	0,6915	0,6925
19,5	0,684	0,685	0,686	0,687	0,688	0,689	0,690	0,691	0,692	0,693
+20	0,6845	0,6855	0,6865	0,6875	0,6885	0,6895	0,6905	0,6915	0,6925	0,6935
+20,5	0,685	0,686	0,687	0,688	0,689	0,690	0,691	0,692	0,693	0,694
21	0,6855	0,6865	0,6875	0,6885	0,6895	0,6905	0,6915	0,6925	0,6935	0,6945
21,5	0,686	0,687	0,688	0,689	0,690	0,691	0,6915	0,6925	0,6935	0,6945
22	0,6865	0,6875	0,6885	0,689	0,690	0,691	0,692	0,693	0,694	0,695
+22,5	0,6865	0,6875	0,6885	0,6895	0,6905	0,6915	0,6925	0,6935	0,6945	0,6955
+23	0,687	0,688	0,689	0,690	0,691	0,692	0,693	0,694	0,695	0,696
23,5	0,6875	0,6885	0,6895	0,6905	0,6915	0,6925	0,6935	0,6945	0,6955	0,6965
24	0,688	0,689	0,690	0,691	0,692	0,693	0,694	0,695	0,696	0,697
24,5	0,6885	0,6895	0,6905	0,6915	0,6925	0,6935	0,6945	0,6955	0,6965	0,6975
+25	0,689	0,690	0,691	0,692	0,693	0,694	0,695	0,696	0,697	0,698
+25,5	0,6895	0,6905	0,6915	0,6925	0,6935	0,6945	0,6955	0,6965	0,6975	0,6985
26	0,6895	0,6905	0,6915	0,6925	0,6935	0,6945	0,6955	0,6965	0,6975	0,6985
26,5	0,690	0,691	0,692	0,693	0,694	0,695	0,696	0,697	0,698	0,699
27	0,6905	0,6915	0,6925	0,6935	0,6945	0,6955	0,6965	0,6975	0,6985	0,6995
+27,5	0,691	0,692	0,693	0,694	0,695	0,696	0,697	0,698	0,699	0,700
+28	0,6915	0,6925	0,6935	0,6945	0,6955	0,6965	0,6975	0,6985	0,6995	0,7005
28,5	0,692	0,693	0,694	0,695	0,696	0,697	0,698	0,699	0,700	0,701
29	0,6925	0,6935	0,6945	0,6955	0,6965	0,6975	0,6985	0,6995	0,7005	0,7015
29,5	0,693	0,694	0,695	0,696	0,697	0,698	0,6985	0,6995	0,7005	0,7015
+30	0,6935	0,6945	0,6955	0,6965	0,697	0,698	0,699	0,700	0,701	0,702
+30,5	0,694	0,695	0,6955	0,6965	0,6975	0,6985	0,6995	0,7005	0,7015	0,7025
31	0,694	0,695	0,696	0,697	0,698	0,699	0,700	0,701	0,702	0,703
31,5	0,6945	0,6955	0,6965	0,6975	0,6985	0,6995	0,7005	0,7015	0,7025	0,7035
32	0,695	0,696	0,697	0,698	0,699	0,700	0,701	0,702	0,703	0,704
+32,5	0,6955	0,6965	0,6975	0,6985	0,6995	0,7005	0,7015	0,7025	0,7035	0,7045
+33	0,696	0,697	0,698	0,699	0,700	0,701	0,702	0,703	0,7035	0,7045
33,5	0,6965	0,6975	0,6985	0,6995	0,7005	0,701	0,702	0,703	0,704	0,705
34	0,697	0,698	0,699	0,700	0,7005	0,7015	0,7025	0,7035	0,7045	0,7055
34,5	0,6975	0,6985	0,699	0,700	0,701	0,702	0,703	0,704	0,705	0,706
+35	0,6975	0,6985	0,6995	0,7005	0,7015	0,7025	0,7035	0,7045	0,7055	0,7065

Tafel 1

zur Ermittelung der wahren Dichte bei + 15°.

Wärme-grad	0,690	0,691	0,692	0,693	0,694	0,695	0,696	0,697	0,698	0,699
	Scheinbare Dichte									
	Wahre Dichte bei + 15° für obige scheinbare Dichte									
—10	0,6675	0,6685	0,6695	0,6705	0,6715	0,6725	0,6735	0,6745	0,6755	0,6765
9,5	0,6675	0,669	0,670	0,671	0,672	0,673	0,674	0,675	0,676	0,677
9	0,668	0,669	0,6705	0,6715	0,6725	0,6735	0,6745	0,6755	0,6765	0,6775
8,5	0,6685	0,6695	0,6705	0,672	0,673	0,674	0,675	0,676	0,677	0,678
— 8	0,669	0,670	0,671	0,672	0,6735	0,6745	0,6755	0,6765	0,6775	0,6785
— 7,5	0,6695	0,6705	0,6715	0,6725	0,6735	0,675	0,676	0,677	0,678	0,679
7	0,670	0,671	0,672	0,673	0,674	0,675	0,6765	0,6775	0,6785	0,6795
6,5	0,6705	0,6715	0,6725	0,6735	0,6745	0,6755	0,6765	0,678	0,679	0,680
6	0,671	0,672	0,673	0,674	0,675	0,676	0,677	0,678	0,6795	0,6805
— 5,5	0,6715	0,6725	0,6735	0,6745	0,6755	0,6765	0,6775	0,6785	0,6795	0,681
— 5	0,672	0,673	0,674	0,675	0,676	0,677	0,678	0,679	0,680	0,681
4,5	0,6725	0,6735	0,6745	0,6755	0,6765	0,6775	0,6785	0,6795	0,6805	0,6815
4	0,673	0,674	0,675	0,676	0,677	0,678	0,679	0,680	0,681	0,682
3,5	0,6735	0,6745	0,6755	0,6765	0,6775	0,6785	0,6795	0,6805	0,6815	0,6825
— 3	0,6735	0,6745	0,676	0,677	0,678	0,679	0,680	0,681	0,682	0,683
— 2,5	0,674	0,675	0,676	0,677	0,6785	0,6795	0,6805	0,6815	0,6825	0,6835
2	0,6745	0,6755	0,6765	0,6775	0,6785	0,6795	0,681	0,682	0,683	0,684
1,5	0,675	0,676	0,677	0,678	0,679	0,680	0,681	0,682	0,6835	0,6845
1	0,6755	0,6765	0,6775	0,6785	0,6795	0,6805	0,6815	0,6825	0,6835	0,685
— 0,5	0,676	0,677	0,678	0,679	0,680	0,681	0,682	0,683	0,684	0,685
0	0,6765	0,6775	0,6785	0,6795	0,6805	0,6815	0,6825	0,6835	0,6845	0,6855
+ 0,5	0,677	0,678	0,679	0,680	0,681	0,682	0,683	0,684	0,685	0,686
1	0,6775	0,6785	0,6795	0,6805	0,6815	0,6825	0,6835	0,6845	0,6855	0,6865
1,5	0,678	0,679	0,680	0,681	0,682	0,683	0,684	0,685	0,686	0,687
2	0,678	0,679	0,680	0,6815	0,6825	0,6835	0,6845	0,6855	0,6865	0,6875
+ 2,5	0,6785	0,6795	0,6805	0,6815	0,6825	0,6835	0,685	0,686	0,687	0,688
+ 3	0,679	0,680	0,681	0,682	0,683	0,684	0,685	0,686	0,6875	0,6885
3,5	0,6795	0,6805	0,6815	0,6825	0,6835	0,6845	0,6855	0,6865	0,6875	0,689
4	0,680	0,681	0,682	0,683	0,684	0,685	0,686	0,687	0,688	0,689
4,5	0,6805	0,6815	0,6825	0,6835	0,6845	0,6855	0,6865	0,6875	0,6885	0,6895
+ 5	0,681	0,682	0,683	0,684	0,685	0,686	0,687	0,688	0,689	0,690
+ 5,5	0,6815	0,6825	0,6835	0,6845	0,6855	0,6865	0,6875	0,6885	0,6895	0,6905
6	0,682	0,683	0,684	0,685	0,686	0,687	0,688	0,689	0,690	0,691
6,5	0,6825	0,6835	0,6845	0,6855	0,6865	0,6875	0,6885	0,6895	0,6905	0,6915
7	0,683	0,684	0,685	0,686	0,687	0,688	0,689	0,690	0,691	0,692
+ 7,5	0,6835	0,6845	0,6855	0,6865	0,6875	0,6885	0,6895	0,6905	0,6915	0,6925
+ 8	0,6835	0,6845	0,6855	0,6865	0,688	0,689	0,690	0,691	0,692	0,693
8,5	0,684	0,685	0,686	0,687	0,688	0,689	0,690	0,691	0,692	0,693
9	0,6845	0,6855	0,6865	0,6875	0,6885	0,6895	0,6905	0,6915	0,6925	0,6935
9,5	0,685	0,686	0,687	0,688	0,689	0,690	0,691	0,692	0,693	0,694
+10	0,6855	0,6865	0,6875	0,6885	0,6895	0,6905	0,6915	0,6925	0,6935	0,6945
+10,5	0,686	0,687	0,688	0,689	0,690	0,691	0,692	0,693	0,694	0,695
11	0,6865	0,6875	0,6885	0,6895	0,6905	0,6915	0,6925	0,6935	0,6945	0,6955
11,5	0,687	0,688	0,689	0,690	0,691	0,692	0,693	0,694	0,695	0,696
12	0,6875	0,6885	0,6895	0,6905	0,6915	0,6925	0,6935	0,6945	0,6955	0,6965
+12,5	0,6875	0,6885	0,6895	0,6905	0,6915	0,6925	0,6935	0,6945	0,696	0,697

Tafel 1
zur Ermittelung der wahren Dichte bei + 15°.

Wärmegrad	Scheinbare Dichte									
	0,690	0,691	0,692	0,693	0,694	0,695	0,696	0,697	0,698	0,699
	Wahre Dichte bei + 15° für obige scheinbare Dichte									
+13	0,688	0,689	0,690	0,691	0,692	0,693	0,694	0,695	0,696	0,697
13,5	0,6885	0,6895	0,6905	0,6915	0,6925	0,6935	0,6945	0,6955	0,6965	0,6975
14	0,689	0,690	0,691	0,692	0,693	0,694	0,695	0,696	0,697	0,698
14,5	0,6895	0,6905	0,6915	0,6925	0,6935	0,6945	0,6955	0,6965	0,6975	0,6985
+15	0,690	0,691	0,692	0,693	0,694	0,695	0,696	0,697	0,698	0,699
+15,5	0,6905	0,6915	0,6925	0,6935	0,6945	0,6955	0,6965	0,6975	0,6985	0,6995
16	0,691	0,692	0,693	0,694	0,695	0,696	0,697	0,698	0,699	0,700
16,5	0,6915	0,6925	0,6935	0,6945	0,6955	0,6965	0,6975	0,6985	0,6995	0,7005
17	0,6915	0,6925	0,6935	0,6945	0,6955	0,6965	0,6975	0,6985	0,6995	0,7005
+17,5	0,692	0,693	0,694	0,695	0,696	0,697	0,698	0,699	0,700	0,701
+18	0,6925	0,6935	0,6945	0,6955	0,6965	0,6975	0,6985	0,6995	0,7005	0,7015
18,5	0,693	0,694	0,695	0,696	0,697	0,698	0,699	0,700	0,701	0,702
19	0,6935	0,6945	0,6955	0,6965	0,6975	0,6985	0,6995	0,7005	0,7015	0,7025
19,5	0,694	0,695	0,696	0,697	0,698	0,699	0,700	0,701	0,702	0,703
+20	0,6945	0,6955	0,6965	0,6975	0,6985	0,6995	0,7005	0,7015	0,7025	0,7035
+20,5	0,695	0,696	0,6965	0,6975	0,6985	0,6995	0,7005	0,7015	0,7025	0,7035
21	0,695	0,696	0,697	0,698	0,699	0,700	0,701	0,702	0,703	0,704
21,5	0,6955	0,6965	0,6975	0,6985	0,6995	0,7005	0,7015	0,7025	0,7035	0,7045
22	0,696	0,697	0,698	0,699	0,700	0,701	0,702	0,703	0,704	0,705
+22,5	0,6965	0,6975	0,6985	0,6995	0,7005	0,7015	0,7025	0,7035	0,7045	0,7055
+23	0,697	0,698	0,699	0,700	0,701	0,702	0,703	0,704	0,705	0,706
23,5	0,6975	0,6985	0,6995	0,7005	0,7015	0,7025	0,7035	0,7045	0,7055	0,7065
24	0,698	0,699	0,700	0,701	0,702	0,703	0,704	0,705	0,7055	0,7065
24,5	0,6985	0,6995	0,7005	0,7015	0,7025	0,7035	0,704	0,705	0,706	0,707
+25	0,699	0,700	0,701	0,7015	0,7025	0,7035	0,7045	0,7055	0,7065	0,7075
+25,5	0,699	0,700	0,701	0,702	0,703	0,704	0,705	0,706	0,707	0,708
26	0,6995	0,7005	0,7015	0,7025	0,7035	0,7045	0,7055	0,7065	0,7075	0,7085
26,5	0,700	0,701	0,702	0,703	0,704	0,705	0,706	0,707	0,708	0,709
27	0,7005	0,7015	0,7025	0,7035	0,7045	0,7055	0,7065	0,7075	0,7085	0,7095
+27,5	0,701	0,702	0,703	0,704	0,705	0,706	0,707	0,708	0,709	0,7095
+28	0,7015	0,7025	0,7035	0,7045	0,7055	0,7065	0,707	0,708	0,709	0,710
28,5	0,702	0,703	0,704	0,7045	0,7055	0,7065	0,7075	0,7085	0,7095	0,7105
29	0,702	0,703	0,704	0,705	0,706	0,707	0,708	0,709	0,710	0,711
29,5	0,7025	0,7035	0,7045	0,7055	0,7065	0,7075	0,7085	0,7095	0,7105	0,7115
+30	0,703	0,704	0,705	0,706	0,707	0,708	0,709	0,710	0,711	0,712
+30,5	0,7035	0,7045	0,7055	0,7065	0,7075	0,7085	0,7095	0,7105	0,7115	0,7125
31	0,704	0,705	0,706	0,707	0,708	0,709	0,710	0,711	0,712	0,713
31,5	0,7045	0,7055	0,7065	0,7075	0,7085	0,7095	0,7105	0,7115	0,712	0,713
32	0,705	0,706	0,707	0,708	0,7085	0,7095	0,7105	0,7115	0,7125	0,7135
+32,5	0,705	0,706	0,707	0,708	0,709	0,710	0,711	0,712	0,713	0,714
+33	0,7055	0,7065	0,7075	0,7085	0,7095	0,7105	0,7115	0,7125	0,7135	0,7145
33,5	0,706	0,707	0,708	0,709	0,710	0,711	0,712	0,713	0,714	0,715
34	0,7065	0,7075	0,7085	0,7095	0,7105	0,7115	0,7125	0,7135	0,7145	0,7155
34,5	0,707	0,708	0,709	0,710	0,711	0,712	0,713	0,714	0,715	0,7155
+35	0,7075	0,7085	0,7095	0,7105	0,7115	0,712	0,713	0,714	0,715	0,716

Tafel 1
zur Ermittelung der wahren Dichte bei + 15°.

Wärmegrad	Scheinbare Dichte									
	0,700	0,701	0,702	0,703	0,704	0,705	0,706	0,707	0,708	0,709
	Wahre Dichte bei + 15° für obige scheinbare Dichte									
—10	0,6775	0,6785	0,6795	0,6805	0,6815	0,6825	0,6835	0,685	0,686	0,687
9,5	0,678	0,679	0,680	0,681	0,682	0,683	0,684	0,685	0,6865	0,6875
9	0,6785	0,6795	0,6805	0,6815	0,6825	0,6835	0,6845	0,6855	0,6865	0,688
8,5	0,679	0,680	0,681	0,682	0,683	0,684	0,685	0,686	0,687	0,688
— 8	0,6795	0,6805	0,6815	0,6825	0,6835	0,6845	0,6855	0,6865	0,6875	0,6885
— 7,5	0,680	0,681	0,682	0,683	0,684	0,685	0,686	0,687	0,688	0,689
7	0,6805	0,6815	0,6825	0,6835	0,6845	0,6855	0,6865	0,6875	0,6885	0,6895
6,5	0,681	0,682	0,683	0,684	0,685	0,686	0,687	0,688	0,689	0,690
6	0,6815	0,6825	0,6835	0,6845	0,6855	0,6865	0,6875	0,6885	0,6895	0,6905
— 5,5	0,682	0,683	0,684	0,685	0,686	0,687	0,688	0,689	0,690	0,691
— 5	0,682	0,6835	0,6845	0,6855	0,6865	0,6875	0,6885	0,6895	0,6905	0,6915
4,5	0,6825	0,6835	0,6845	0,686	0,687	0,688	0,689	0,690	0,691	0,692
4	0,683	0,684	0,685	0,686	0,687	0,6885	0,6895	0,6905	0,6915	0,6925
3,5	0,6835	0,6845	0,6855	0,6865	0,6875	0,6885	0,6895	0,691	0,692	0,693
— 3	0,684	0,685	0,686	0,687	0,688	0,689	0,690	0,691	0,692	0,693
— 2,5	0,6845	0,6855	0,6865	0,6875	0,6885	0,6895	0,6905	0,6915	0,6925	0,6935
2	0,685	0,686	0,687	0,688	0,689	0,690	0,691	0,692	0,693	0,694
1,5	0,6855	0,6865	0,6875	0,6885	0,6895	0,6905	0,6915	0,6925	0,6935	0,6945
1	0,686	0,687	0,688	0,689	0,690	0,691	0,692	0,693	0,694	0,695
— 0,5	0,686	0,687	0,6885	0,6895	0,6905	0,6915	0,6925	0,6935	0,6945	0,6955
0	0,6865	0,6875	0,6885	0,6895	0,6905	0,692	0,693	0,694	0,695	0,696
+ 0,5	0,687	0,688	0,689	0,690	0,691	0,692	0,693	0,6945	0,6955	0,6965
1	0,6875	0,6885	0,6895	0,6905	0,6915	0,6925	0,6935	0,6945	0,6955	0,697
1,5	0,688	0,689	0,690	0,691	0,692	0,693	0,694	0,695	0,696	0,697
2	0,6885	0,6895	0,6905	0,6915	0,6925	0,6935	0,6945	0,6955	0,6965	0,6975
+ 2,5	0,689	0,690	0,691	0,692	0,693	0,694	0,695	0,696	0,697	0,698
+ 3	0,6895	0,6905	0,6915	0,6925	0,6935	0,6945	0,6955	0,6965	0,6975	0,6985
3,5	0,690	0,691	0,692	0,693	0,694	0,695	0,696	0,697	0,698	0,699
4	0,690	0,691	0,6925	0,6935	0,6945	0,6955	0,6965	0,6975	0,6985	0,6995
4,5	0,6905	0,6915	0,6925	0,6935	0,6945	0,696	0,697	0,698	0,699	0,700
+ 5	0,691	0,692	0,693	0,694	0,695	0,696	0,697	0,6985	0,6995	0,7005
+ 5,5	0,6915	0,6925	0,6935	0,6945	0,6955	0,6965	0,6975	0,6985	0,6995	0,701
6	0,692	0,693	0,694	0,695	0,696	0,697	0,698	0,699	0,700	0,701
6,5	0,6925	0,6935	0,6945	0,6955	0,6965	0,6975	0,6985	0,6995	0,7005	0,7015
7	0,693	0,694	0,695	0,696	0,697	0,698	0,699	0,700	0,701	0,702
+ 7,5	0,6935	0,6945	0,6955	0,6965	0,6975	0,6985	0,6995	0,7005	0,7015	0,7025
+ 8	0,694	0,695	0,696	0,697	0,698	0,699	0,700	0,701	0,702	0,703
8,5	0,6945	0,6955	0,6965	0,6975	0,6985	0,6995	0,7005	0,7015	0,7025	0,7035
9	0,6945	0,6955	0,697	0,698	0,699	0,700	0,701	0,702	0,703	0,704
9,5	0,695	0,696	0,697	0,698	0,699	0,7005	0,7015	0,7025	0,7035	0,7045
+10	0,6955	0,6965	0,6975	0,6985	0,6995	0,7005	0,7015	0,7025	0,7035	0,705
+10,5	0,696	0,697	0,698	0,699	0,700	0,701	0,702	0,703	0,704	0,705
11	0,6965	0,6975	0,6985	0,6995	0,7005	0,7015	0,7025	0,7035	0,7045	0,7055
11,5	0,697	0,698	0,699	0,700	0,701	0,702	0,703	0,704	0,705	0,706
12	0,6975	0,6985	0,6995	0,7005	0,7015	0,7025	0,7035	0,7045	0,7055	0,7065
+12,5	0,698	0,699	0,700	0,701	0,702	0,703	0,704	0,705	0,706	0,707

Tafel 1

zur Ermittelung der wahren Dichte bei + 15°.

Wärmegrad	Scheinbare Dichte 0,700	0,701	0,702	0,703	0,704	0,705	0,706	0,707	0,708	0,709
	Wahre Dichte bei + 15° für obige scheinbare Dichte									
+13	0,698	0,699	0,7005	0,7015	0,7025	0,7035	0,7045	0,7055	0,7065	0,7075
13,5	0,6985	0,6995	0,7005	0,7015	0,7025	0,7035	0,705	0,706	0,707	0,708
14	0,699	0,700	0,701	0,702	0,703	0,704	0,705	0,706	0,707	0,708
14,5	0,6995	0,7005	0,7015	0,7025	0,7035	0,7045	0,7055	0,7065	0,7075	0,7085
+15	0,700	0,701	0,702	0,703	0,704	0,705	0,706	0,707	0,708	0,709
+15,5	0,7005	0,7015	0,7025	0,7035	0,7045	0,7055	0,7065	0,7075	0,7085	0,7095
16	0,701	0,702	0,703	0,704	0,705	0,706	0,707	0,708	0,709	0,710
16,5	0,7015	0,7025	0,7035	0,7045	0,7055	0,7065	0,7075	0,7085	0,7095	0,7105
17	0,7015	0,7025	0,7035	0,7045	0,7055	0,7065	0,7075	0,7085	0,7095	0,7105
+17,5	0,702	0,703	0,704	0,705	0,706	0,707	0,708	0,709	0,710	0,711
+18	0,7025	0,7035	0,7045	0,7055	0,7065	0,7075	0,7085	0,7095	0,7105	0,7115
18,5	0,703	0,704	0,705	0,706	0,707	0,708	0,709	0,710	0,711	0,712
19	0,7035	0,7045	0,7055	0,7065	0,7075	0,7085	0,7095	0,7105	0,7115	0,7125
19,5	0,704	0,705	0,706	0,707	0,708	0,709	0,710	0,711	0,712	0,713
+20	0,7045	0,7055	0,7065	0,7075	0,7085	0,7095	0,7105	0,7115	0,7125	0,7135
+20,5	0,7045	0,7055	0,7065	0,7075	0,7085	0,7095	0,7105	0,7115	0,7125	0,7135
21	0,705	0,706	0,707	0,708	0,709	0,710	0,711	0,712	0,713	0,714
21,5	0,7055	0,7065	0,7075	0,7085	0,7095	0,7105	0,7115	0,7125	0,7135	0,7145
22	0,706	0,707	0,708	0,709	0,710	0,711	0,712	0,713	0,714	0,715
+22,5	0,7065	0,7075	0,7085	0,7095	0,7105	0,7115	0,7125	0,7135	0,7145	0,7155
+23	0,707	0,708	0,709	0,710	0,711	0,712	0,713	0,714	0,715	0,716
23,5	0,7075	0,7085	0,7095	0,7105	0,7115	0,7125	0,7135	0,7145	0,7155	0,7165
24	0,7075	0,7085	0,7095	0,7105	0,7115	0,7125	0,7135	0,7145	0,7155	0,7165
24,5	0,708	0,709	0,710	0,711	0,712	0,713	0,714	0,715	0,716	0,717
+25	0,7085	0,7095	0,7105	0,7115	0,7125	0,7135	0,7145	0,7155	0,7165	0,7175
+25,5	0,709	0,710	0,711	0,712	0,713	0,714	0,715	0,716	0,717	0,718
26	0,7095	0,7105	0,7115	0,7125	0,7135	0,7145	0,7155	0,7165	0,7175	0,7185
26,5	0,710	0,711	0,712	0,713	0,714	0,715	0,716	0,7165	0,7175	0,7185
27	0,7105	0,7115	0,7125	0,713	0,714	0,715	0,716	0,717	0,718	0,719
+27,5	0,7105	0,7115	0,7125	0,7135	0,7145	0,7155	0,7165	0,7175	0,7185	0,7195
+28	0,711	0,712	0,713	0,714	0,715	0,716	0,717	0,718	0,719	0,720
28,5	0,7115	0,7125	0,7135	0,7145	0,7155	0,7165	0,7175	0,7185	0,7195	0,7205
29	0,712	0,713	0,714	0,715	0,716	0,717	0,718	0,719	0,720	0,721
29,5	0,7125	0,7135	0,7145	0,7155	0,7165	0,7175	0,7185	0,719	0,720	0,721
+30	0,713	0,714	0,715	0,716	0,717	0,7175	0,7185	0,7195	0,7205	0,7215
+30,5	0,7135	0,7145	0,715	0,716	0,717	0,718	0,719	0,720	0,721	0,722
31	0,7135	0,7145	0,7155	0,7165	0,7175	0,7185	0,7195	0,7205	0,7215	0,7225
31,5	0,714	0,715	0,716	0,717	0,718	0,719	0,720	0,721	0,722	0,723
32	0,7145	0,7155	0,7165	0,7175	0,7185	0,7195	0,7205	0,7215	0,722	0,723
+32,5	0,715	0,716	0,717	0,718	0,719	0,720	0,7205	0,7215	0,7225	0,7235
+33	0,7155	0,7165	0,7175	0,7185	0,7195	0,720	0,721	0,722	0,723	0,724
33,5	0,716	0,717	0,7175	0,7185	0,7195	0,7205	0,7215	0,7225	0,7235	0,7245
34	0,716	0,717	0,718	0,719	0,720	0,721	0,722	0,723	0,724	0,725
34,5	0,7165	0,7175	0,7185	0,7195	0,7205	0,7215	0,7225	0,7235	0,724	0,725
+35	0,717	0,718	0,719	0,720	0,721	0,722	0,7225	0,7235	0,7245	0,7255

Tafel 1

zur Ermittelung der wahren Dichte bei + 15°.

Wärmegrad	Scheinbare Dichte 0,710	0,711	0,712	0,713	0,714	0,715	0,716	0,717	0,718	0,719
	Wahre Dichte bei + 15° für obige scheinbare Dichte									
—10	0,688	0,689	0,690	0,691	0,692	0,693	0,694	0,695	0,6965	0,6975
9,5	0,6885	0,6895	0,6905	0,6915	0,6925	0,6935	0,6945	0,6955	0,6965	0,6975
9	0,689	0,690	0,691	0,692	0,693	0,694	0,695	0,696	0,697	0,698
8,5	0,6895	0,6905	0,6915	0,6925	0,6935	0,6945	0,6955	0,6965	0,6975	0,6985
— 8	0,690	0,691	0,692	0,693	0,694	0,695	0,696	0,697	0,698	0,699
— 7,5	0,6905	0,6915	0,6925	0,6935	0,6945	0,6955	0,6965	0,6975	0,6985	0,6995
7	0,6905	0,6915	0,693	0,694	0,695	0,696	0,697	0,698	0,699	0,700
6,5	0,691	0,692	0,693	0,6945	0,6955	0,6965	0,6975	0,6985	0,6995	0,7005
6	0,6915	0,6925	0,6935	0,6945	0,696	0,697	0,698	0,699	0,700	0,701
— 5,5	0,692	0,693	0,694	0,695	0,696	0,697	0,698	0,6995	0,7005	0,7015
— 5	0,6925	0,6935	0,6945	0,6955	0,6965	0,6975	0,6985	0,6995	0,7005	0,702
4,5	0,693	0,694	0,695	0,696	0,697	0,698	0,699	0,700	0,701	0,702
4	0,6935	0,6945	0,6955	0,6965	0,6975	0,6985	0,6995	0,7005	0,7015	0,7025
3,5	0,694	0,695	0,696	0,697	0,698	0,699	0,700	0,701	0,702	0,703
— 3	0,6945	0,6955	0,6965	0,6975	0,6985	0,6995	0,7005	0,7015	0,7025	0,7035
— 2,5	0,6945	0,6955	0,697	0,698	0,699	0,700	0,701	0,702	0,703	0,704
2	0,695	0,696	0,697	0,698	0,6995	0,7005	0,7015	0,7025	0,7035	0,7045
1,5	0,6955	0,6965	0,6975	0,6985	0,6995	0,7005	0,7015	0,703	0,704	0,705
1	0,696	0,697	0,698	0,699	0,700	0,701	0,702	0,703	0,704	0,7055
— 0,5	0,6965	0,6975	0,6985	0,6995	0,7005	0,7015	0,7025	0,7035	0,7045	0,7055
0	0,697	0,698	0,699	0,700	0,701	0,702	0,703	0,704	0,705	0,706
+ 0,5	0,6975	0,6985	0,6995	0,7005	0,7015	0,7025	0,7035	0,7045	0,7055	0,7065
1	0,698	0,699	0,700	0,701	0,702	0,703	0,704	0,705	0,706	0,707
1,5	0,6985	0,6995	0,7005	0,7015	0,7025	0,7035	0,7045	0,7055	0,7065	0,7075
2	0,6985	0,700	0,701	0,702	0,703	0,704	0,705	0,706	0,707	0,708
+ 2,5	0,699	0,700	0,701	0,702	0,703	0,704	0,705	0,7065	0,7075	0,7085
+ 3	0,6995	0,7005	0,7015	0,7025	0,7035	0,7045	0,7055	0,7065	0,708	0,709
3,5	0,700	0,701	0,702	0,703	0,704	0,705	0,706	0,707	0,708	0,709
4	0,7005	0,7015	0,7025	0,7035	0,7045	0,7055	0,7065	0,7075	0,7085	0,7095
4,5	0,701	0,702	0,703	0,704	0,705	0,706	0,707	0,708	0,709	0,710
+ 5	0,7015	0,7025	0,7035	0,7045	0,7055	0,7065	0,7075	0,7085	0,7095	0,7105
+ 5,5	0,702	0,703	0,704	0,705	0,706	0,707	0,708	0,709	0,710	0,711
6	0,7025	0,7035	0,7045	0,7055	0,7065	0,7075	0,7085	0,7095	0,7105	0,7115
6,5	0,7025	0,7035	0,7045	0,7055	0,7065	0,7075	0,7085	0,7095	0,711	0,712
7	0,703	0,704	0,705	0,706	0,707	0,708	0,709	0,710	0,711	0,712
+ 7,5	0,7035	0,7045	0,7055	0,7065	0,7075	0,7085	0,7095	0,7105	0,7115	0,7125
+ 8	0,704	0,705	0,706	0,707	0,708	0,709	0,710	0,711	0,712	0,713
8,5	0,7045	0,7055	0,7065	0,7075	0,7085	0,7095	0,7105	0,7115	0,7125	0,7135
9	0,705	0,706	0,707	0,708	0,709	0,710	0,711	0,712	0,713	0,714
9,5	0,7055	0,7065	0,7075	0,7085	0,7095	0,7105	0,7115	0,7125	0,7135	0,7145
+10	0,706	0,707	0,708	0,709	0,710	0,711	0,712	0,713	0,714	0,715
+10,5	0,706	0,707	0,708	0,709	0,710	0,711	0,712	0,713	0,714	0,715
11	0,7065	0,7075	0,7085	0,7095	0,7105	0,7115	0,7125	0,7135	0,7145	0,7155
11,5	0,707	0,708	0,709	0,710	0,711	0,712	0,713	0,714	0,715	0,716
12	0,7075	0,7085	0,7095	0,7105	0,7115	0,7125	0,7135	0,7145	0,7155	0,7165
+12,5	0,708	0,709	0,710	0,711	0,712	0,713	0,714	0,715	0,716	0,717

Tafel 1

zur Ermittelung der wahren Dichte bei + 15°.

Wärmegrad	Scheinbare Dichte									
	0,710	0,711	0,712	0,713	0,714	0,715	0,716	0,717	0,718	0,719
	Wahre Dichte bei + 15° für obige scheinbare Dichte									
+13	0,7085	0,7095	0,7105	0,7115	0,7125	0,7135	0,7145	0,7155	0,7165	0,7175
13,5	0,709	0,710	0,711	0,712	0,713	0,714	0,715	0,716	0,717	0,718
14	0,709	0,710	0,711	0,712	0,713	0,714	0,715	0,716	0,717	0,718
14,5	0,7095	0,7105	0,7115	0,7125	0,7135	0,7145	0,7155	0,7165	0,7175	0,7185
+15	0,710	0,711	0,712	0,713	0,714	0,715	0,716	0,717	0,718	0,719
+15,5	0,7105	0,7115	0,7125	0,7135	0,7145	0,7155	0,7165	0,7175	0,7185	0,7195
16	0,711	0,712	0,713	0,714	0,715	0,716	0,717	0,718	0,719	0,720
16,5	0,7115	0,7125	0,7135	0,7145	0,7155	0,7165	0,7175	0,7185	0,7195	0,7205
17	0,7115	0,7125	0,7135	0,7145	0,7155	0,7165	0,7175	0,7185	0,7195	0,7205
+17,5	0,712	0,713	0,714	0,715	0,716	0,717	0,718	0,719	0,720	0,721
+18	0,7125	0,7135	0,7145	0,7155	0,7165	0,7175	0,7185	0,7195	0,7205	0,7215
18,5	0,713	0,714	0,715	0,716	0,717	0,718	0,719	0,720	0,721	0,722
19	0,7135	0,7145	0,7155	0,7165	0,7175	0,7185	0,7195	0,7205	0,7215	0,7225
19,5	0,714	0,715	0,716	0,717	0,718	0,719	0,720	0,721	0,7215	0,7225
+20	0,714	0,715	0,716	0,717	0,718	0,719	0,720	0,721	0,722	0,723
+20,5	0,7145	0,7155	0,7165	0,7175	0,7185	0,7195	0,7205	0,7215	0,7225	0,7235
21	0,715	0,716	0,717	0,718	0,719	0,720	0,721	0,722	0,723	0,724
21,5	0,7155	0,7165	0,7175	0,7185	0,7195	0,7205	0,7215	0,7225	0,7235	0,7245
22	0,716	0,717	0,718	0,719	0,720	0,721	0,722	0,723	0,724	0,725
+22,5	0,7165	0,7175	0,7185	0,7195	0,7205	0,7215	0,7225	0,7235	0,724	0,725
+23	0,717	0,718	0,7185	0,7195	0,7205	0,7215	0,7225	0,7235	0,7245	0,7255
23,5	0,717	0,718	0,719	0,720	0,721	0,722	0,723	0,724	0,725	0,726
24	0,7175	0,7185	0,7195	0,7205	0,7215	0,7225	0,7235	0,7245	0,7255	0,7265
24,5	0,718	0,719	0,720	0,721	0,722	0,723	0,724	0,725	0,726	0,727
+25	0,7185	0,7195	0,7205	0,7215	0,7225	0,7235	0,7245	0,7255	0,726	0,727
+25,5	0,719	0,720	0,721	0,722	0,7225	0,7235	0,7245	0,7255	0,7265	0,7275
26	0,719	0,720	0,721	0,722	0,723	0,724	0,725	0,726	0,727	0,728
26,5	0,7195	0,7205	0,7215	0,7225	0,7235	0,7245	0,7255	0,7265	0,7275	0,7285
27	0,720	0,721	0,722	0,723	0,724	0,725	0,726	0,727	0,728	0,729
+27,5	0,7205	0,7215	0,7225	0,7235	0,7245	0,7255	0,7265	0,7275	0,7285	0,7295
+28	0,721	0,722	0,723	0,724	0,725	0,726	0,727	0,728	0,7285	0,7295
28,5	0,7215	0,7225	0,723	0,724	0,725	0,726	0,727	0,728	0,729	0,730
29	0,7215	0,7225	0,7235	0,7245	0,7255	0,7265	0,7275	0,7285	0,7295	0,7305
29,5	0,722	0,723	0,724	0,725	0,726	0,727	0,728	0,729	0,730	0,731
+30	0,7225	0,7235	0,7245	0,7255	0,7265	0,7275	0,7285	0,7295	0,7305	0,7315
+30,5	0,723	0,724	0,725	0,726	0,727	0,728	0,729	0,730	0,731	0,732
31	0,7235	0,7245	0,7255	0,7265	0,727	0,728	0,729	0,730	0,731	0,732
31,5	0,7235	0,7245	0,7255	0,7265	0,7275	0,7285	0,7295	0,7305	0,7315	0,7325
32	0,724	0,725	0,726	0,727	0,728	0,729	0,730	0,731	0,732	0,733
+32,5	0,7245	0,7255	0,7265	0,7275	0,7285	0,7295	0,7305	0,7315	0,7325	0,7335
+33	0,725	0,726	0,727	0,728	0,729	0,730	0,731	0,732	0,733	0,734
33,5	0,7255	0,7265	0,7275	0,7285	0,7295	0,730	0,731	0,732	0,733	0,734
34	0,7255	0,7265	0,7275	0,7285	0,7295	0,7305	0,7315	0,7325	0,7335	0,7345
34,5	0,726	0,727	0,728	0,729	0,730	0,731	0,732	0,733	0,734	0,735
+35	0,7265	0,7275	0,7285	0,7295	0,7305	0,7315	0,7325	0,7335	0,7345	0,7355

Tafel 1
zur Ermittelung der wahren Dichte bei + 15°.

Wärmegrad	Scheinbare Dichte									
	0,720	0,721	0,722	0,723	0,724	0,725	0,726	0,727	0,728	0,729
	Wahre Dichte bei + 15° für obige scheinbare Dichte									
—10	0,6985	0,6995	0,7005	0,7015	0,7025	0,7035	0,7045	0,7055	0,7065	0,7075
9,5	0,6985	0,6995	0,701	0,702	0,703	0,704	0,705	0,706	0,707	0,708
9	0,699	0,700	0,701	0,7025	0,7035	0,7045	0,7055	0,7065	0,7075	0,7085
8,5	0,6995	0,7005	0,7015	0,7025	0,704	0,705	0,706	0,707	0,708	0,709
— 8	0,700	0,701	0,702	0,703	0,704	0,7055	0,7065	0,7075	0,7085	0,7095
— 7,5	0,7005	0,7015	0,7025	0,7035	0,7045	0,7055	0,707	0,708	0,709	0,710
7	0,701	0,702	0,703	0,704	0,705	0,706	0,707	0,7085	0,7095	0,7105
6,5	0,7015	0,7025	0,7035	0,7045	0,7055	0,7065	0,7075	0,7085	0,710	0,711
6	0,702	0,703	0,704	0,705	0,706	0,707	0,708	0,709	0,710	0,7115
— 5,5	0,7025	0,7035	0,7045	0,7055	0,7065	0,7075	0,7085	0,7095	0,7105	0,7115
— 5	0,703	0,704	0,705	0,706	0,707	0,708	0,709	0,710	0,711	0,712
4,5	0,7035	0,7045	0,7055	0,7065	0,7075	0,7085	0,7095	0,7105	0,7115	0,7125
4	0,7035	0,7045	0,706	0,707	0,708	0,709	0,710	0,711	0,712	0,713
3,5	0,704	0,705	0,706	0,7075	0,7085	0,7095	0,7105	0,7115	0,7125	0,7135
— 3	0,7045	0,7055	0,7065	0,7075	0,709	0,710	0,711	0,712	0,713	0,714
— 2,5	0,705	0,706	0,707	0,708	0,709	0,710	0,7115	0,7125	0,7135	0,7145
2	0,7055	0,7065	0,7075	0,7085	0,7095	0,7105	0,7115	0,7125	0,714	0,715
1,5	0,706	0,707	0,708	0,709	0,710	0,711	0,712	0,713	0,714	0,715
1	0,7065	0,7075	0,7085	0,7095	0,7105	0,7115	0,7125	0,7135	0,7145	0,7155
— 0,5	0,707	0,708	0,709	0,710	0,711	0,712	0,713	0,714	0,715	0,716
0	0,707	0,708	0,7095	0,7105	0,7115	0,7125	0,7135	0,7145	0,7155	0,7165
+ 0,5	0,7075	0,7085	0,7095	0,7105	0,712	0,713	0,714	0,715	0,716	0,717
1	0,708	0,709	0,710	0,711	0,712	0,713	0,7145	0,7155	0,7165	0,7175
1,5	0,7085	0,7095	0,7105	0,7115	0,7125	0,7135	0,7145	0,7155	0,7165	0,7175
2	0,709	0,710	0,711	0,712	0,713	0,714	0,715	0,716	0,717	0,718
+ 2,5	0,7095	0,7105	0,7115	0,7125	0,7135	0,7145	0,7155	0,7165	0,7175	0,7185
+ 3	0,710	0,711	0,712	0,713	0,714	0,715	0,716	0,717	0,718	0,719
3,5	0,710	0,711	0,7125	0,7135	0,7145	0,7155	0,7165	0,7175	0,7185	0,7195
4	0,7105	0,7115	0,7125	0,7135	0,715	0,716	0,717	0,718	0,719	0,720
4,5	0,711	0,712	0,713	0,714	0,715	0,716	0,7175	0,7185	0,7195	0,7205
+ 5	0,7115	0,7125	0,7135	0,7145	0,7155	0,7165	0,7175	0,7185	0,7195	0,7205
+ 5,5	0,712	0,713	0,714	0,715	0,716	0,717	0,718	0,719	0,720	0,721
6	0,7125	0,7135	0,7145	0,7155	0,7165	0,7175	0,7185	0,7195	0,7205	0,7215
6,5	0,713	0,714	0,715	0,716	0,717	0,718	0,719	0,720	0,721	0,722
7	0,7135	0,7145	0,7155	0,7165	0,7175	0,7185	0,7195	0,7205	0,7215	0,7225
+ 7,5	0,7135	0,7145	0,716	0,717	0,718	0,719	0,720	0,721	0,722	0,723
+ 8	0,714	0,715	0,716	0,717	0,718	0,719	0,7205	0,7215	0,7225	0,7235
8,5	0,7145	0,7155	0,7165	0,7175	0,7185	0,7195	0,7205	0,7215	0,7225	0,7235
9	0,715	0,716	0,717	0,718	0,719	0,720	0,721	0,722	0,723	0,724
9,5	0,7155	0,7165	0,7175	0,7185	0,7195	0,7205	0,7215	0,7225	0,7235	0,7245
+10	0,716	0,717	0,718	0,719	0,720	0,721	0,722	0,723	0,724	0,725
+10,5	0,716	0,717	0,718	0,719	0,720	0,721	0,7225	0,7235	0,7245	0,7255
11	0,7165	0,7175	0,7185	0,7195	0,7205	0,7215	0,7225	0,7235	0,7245	0,7255
11,5	0,717	0,718	0,719	0,720	0,721	0,722	0,723	0,724	0,725	0,726
12	0,7175	0,7185	0,7195	0,7205	0,7215	0,7225	0,7235	0,7245	0,7255	0,7265
+12,5	0,718	0,719	0,720	0,721	0,722	0,723	0,724	0,725	0,726	0,727

Tafel 1
zur Ermittelung der wahren Dichte bei + 15°.

Wärmegrad	Scheinbare Dichte									
	0,720	0,721	0,722	0,723	0,724	0,725	0,726	0,727	0,728	0,729
	Wahre Dichte bei + 15° für obige scheinbare Dichte									
+13	0,7185	0,7195	0,7205	0,7215	0,7225	0,7235	0,7245	0,7255	0,7265	0,7275
13,5	0,719	0,720	0,721	0,722	0,723	0,724	0,725	0,726	0,727	0,728
14	0,719	0,720	0,721	0,722	0,723	0,724	0,725	0,726	0,727	0,728
14,5	0,7195	0,7205	0,7215	0,7225	0,7235	0,7245	0,7255	0,7265	0,7275	0,7285
+15	0,720	0,721	0,722	0,723	0,724	0,725	0,726	0,727	0,728	0,729
+15,5	0,7205	0,7215	0,7225	0,7235	0,7245	0,7255	0,7265	0,7275	0,7285	0,7295
16	0,721	0,722	0,723	0,724	0,725	0,726	0,727	0,728	0,729	0,730
16,5	0,7215	0,7225	0,7235	0,7245	0,7255	0,7265	0,727	0,728	0,729	0,730
17	0,7215	0,7225	0,7235	0,7245	0,7255	0,7265	0,7275	0,7285	0,7295	0,7305
+17,5	0,722	0,723	0,724	0,725	0,726	0,727	0,728	0,729	0,730	0,731
+18	0,7225	0,7235	0,7245	0,7255	0,7265	0,7275	0,7285	0,7295	0,7305	0,7315
18,5	0,723	0,724	0,725	0,726	0,727	0,728	0,729	0,730	0,731	0,732
19	0,7235	0,7245	0,7255	0,7265	0,7275	0,7285	0,7295	0,7305	0,7315	0,7325
19,5	0,7235	0,7245	0,7255	0,7265	0,7275	0,7285	0,7295	0,7305	0,7315	0,7325
+20	0,724	0,725	0,726	0,727	0,728	0,729	0,730	0,731	0,732	0,733
+20,5	0,7245	0,7255	0,7265	0,7275	0,7285	0,7295	0,7305	0,7315	0,7325	0,7335
21	0,725	0,726	0,727	0,728	0,729	0,730	0,731	0,732	0,733	0,734
21,5	0,7255	0,7265	0,7275	0,7285	0,7295	0,7305	0,7315	0,7325	0,7335	0,7345
22	0,726	0,727	0,7275	0,7285	0,7295	0,7305	0,7315	0,7325	0,7335	0,7345
+22,5	0,726	0,727	0,728	0,729	0,730	0,731	0,732	0,733	0,734	0,735
+23	0,7265	0,7275	0,7285	0,7295	0,7305	0,7315	0,7325	0,7335	0,7345	0,7355
23,5	0,727	0,728	0,729	0,730	0,731	0,732	0,733	0,734	0,735	0,736
24	0,7275	0,7285	0,7295	0,7305	0,7315	0,7325	0,7335	0,7345	0,7355	0,7365
24,5	0,728	0,729	0,7295	0,7305	0,7315	0,7325	0,7335	0,7345	0,7355	0,7365
+25	0,728	0,729	0,730	0,731	0,732	0,733	0,734	0,735	0,736	0,737
+25,5	0,7285	0,7295	0,7305	0,7315	0,7325	0,7335	0,7345	0,7355	0,7365	0,7375
26	0,729	0,730	0,731	0,732	0,733	0,734	0,735	0,736	0,737	0,738
26,5	0,7295	0,7305	0,7315	0,7325	0,7335	0,7345	0,7355	0,7365	0,7375	0,7385
27	0,730	0,731	0,732	0,733	0,734	0,735	0,7355	0,7365	0,7375	0,7385
+27,5	0,7305	0,7315	0,732	0,733	0,734	0,735	0,736	0,737	0,738	0,739
+28	0,7305	0,7315	0,7325	0,7335	0,7345	0,7355	0,7365	0,7375	0,7385	0,7395
28,5	0,731	0,732	0,733	0,734	0,735	0,736	0,737	0,738	0,739	0,740
29	0,7315	0,7325	0,7335	0,7345	0,7355	0,7365	0,7375	0,7385	0,7395	0,7405
29,5	0,732	0,733	0,734	0,735	0,736	0,737	0,7375	0,7385	0,7395	0,7405
+30	0,7325	0,7335	0,734	0,735	0,736	0,737	0,738	0,739	0,740	0,741
+30,5	0,7325	0,7335	0,7345	0,7355	0,7365	0,7375	0,7385	0,7395	0,7405	0,7415
31	0,733	0,734	0,735	0,736	0,737	0,738	0,739	0,740	0,741	0,742
31,5	0,7335	0,7345	0,7355	0,7365	0,7375	0,7385	0,7395	0,7405	0,7415	0,7425
32	0,734	0,735	0,736	0,737	0,738	0,739	0,740	0,741	0,742	0,743
+32,5	0,7345	0,7355	0,7365	0,7375	0,7385	0,739	0,740	0,741	0,742	0,743
+33	0,735	0,7355	0,7365	0,7375	0,7385	0,7395	0,7405	0,7415	0,7425	0,7435
33,5	0,735	0,736	0,737	0,738	0,739	0,740	0,741	0,742	0,743	0,744
34	0,7355	0,7365	0,7375	0,7385	0,7395	0,7405	0,7415	0,7425	0,7435	0,7445
34,5	0,736	0,737	0,738	0,739	0,740	0,741	0,742	0,743	0,744	0,745
+35	0,7365	0,7375	0,7385	0,7395	0,7405	0,741	0,742	0,743	0,744	0,745

Tafel 1
zur Ermittelung der wahren Dichte bei + 15°.

Wärmegrad	Scheinbare Dichte									
	0,730	0,731	0,732	0,733	0,734	0,735	0,736	0,737	0,738	0,739
	Wahre Dichte bei + 15° für obige scheinbare Dichte									
—10	0,709	0,710	0,711	0,712	0,713	0,714	0,715	0,716	0,717	0,718
9,5	0,709	0,7105	0,7115	0,7125	0,7135	0,7145	0,7155	0,7165	0,7175	0,7185
9	0,7095	0,7105	0,712	0,713	0,714	0,715	0,716	0,717	0,718	0,719
8,5	0,710	0,711	0,712	0,7135	0,7145	0,7155	0,7165	0,7175	0,7185	0,7195
— 8	0,7105	0,7115	0,7125	0,7135	0,7145	0,716	0,717	0,718	0,719	0,720
— 7,5	0,711	0,712	0,713	0,714	0,715	0,716	0,7175	0,7185	0,7195	0,7205
7	0,7115	0,7125	0,7135	0,7145	0,7155	0,7165	0,7175	0,719	0,720	0,721
6,5	0,712	0,713	0,714	0,715	0,716	0,717	0,718	0,719	0,720	0,721
6	0,7125	0,7135	0,7145	0,7155	0,7165	0,7175	0,7185	0,7195	0,7205	0,7215
— 5,5	0,713	0,714	0,715	0,716	0,717	0,718	0,719	0,720	0,721	0,722
— 5	0,713	0,7145	0,7155	0,7165	0,7175	0,7185	0,7195	0,7205	0,7215	0,7225
4,5	0,7135	0,7145	0,716	0,717	0,718	0,719	0,720	0,721	0,722	0,723
4	0,714	0,715	0,716	0,717	0,718	0,719	0,7205	0,7215	0,7225	0,7235
3,5	0,7145	0,7155	0,7165	0,7175	0,7185	0,7195	0,7205	0,7215	0,723	0,724
— 3	0,715	0,716	0,717	0,718	0,719	0,720	0,721	0,722	0,723	0,724
— 2,5	0,7155	0,7165	0,7175	0,7185	0,7195	0,7205	0,7215	0,7225	0,7235	0,7245
2	0,716	0,717	0,718	0,719	0,720	0,721	0,722	0,723	0,724	0,725
1,5	0,7165	0,7175	0,7185	0,7195	0,7205	0,7215	0,7225	0,7235	0,7245	0,7255
1	0,7165	0,7175	0,7185	0,7195	0,7205	0,722	0,723	0,724	0,725	0,726
— 0,5	0,717	0,718	0,719	0,720	0,721	0,722	0,723	0,724	0,7255	0,7265
0	0,7175	0,7185	0,7195	0,7205	0,7215	0,7225	0,7235	0,7245	0,7255	0,7265
+ 0,5	0,718	0,719	0,720	0,721	0,722	0,723	0,724	0,725	0,726	0,727
1	0,7185	0,7195	0,7205	0,7215	0,7225	0,7235	0,7245	0,7255	0,7265	0,7275
1,5	0,719	0,720	0,721	0,722	0,723	0,724	0,725	0,726	0,727	0,728
2	0,719	0,720	0,721	0,722	0,723	0,7245	0,7255	0,7265	0,7275	0,7285
+ 2,5	0,7195	0,7205	0,7215	0,7225	0,7235	0,7245	0,7255	0,7265	0,728	0,729
+ 3	0,720	0,721	0,722	0,723	0,724	0,725	0,726	0,727	0,728	0,729
3,5	0,7205	0,7215	0,7225	0,7235	0,7245	0,7255	0,7265	0,7275	0,7285	0,7295
4	0,721	0,722	0,723	0,724	0,725	0,726	0,727	0,728	0,729	0,730
4,5	0,7215	0,7225	0,7235	0,7245	0,7255	0,7265	0,7275	0,7285	0,7295	0,7305
+ 5	0,7215	0,7225	0,7235	0,7245	0,726	0,727	0,728	0,729	0,730	0,731
+ 5,5	0,722	0,723	0,724	0,725	0,726	0,727	0,728	0,7295	0,7305	0,7315
6	0,7225	0,7235	0,7245	0,7255	0,7265	0,7275	0,7285	0,7295	0,7305	0,7315
6,5	0,723	0,724	0,725	0,726	0,727	0,728	0,729	0,730	0,731	0,732
7	0,7235	0,7245	0,7255	0,7265	0,7275	0,7285	0,7295	0,7305	0,7315	0,7325
+ 7,5	0,724	0,725	0,726	0,727	0,728	0,729	0,730	0,731	0,732	0,733
+ 8	0,7245	0,7255	0,7265	0,7275	0,7285	0,7295	0,7305	0,7315	0,7325	0,7335
8,5	0,7245	0,7255	0,7265	0,7275	0,729	0,730	0,731	0,732	0,733	0,734
9	0,725	0,726	0,727	0,728	0,729	0,730	0,731	0,732	0,733	0,734
9,5	0,7255	0,7265	0,7275	0,7285	0,7295	0,7305	0,7315	0,7325	0,7335	0,7345
+10	0,726	0,727	0,728	0,729	0,730	0,731	0,732	0,733	0,734	0,735
+10,5	0,7265	0,7275	0,7285	0,7295	0,7305	0,7315	0,7325	0,7335	0,7345	0,7355
11	0,7265	0,7275	0,7285	0,7295	0,731	0,732	0,733	0,734	0,735	0,736
11,5	0,727	0,728	0,729	0,730	0,731	0,732	0,733	0,734	0,735	0,736
12	0,7275	0,7285	0,7295	0,7305	0,7315	0,7325	0,7335	0,7345	0,7355	0,7365
+12,5	0,728	0,729	0,730	0,731	0,732	0,733	0,734	0,735	0,736	0,737

Tafel 1

zur Ermittelung der wahren Dichte bei + 15°.

Wärmegrad	Scheinbare Dichte									
	0,730	0,731	0,732	0,733	0,734	0,735	0,736	0,737	0,738	0,739
	Wahre Dichte bei + 15° für obige scheinbare Dichte									
+13	0,7285	0,7295	0,7305	0,7315	0,7325	0,7335	0,7345	0,7355	0,7365	0,7375
13,5	0,729	0,730	0,731	0,732	0,733	0,734	0,735	0,736	0,737	0,738
14	0,729	0,730	0,731	0,732	0,733	0,734	0,735	0,736	0,737	0,738
14,5	0,7295	0,7305	0,7315	0,7325	0,7335	0,7345	0,7355	0,7365	0,7375	0,7385
+15	0,730	0,731	0,732	0,733	0,734	0,735	0,736	0,737	0,738	0,739
+15,5	0,7305	0,7315	0,7325	0,7335	0,7345	0,7355	0,7365	0,7375	0,7385	0,7395
16	0,731	0,732	0,733	0,734	0,735	0,736	0,737	0,738	0,739	0,740
16,5	0,731	0,732	0,733	0,734	0,735	0,736	0,737	0,738	0,739	0,740
17	0,7315	0,7325	0,7335	0,7345	0,7355	0,7365	0,7375	0,7385	0,7395	0,7405
+17,5	0,732	0,733	0,734	0,735	0,736	0,737	0,738	0,739	0,740	0,741
+18	0,7325	0,7335	0,7345	0,7355	0,7365	0,7375	0,7385	0,7395	0,7405	0,7415
18,5	0,733	0,734	0,735	0,736	0,737	0,738	0,739	0,740	0,741	0,742
19	0,733	0,734	0,735	0,736	0,737	0,738	0,739	0,740	0,741	0,742
19,5	0,7335	0,7345	0,7355	0,7365	0,7375	0,7385	0,7395	0,7405	0,7415	0,7425
+20	0,734	0,735	0,736	0,737	0,738	0,739	0,740	0,741	0,742	0,743
+20,5	0,7345	0,7355	0,7365	0,7375	0,7385	0,7395	0,7405	0,7415	0,7425	0,7435
21	0,735	0,736	0,737	0,738	0,739	0,740	0,741	0,742	0,7425	0,7435
21,5	0,735	0,736	0,737	0,738	0,739	0,740	0,741	0,742	0,743	0,744
22	0,7355	0,7365	0,7375	0,7385	0,7395	0,7405	0,7415	0,7425	0,7435	0,7445
+22,5	0,736	0,737	0,738	0,739	0,740	0,741	0,742	0,743	0,744	0,745
+23	0,7365	0,7375	0,7385	0,7395	0,7405	0,7415	0,7425	0,7435	0,7445	0,7455
23,5	0,737	0,738	0,739	0,740	0,741	0,742	0,743	0,744	0,7445	0,7455
24	0,737	0,738	0,739	0,740	0,741	0,742	0,743	0,744	0,745	0,746
24,5	0,7375	0,7385	0,7395	0,7405	0,7415	0,7425	0,7435	0,7445	0,7455	0,7465
+25	0,738	0,739	0,740	0,741	0,742	0,743	0,744	0,745	0,746	0,747
+25,5	0,7385	0,7395	0,7405	0,7415	0,7425	0,7435	0,7445	0,7455	0,7465	0,7475
26	0,739	0,740	0,741	0,742	0,743	0,744	0,745	0,746	0,7465	0,7475
26,5	0,739	0,740	0,741	0,742	0,743	0,744	0,745	0,746	0,747	0,748
27	0,7395	0,7405	0,7415	0,7425	0,7435	0,7445	0,7455	0,7465	0,7475	0,7485
+27,5	0,740	0,741	0,742	0,743	0,744	0,745	0,746	0,747	0,748	0,749
+28	0,7405	0,7415	0,7425	0,7435	0,7445	0,7455	0,7465	0,7475	0,7485	0,7495
28,5	0,741	0,742	0,743	0,744	0,745	0,746	0,747	0,748	0,7485	0,7495
29	0,741	0,742	0,743	0,744	0,745	0,746	0,747	0,748	0,749	0,750
29,5	0,7415	0,7425	0,7435	0,7445	0,7455	0,7465	0,7475	0,7485	0,7495	0,7505
+30	0,742	0,743	0,744	0,745	0,746	0,747	0,748	0,749	0,750	0,751
+30,5	0,7425	0,7435	0,7445	0,7455	0,7465	0,7475	0,7485	0,7495	0,7505	0,751
31	0,743	0,744	0,745	0,746	0,747	0,748	0,7485	0,7495	0,7505	0,7515
31,5	0,7435	0,7445	0,7455	0,746	0,747	0,748	0,749	0,750	0,751	0,752
32	0,7435	0,7445	0,7455	0,7465	0,7475	0,7485	0,7495	0,7505	0,7515	0,7525
+32,5	0,744	0,745	0,746	0,747	0,748	0,749	0,750	0,751	0,752	0,753
+33	0,7445	0,7455	0,7465	0,7475	0,7485	0,7495	0,750	0,751	0,752	0,753
33,5	0,745	0,746	0,747	0,748	0,749	0,7495	0,7505	0,7515	0,7525	0,7535
34	0,7455	0,7465	0,7475	0,748	0,749	0,750	0,751	0,752	0,753	0,754
34,5	0,7455	0,7465	0,7475	0,7485	0,7495	0,7505	0,7515	0,7525	0,7535	0,7545
+35	0,746	0,747	0,748	0,749	0,750	0,751	0,752	0,753	0,754	0,755

Tafel 1
zur Ermittelung der wahren Dichte bei + 15°.

Wärmegrad	Scheinbare Dichte									
	0,740	0,741	0,742	0,743	0,744	0,745	0,746	0,747	0,748	0,749
	Wahre Dichte bei + 15° für obige scheinbare Dichte									
—10	0,7195	0,7205	0,7215	0,7225	0,7235	0,7245	0,7255	0,7265	0,7275	0,7285
9,5	0,7195	0,721	0,722	0,723	0,724	0,725	0,726	0,727	0,728	0,729
9	0,720	0,721	0,7225	0,7235	0,7245	0,7255	0,7265	0,7275	0,7285	0,7295
8,5	0,7205	0,7215	0,7225	0,7235	0,725	0,726	0,727	0,728	0,729	0,730
— 8	0,721	0,722	0,723	0,724	0,725	0,726	0,7275	0,7285	0,7295	0,7305
— 7,5	0,7215	0,7225	0,7235	0,7245	0,7255	0,7265	0,7275	0,7285	0,730	0,731
7	0,722	0,723	0,724	0,725	0,726	0,727	0,728	0,729	0,730	0,731
6,5	0,7225	0,7235	0,7245	0,7255	0,7265	0,7275	0,7285	0,7295	0,7305	0,7315
6	0,7225	0,724	0,725	0,726	0,727	0,728	0,729	0,730	0,731	0,732
— 5,5	0,723	0,724	0,7255	0,7265	0,7275	0,7285	0,7295	0,7305	0,7315	0,7325
— 5	0,7235	0,7245	0,7255	0,7265	0,7275	0,729	0,730	0,731	0,732	0,733
4,5	0,724	0,725	0,726	0,727	0,728	0,729	0,730	0,7315	0,7325	0,7335
4	0,7245	0,7255	0,7265	0,7275	0,7285	0,7295	0,7305	0,7315	0,7325	0,734
3,5	0,725	0,726	0,727	0,728	0,729	0,730	0,731	0,732	0,733	0,734
— 3	0,7255	0,7265	0,7275	0,7285	0,7295	0,7305	0,7315	0,7325	0,7335	0,7345
— 2,5	0,7255	0,7265	0,728	0,729	0,730	0,731	0,732	0,733	0,734	0,735
2	0,726	0,727	0,728	0,729	0,730	0,731	0,7325	0,7335	0,7345	0,7355
1,5	0,7265	0,7275	0,7285	0,7295	0,7305	0,7315	0,7325	0,7335	0,735	0,736
1	0,727	0,728	0,729	0,730	0,731	0,732	0,733	0,734	0,735	0,736
— 0,5	0,7275	0,7285	0,7295	0,7305	0,7315	0,7325	0,7335	0,7345	0,7355	0,7365
0	0,7275	0,7285	0,730	0,731	0,732	0,733	0,734	0,735	0,736	0,737
+ 0,5	0,728	0,729	0,730	0,731	0,732	0,733	0,7345	0,7355	0,7365	0,7375
1	0,7285	0,7295	0,7305	0,7315	0,7325	0,7335	0,7345	0,7355	0,737	0,738
1,5	0,729	0,730	0,731	0,732	0,733	0,734	0,735	0,736	0,737	0,7385
2	0,7295	0,7305	0,7315	0,7325	0,7335	0,7345	0,7355	0,7365	0,7375	0,7385
+ 2,5	0,730	0,731	0,732	0,733	0,734	0,735	0,736	0,737	0,738	0,739
+ 3	0,730	0,731	0,7325	0,7335	0,7345	0,7355	0,7365	0,7375	0,7385	0,7395
3,5	0,7305	0,7315	0,7325	0,7335	0,735	0,736	0,737	0,738	0,739	0,740
4	0,731	0,732	0,733	0,734	0,735	0,736	0,7375	0,7385	0,7395	0,7405
4,5	0,7315	0,7325	0,7335	0,7345	0,7355	0,7365	0,7375	0,7385	0,7395	0,7405
+ 5	0,732	0,733	0,734	0,735	0,736	0,737	0,738	0,739	0,740	0,741
+ 5,5	0,7325	0,7335	0,7345	0,7355	0,7365	0,7375	0,7385	0,7395	0,7405	0,7415
6	0,7325	0,7335	0,735	0,736	0,737	0,738	0,739	0,740	0,741	0,742
6,5	0,733	0,734	0,735	0,736	0,737	0,738	0,7395	0,7405	0,7415	0,7425
7	0,7335	0,7345	0,7355	0,7365	0,7375	0,7385	0,7395	0,7405	0,7415	0,7425
+ 7,5	0,734	0,735	0,736	0,737	0,738	0,739	0,740	0,741	0,742	0,743
+ 8	0,7345	0,7355	0,7365	0,7375	0,7385	0,7395	0,7405	0,7415	0,7425	0,7435
8,5	0,735	0,736	0,737	0,738	0,739	0,740	0,741	0,742	0,743	0,744
9	0,735	0,736	0,737	0,738	0,739	0,740	0,7415	0,7425	0,7435	0,7445
9,5	0,7355	0,7365	0,7375	0,7385	0,7395	0,7405	0,7415	0,7425	0,7435	0,7445
+10	0,736	0,737	0,738	0,739	0,740	0,741	0,742	0,743	0,744	0,745
+10,5	0,7365	0,7375	0,7385	0,7395	0,7405	0,7415	0,7425	0,7435	0,7445	0,7455
11	0,737	0,738	0,739	0,740	0,741	0,742	0,743	0,744	0,745	0,746
11,5	0,737	0,738	0,739	0,740	0,741	0,742	0,743	0,744	0,745	0,746
12	0,7375	0,7385	0,7395	0,7405	0,7415	0,7425	0,7435	0,7445	0,7455	0,7465
+12,5	0,738	0,739	0,740	0,741	0,742	0,743	0,744	0,745	0,746	0,747

Tafel 1
zur Ermittelung der wahren Dichte bei + 15°.

Wärmegrad	Scheinbare Dichte 0,740	0,741	0,742	0,743	0,744	0,745	0,746	0,747	0,748	0,749
	Wahre Dichte bei + 15° für obige scheinbare Dichte									
+13	0,7385	0,7395	0,7405	0,7415	0,7425	0,7435	0,7445	0,7455	0,7465	0,7475
13,5	0,739	0,740	0,741	0,742	0,743	0,744	0,745	0,746	0,747	0,748
14	0,739	0,740	0,741	0,742	0,743	0,744	0,745	0,746	0,747	0,748
14,5	0,7395	0,7405	0,7415	0,7425	0,7435	0,7445	0,7455	0,7465	0,7475	0,7485
+15	0,740	0,741	0,742	0,743	0,744	0,745	0,746	0,747	0,748	0,749
+15,5	0,7405	0,7415	0,7425	0,7435	0,7445	0,7455	0,7465	0,7475	0,7485	0,7495
16	0,741	0,742	0,743	0,744	0,745	0,746	0,747	0,748	0,749	0,750
16,5	0,741	0,742	0,743	0,744	0,745	0,746	0,747	0,748	0,749	0,750
17	0,7415	0,7425	0,7435	0,7445	0,7455	0,7465	0,7475	0,7485	0,7495	0,7505
+17,5	0,742	0,743	0,744	0,745	0,746	0,747	0,748	0,749	0,750	0,751
+18	0,7425	0,7435	0,7445	0,7455	0,7465	0,7475	0,7485	0,7495	0,7505	0,7515
18,5	0,743	0,744	0,745	0,746	0,747	0,748	0,749	0,750	0,751	0,752
19	0,743	0,744	0,745	0,746	0,747	0,748	0,749	0,750	0,751	0,752
19,5	0,7435	0,7445	0,7455	0,7465	0,7475	0,7485	0,7495	0,7505	0,7515	0,7525
+20	0,744	0,745	0,746	0,747	0,748	0,749	0,750	0,751	0,752	0,753
+20,5	0,7445	0,7455	0,7465	0,7475	0,7485	0,7495	0,7505	0,7515	0,7525	0,7535
21	0,7445	0,7455	0,7465	0,7475	0,7485	0,7495	0,7505	0,7515	0,7525	0,7535
21,5	0,745	0,746	0,747	0,748	0,749	0,750	0,751	0,752	0,753	0,754
22	0,7455	0,7465	0,7475	0,7485	0,7495	0,7505	0,7515	0,7525	0,7535	0,7545
+22,5	0,746	0,747	0,748	0,749	0,750	0,751	0,752	0,753	0,754	0,755
+23	0,7465	0,7475	0,7485	0,7495	0,7505	0,7515	0,7525	0,753	0,754	0,755
23,5	0,7465	0,7475	0,7485	0,7495	0,7505	0,7515	0,7525	0,7535	0,7545	0,7555
24	0,747	0,748	0,749	0,750	0,751	0,752	0,753	0,754	0,755	0,756
24,5	0,7475	0,7485	0,7495	0,7505	0,7515	0,7525	0,7535	0,7545	0,7555	0,7565
+25	0,748	0,749	0,750	0,751	0,752	0,753	0,754	0,7545	0,7555	0,7565
+25,5	0,7485	0,7495	0,750	0,751	0,752	0,753	0,754	0,755	0,756	0,757
26	0,7485	0,7495	0,7505	0,7515	0,7525	0,7535	0,7545	0,7555	0,7565	0,7575
26,5	0,749	0,750	0,751	0,752	0,753	0,754	0,755	0,756	0,757	0,758
27	0,7495	0,7505	0,7515	0,7525	0,7535	0,7545	0,755	0,756	0,757	0,758
+27,5	0,750	0,751	0,7515	0,7525	0,7535	0,7545	0,7555	0,7565	0,7575	0,7585
+28	0,750	0,751	0,752	0,753	0,754	0,755	0,756	0,757	0,758	0,759
28,5	0,7505	0,7515	0,7525	0,7535	0,7545	0,7555	0,7565	0,7575	0,7585	0,7595
29	0,751	0,752	0,753	0,754	0,755	0,756	0,757	0,7575	0,7585	0,7595
29,5	0,7515	0,7525	0,7535	0,7545	0,755	0,756	0,757	0,758	0,759	0,760
+30	0,752	0,7525	0,7535	0,7545	0,7555	0,7565	0,7575	0,7585	0,7595	0,7605
+30,5	0,752	0,753	0,754	0,755	0,756	0,757	0,758	0,759	0,7595	0,7605
31	0,7525	0,7535	0,7545	0,7555	0,7565	0,7575	0,758	0,759	0,760	0,761
31,5	0,753	0,754	0,755	0,756	0,7565	0,7575	0,7585	0,7595	0,7605	0,7615
32	0,7535	0,7545	0,755	0,756	0,757	0,758	0,759	0,760	0,761	0,762
+32,5	0,7535	0,7545	0,7555	0,7565	0,7575	0,7585	0,7595	0,7605	0,7615	0,762
+33	0,754	0,755	0,756	0,757	0,758	0,759	0,760	0,7605	0,7615	0,7625
33,5	0,7545	0,7555	0,7565	0,7575	0,758	0,759	0,760	0,761	0,762	0,763
34	0,755	0,756	0,757	0,7575	0,7585	0,7595	0,7605	0,7615	0,7625	0,7635
34,5	0,7555	0,756	0,757	0,758	0,759	0,760	0,761	0,762	0,763	0,764
+35	0,7555	0,7565	0,7575	0,7585	0,7595	0,7605	0,7615	0,7625	0,7635	0,764

Tafel 1
zur Ermittelung der wahren Dichte bei + 15°.

Wärmegrad	Scheinbare Dichte									
	0,750	0,751	0,752	0,753	0,754	0,755	0,756	0,757	0,758	0,759
	Wahre Dichte bei + 15° für obige scheinbare Dichte									
—10	0,730	0,731	0,732	0,733	0,734	0,735	0,736	0,737	0,738	0,739
9,5	0,730	0,731	0,7325	0,7335	0,7345	0,7355	0,7365	0,7375	0,7385	0,7395
9	0,7305	0,7315	0,7325	0,7335	0,735	0,736	0,737	0,738	0,739	0,740
8,5	0,731	0,732	0,733	0,734	0,735	0,736	0,7375	0,7385	0,7395	0,7405
— 8	0,7315	0,7325	0,7335	0,7345	0,7355	0,7365	0,7375	0,7385	0,740	0,741
— 7,5	0,732	0,733	0,734	0,735	0,736	0,737	0,738	0,739	0,740	0,7415
7	0,7325	0,7335	0,7345	0,7355	0,7365	0,7375	0,7385	0,7395	0,7405	0,7415
6,5	0,7325	0,7335	0,735	0,736	0,737	0,738	0,739	0,740	0,741	0,742
6	0,733	0,734	0,735	0,7365	0,7375	0,7385	0,7395	0,7405	0,7415	0,7425
— 5,5	0,7335	0,7345	0,7355	0,7365	0,738	0,739	0,740	0,741	0,742	0,743
— 5	0,734	0,735	0,736	0,737	0,738	0,739	0,7405	0,7415	0,7425	0,7435
4,5	0,7345	0,7355	0,7365	0,7375	0,7385	0,7395	0,7405	0,7415	0,743	0,744
4	0,735	0,736	0,737	0,738	0,739	0,740	0,741	0,742	0,743	0,744
3,5	0,735	0,736	0,7375	0,7385	0,7395	0,7405	0,7415	0,7425	0,7435	0,7445
— 3	0,7355	0,7365	0,7375	0,7385	0,740	0,741	0,742	0,743	0,744	0,745
— 2,5	0,736	0,737	0,738	0,739	0,740	0,741	0,7425	0,7435	0,7445	0,7455
2	0,7365	0,7375	0,7385	0,7395	0,7405	0,7415	0,7425	0,7435	0,745	0,746
1,5	0,737	0,738	0,739	0,740	0,741	0,742	0,743	0,744	0,745	0,746
1	0,7375	0,7385	0,7395	0,7405	0,7415	0,7425	0,7435	0,7445	0,7455	0,7465
— 0,5	0,7375	0,7385	0,7395	0,741	0,742	0,743	0,744	0,745	0,746	0,747
0	0,738	0,739	0,740	0,741	0,742	0,743	0,7445	0,7455	0,7465	0,7475
+ 0,5	0,7385	0,7395	0,7405	0,7415	0,7425	0,7435	0,7445	0,7455	0,747	0,748
1	0,739	0,740	0,741	0,742	0,743	0,744	0,745	0,746	0,747	0,748
1,5	0,7395	0,7405	0,7415	0,7425	0,7435	0,7445	0,7455	0,7465	0,7475	0,7485
2	0,7395	0,7405	0,742	0,743	0,744	0,745	0,746	0,747	0,748	0,749
+ 2,5	0,740	0,741	0,742	0,743	0,744	0,7455	0,7465	0,7475	0,7485	0,7495
+ 3	0,7405	0,7415	0,7425	0,7435	0,7445	0,7455	0,7465	0,748	0,749	0,750
3,5	0,741	0,742	0,743	0,744	0,745	0,746	0,747	0,748	0,749	0,750
4	0,7415	0,7425	0,7435	0,7445	0,7455	0,7465	0,7475	0,7485	0,7495	0,7505
4,5	0,7415	0,743	0,744	0,745	0,746	0,747	0,748	0,749	0,750	0,751
+ 5	0,742	0,743	0,744	0,745	0,7465	0,7475	0,7485	0,7495	0,7505	0,7515
+ 5,5	0,7425	0,7435	0,7445	0,7455	0,7465	0,7475	0,7485	0,7495	0,751	0,752
6	0,743	0,744	0,745	0,746	0,747	0,748	0,749	0,750	0,751	0,752
6,5	0,7435	0,7445	0,7455	0,7465	0,7475	0,7485	0,7495	0,7505	0,7515	0,7525
7	0,7435	0,745	0,746	0,747	0,748	0,749	0,750	0,751	0,752	0,753
+ 7,5	0,744	0,745	0,746	0,747	0,7485	0,7495	0,7505	0,7515	0,7525	0,7535
+ 8	0,7445	0,7455	0,7465	0,7475	0,7485	0,7495	0,7505	0,7515	0,7525	0,7535
8,5	0,745	0,746	0,747	0,748	0,749	0,750	0,751	0,752	0,753	0,754
9	0,7455	0,7465	0,7475	0,7485	0,7495	0,7505	0,7515	0,7525	0,7535	0,7545
9,5	0,7455	0,7465	0,7475	0,7485	0,750	0,751	0,752	0,753	0,754	0,755
+10	0,746	0,747	0,748	0,749	0,750	0,751	0,752	0,753	0,754	0,755
+10,5	0,7465	0,7475	0,7485	0,7495	0,7505	0,7515	0,7525	0,7535	0,7545	0,7555
11	0,747	0,748	0,749	0,750	0,751	0,752	0,753	0,754	0,755	0,756
11,5	0,7475	0,7485	0,7495	0,7505	0,7515	0,7525	0,7535	0,7545	0,7555	0,7565
12	0,7475	0,7485	0,7495	0,7505	0,7515	0,7525	0,7535	0,7545	0,7555	0,7565
+12,5	0,748	0,749	0,750	0,751	0,752	0,753	0,754	0,755	0,756	0,757

Tafel 1
zur Ermittelung der wahren Dichte bei + 15°.

Wärmegrad	Scheinbare Dichte									
	0,750	0,751	0,752	0,753	0,754	0,755	0,756	0,757	0,758	0,759
	Wahre Dichte bei + 15° für obige scheinbare Dichte									
+13	0,7485	0,7495	0,7505	0,7515	0,7525	0,7535	0,7545	0,7555	0,7565	0,7575
13,5	0,749	0,750	0,751	0,752	0,753	0,754	0,755	0,756	0,757	0,758
14	0,749	0,750	0,751	0,752	0,753	0,754	0,755	0,756	0,757	0,758
14,5	0,7495	0,7505	0,7515	0,7525	0,7535	0,7545	0,7555	0,7565	0,7575	0,7585
+15	0,750	0,751	0,752	0,753	0,754	0,755	0,756	0,757	0,758	0,759
+15,5	0,7505	0,7515	0,7525	0,7535	0,7545	0,7555	0,7565	0,7575	0,7585	0,7595
16	0,751	0,752	0,753	0,754	0,755	0,756	0,757	0,758	0,759	0,760
16,5	0,751	0,752	0,753	0,754	0,755	0,756	0,757	0,758	0,759	0,760
17	0,7515	0,7525	0,7535	0,7545	0,7555	0,7565	0,7575	0,7585	0,7595	0,7605
+17,5	0,752	0,753	0,754	0,755	0,756	0,757	0,758	0,759	0,760	0,761
+18	0,7525	0,7535	0,7545	0,7555	0,7565	0,7575	0,7585	0,7595	0,7605	0,7615
18,5	0,753	0,754	0,755	0,756	0,7565	0,7575	0,7585	0,7595	0,7605	0,7615
19	0,753	0,754	0,755	0,756	0,757	0,758	0,759	0,760	0,761	0,762
19,5	0,7535	0,7545	0,7555	0,7565	0,7575	0,7585	0,7595	0,7605	0,7615	0,7625
+20	0,754	0,755	0,756	0,757	0,758	0,759	0,760	0,761	0,762	0,763
+20,5	0,7545	0,7555	0,7565	0,7575	0,758	0,759	0,760	0,761	0,762	0,763
21	0,7545	0,7555	0,7565	0,7575	0,7585	0,7595	0,7605	0,7615	0,7625	0,7635
21,5	0,755	0,756	0,757	0,758	0,759	0,760	0,761	0,762	0,763	0,764
22	0,7555	0,7565	0,7575	0,7585	0,7595	0,7605	0,7615	0,7625	0,763	0,764
+22,5	0,756	0,757	0,758	0,7585	0,7595	0,7605	0,7615	0,7625	0,7635	0,7645
+23	0,756	0,757	0,758	0,759	0,760	0,761	0,762	0,763	0,764	0,765
23,5	0,7565	0,7575	0,7585	0,7595	0,7605	0,7615	0,7625	0,7635	0,7645	0,7655
24	0,757	0,758	0,759	0,760	0,761	0,762	0,763	0,7635	0,7645	0,7655
24,5	0,7575	0,7585	0,759	0,760	0,761	0,762	0,763	0,764	0,765	0,766
+25	0,7575	0,7585	0,7595	0,7605	0,7615	0,7625	0,7635	0,7645	0,7655	0,7665
+25,5	0,758	0,759	0,760	0,761	0,762	0,763	0,764	0,765	0,766	0,767
26	0,7585	0,7595	0,7605	0,7615	0,7625	0,7635	0,764	0,765	0,766	0,767
26,5	0,7585	0,7595	0,7605	0,7615	0,7625	0,7635	0,7645	0,7655	0,7665	0,7675
27	0,759	0,760	0,761	0,762	0,763	0,764	0,765	0,766	0,767	0,768
+27,5	0,7595	0,7605	0,7615	0,7625	0,7635	0,7645	0,7655	0,7665	0,767	0,768
+28	0,760	0,761	0,762	0,763	0,7635	0,7645	0,7655	0,7665	0,7675	0,7685
28,5	0,760	0,761	0,762	0,763	0,764	0,765	0,766	0,767	0,768	0,769
29	0,7605	0,7615	0,7625	0,7635	0,7645	0,7655	0,7665	0,7675	0,7685	0,7695
29,5	0,761	0,762	0,763	0,764	0,765	0,766	0,7665	0,7675	0,7685	0,7695
+30	0,7615	0,762	0,763	0,764	0,765	0,766	0,767	0,768	0,769	0,770
+30,5	0,7615	0,7625	0,7635	0,7645	0,7655	0,7665	0,7675	0,7685	0,7695	0,7705
31	0,762	0,763	0,764	0,765	0,766	0,767	0,768	0,769	0,7695	0,7705
31,5	0,7625	0,7635	0,7645	0,7655	0,7665	0,767	0,768	0,769	0,770	0,771
32	0,763	0,764	0,7645	0,7655	0,7665	0,7675	0,7685	0,7695	0,7705	0,7715
+32,5	0,763	0,764	0,765	0,766	0,767	0,768	0,769	0,770	0,771	0,772
+33	0,7635	0,7645	0,7655	0,7665	0,7675	0,7685	0,7695	0,7705	0,7715	0,7725
33,5	0,764	0,765	0,766	0,767	0,768	0,769	0,770	0,771	0,772	0,7725
34	0,7645	0,7655	0,7665	0,7675	0,7685	0,769	0,770	0,771	0,772	0,773
34,5	0,765	0,766	0,7665	0,7675	0,7685	0,7695	0,7705	0,7715	0,7725	0,7735
+35	0,765	0,766	0,767	0,768	0,769	0,770	0,771	0,772	0,773	0,774

Tafel 1

zur Ermittelung der wahren Dichte bei + 15°.

Wärmegrad	Scheinbare Dichte 0,760	0,761	0,762	0,763	0,764	0,765	0,766	0,767	0,768	0,769
	Wahre Dichte bei + 15° für obige scheinbare Dichte									
— 5	0,7445	0,7455	0,7465	0,7475	0,7485	0,7495	0,7505	0,7515	0,7525	0,7535
4,5	0,745	0,746	0,747	0,748	0,749	0,750	0,751	0,752	0,753	0,754
4	0,745	0,7465	0,7475	0,7485	0,7495	0,7505	0,7515	0,7525	0,7535	0,7545
3,5	0,7455	0,7465	0,7475	0,7485	0,7495	0,751	0,752	0,753	0,754	0,755
— 3	0,746	0,747	0,748	0,749	0,750	0,751	0,752	0,753	0,7545	0,7555
— 2,5	0,7465	0,7475	0,7485	0,7495	0,7505	0,7515	0,7525	0,7535	0,7545	0,7555
2	0,747	0,748	0,749	0,750	0,751	0,752	0,753	0,754	0,755	0,756
1,5	0,747	0,7485	0,7495	0,7505	0,7515	0,7525	0,7535	0,7545	0,7555	0,7565
1	0,7475	0,7485	0,7495	0,7505	0,7515	0,7525	0,754	0,755	0,756	0,757
— 0,5	0,748	0,749	0,750	0,751	0,752	0,753	0,754	0,755	0,756	0,757
0	0,7485	0,7495	0,7505	0,7515	0,7525	0,7535	0,7545	0,7555	0,7565	0,7575
+ 0,5	0,749	0,750	0,751	0,752	0,753	0,754	0,755	0,756	0,757	0,758
1	0,749	0,7505	0,7515	0,7525	0,7535	0,7545	0,7555	0,7565	0,7575	0,7585
1,5	0,7495	0,7505	0,7515	0,7525	0,7535	0,7545	0,756	0,757	0,758	0,759
2	0,750	0,751	0,752	0,753	0,754	0,755	0,756	0,757	0,758	0,759
+ 2,5	0,7505	0,7515	0,7525	0,7535	0,7545	0,7555	0,7565	0,7575	0,7585	0,7595
+ 3	0,751	0,752	0,753	0,754	0,755	0,756	0,757	0,758	0,759	0,760
3,5	0,751	0,752	0,753	0,754	0,7555	0,7565	0,7575	0,7585	0,7595	0,7605
4	0,7515	0,7525	0,7535	0,7545	0,7555	0,7565	0,7575	0,7585	0,7595	0,7605
4,5	0,752	0,753	0,754	0,755	0,756	0,757	0,758	0,759	0,760	0,761
+ 5	0,7525	0,7535	0,7545	0,7555	0,7565	0,7575	0,7585	0,7595	0,7605	0,7615
+ 5,5	0,753	0,754	0,755	0,756	0,757	0,758	0,759	0,760	0,761	0,762
6	0,753	0,754	0,755	0,756	0,757	0,758	0,7595	0,7605	0,7615	0,7625
6,5	0,7535	0,7545	0,7555	0,7565	0,7575	0,7585	0,7595	0,7605	0,7615	0,7625
7	0,754	0,755	0,756	0,757	0,758	0,759	0,760	0,761	0,762	0,763
+ 7,5	0,7545	0,7555	0,7565	0,7575	0,7585	0,7595	0,7605	0,7615	0,7625	0,7635
+ 8	0,7545	0,7555	0,7565	0,7575	0,7585	0,7595	0,761	0,762	0,763	0,764
8,5	0,755	0,756	0,757	0,758	0,759	0,760	0,761	0,762	0,763	0,764
9	0,7555	0,7565	0,7575	0,7585	0,7595	0,7605	0,7615	0,7625	0,7635	0,7645
9,5	0,756	0,757	0,758	0,759	0,760	0,761	0,762	0,763	0,764	0,765
+10	0,756	0,757	0,758	0,759	0,760	0,761	0,7625	0,7635	0,7645	0,7655
+10,5	0,7565	0,7575	0,7585	0,7595	0,7605	0,7615	0,7625	0,7635	0,7645	0,7655
11	0,757	0,758	0,759	0,760	0,761	0,762	0,763	0,764	0,765	0,766
11,5	0,7575	0,7585	0,7595	0,7605	0,7615	0,7625	0,7635	0,7645	0,7655	0,7665
12	0,7575	0,7585	0,7595	0,7605	0,7615	0,7625	0,764	0,765	0,766	0,767
+12,5	0,758	0,759	0,760	0,761	0,762	0,763	0,764	0,765	0,766	0,767

Tafel 1
zur Ermittelung der wahren Dichte bei + 15°.

Wärme-grad	Scheinbare Dichte									
	0,760	0,761	0,762	0,763	0,764	0,765	0,766	0,767	0,768	0,769
	Wahre Dichte bei + 15° für obige scheinbare Dichte									
+13	0,7585	0,7595	0,7605	0,7615	0,7625	0,7635	0,7645	0,7655	0,7665	0,7675
13,5	0,759	0,760	0,761	0,762	0,763	0,764	0,765	0,766	0,767	0,768
14	0,759	0,760	0,761	0,762	0,763	0,7645	0,7655	0,7665	0,7675	0,7685
14,5	0,7595	0,7605	0,7615	0,7625	0,7635	0,7645	0,7655	0,7665	0,7675	0,7685
+15	0,760	0,761	0,762	0,763	0,764	0,765	0,766	0,767	0,768	0,769
+15,5	0,7605	0,7615	0,7625	0,7635	0,7645	0,7655	0,7665	0,7675	0,7685	0,7695
16	0,761	0,762	0,7625	0,7635	0,7645	0,7655	0,7665	0,7675	0,7685	0,7695
16,5	0,761	0,762	0,763	0,764	0,765	0,766	0,767	0,768	0,769	0,770
17	0,7615	0,7625	0,7635	0,7645	0,7655	0,7665	0,7675	0,7685	0,7695	0,7705
+17,5	0,762	0,763	0,764	0,765	0,766	0,767	0,768	0,769	0,770	0,771
+18	0,7625	0,7635	0,764	0,765	0,766	0,767	0,768	0,769	0,770	0,771
18,5	0,7625	0,7635	0,7645	0,7655	0,7665	0,7675	0,7685	0,7695	0,7705	0,7715
19	0,763	0,764	0,765	0,766	0,767	0,768	0,769	0,770	0,771	0,772
19,5	0,7635	0,7645	0,7655	0,7665	0,7675	0,7685	0,7695	0,7705	0,7715	0,7725
+20	0,7635	0,7645	0,7655	0,7665	0,7675	0,7685	0,7695	0,7705	0,7715	0,7725
+20,5	0,764	0,765	0,766	0,767	0,768	0,769	0,770	0,771	0,772	0,773
21	0,7645	0,7655	0,7665	0,7675	0,7685	0,7695	0,7705	0,7715	0,7725	0,7735
21,5	0,765	0,766	0,767	0,768	0,769	0,770	0,771	0,772	0,773	0,774
22	0,765	0,766	0,767	0,768	0,769	0,770	0,771	0,772	0,773	0,774
+22,5	0,7655	0,7665	0,7675	0,7685	0,7695	0,7705	0,7715	0,7725	0,7735	0,7745
+23	0,766	0,767	0,768	0,769	0,770	0,771	0,772	0,773	0,774	0,775
23,5	0,7665	0,7675	0,768	0,769	0,770	0,771	0,772	0,773	0,774	0,775
24	0,7665	0,7675	0,7685	0,7695	0,7705	0,7715	0,7725	0,7735	0,7745	0,7755
24,5	0,767	0,768	0,769	0,770	0,771	0,772	0,773	0,774	0,775	0,776
+25	0,7675	0,7685	0,7695	0,7705	0,7715	0,7725	0,7735	0,7745	0,7755	0,7765
+25,5	0,768	0,7685	0,7695	0,7705	0,7715	0,7725	0,7735	0,7745	0,7755	0,7765
26	0,768	0,769	0,770	0,771	0,772	0,773	0,774	0,775	0,776	0,777
26,5	0,7685	0,7695	0,7705	0,7715	0,7725	0,7735	0,7745	0,7755	0,7765	0,7775
27	0,769	0,770	0,771	0,772	0,773	0,7735	0,7745	0,7755	0,7765	0,7775
+27,5	0,769	0,770	0,771	0,772	0,773	0,774	0,775	0,776	0,777	0,778
+28	0,7695	0,7705	0,7715	0,7725	0,7735	0,7745	0,7755	0,7765	0,7775	0,7785
28,5	0,770	0,771	0,772	0,773	0,774	0,775	0,776	0,777	0,778	0,7785
29	0,7705	0,7715	0,7725	0,773	0,774	0,775	0,776	0,777	0,778	0,779
29,5	0,7705	0,7715	0,7725	0,7735	0,7745	0,7755	0,7765	0,7775	0,7785	0,7795
+30	0,771	0,772	0,773	0,774	0,775	0,776	0,777	0,778	0,779	0,780
+30,5	0,7715	0,772	0,773	0,774	0,775	0,776	0,777	0,778	0,779	0,780
31	0,7715	0,7725	0,7735	0,7745	0,7755	0,7765	0,7775	0,7785	0,7795	0,7805
31,5	0,772	0,773	0,774	0,775	0,776	0,777	0,778	0,779	0,780	0,781
32	0,7725	0,7735	0,7745	0,7755	0,7765	0,7775	0,778	0,779	0,780	0,781
+32,5	0,773	0,774	0,775	0,776	0,7765	0,7775	0,7785	0,7795	0,7805	0,7815
+33	0,7735	0,774	0,775	0,776	0,777	0,778	0,779	0,780	0,781	0,782
33,5	0,7735	0,7745	0,7755	0,7765	0,7775	0,7785	0,779	0,780	0,781	0,782
34	0,774	0,775	0,776	0,777	0,778	0,7785	0,7795	0,7805	0,7815	0,7825
34,5	0,7745	0,7755	0,7765	0,7775	0,778	0,779	0,780	0,781	0,782	0,783
+35	0,775	0,776	0,777	0,7775	0,7785	0,7795	0,7805	0,7815	0,7825	0,7835

Tafel 1
zur Ermittelung der wahren Dichte bei + 15°.

Wärmegrad	Scheinbare Dichte 0,770	0,771	0,772	0,773	0,774	0,775	0,776	0,777	0,778	0,779
	Wahre Dichte bei + 15° für obige scheinbare Dichte									
— 5	0,755	0,756	0,757	0,758	0,759	0,760	0,761	0,762	0,763	0,764
4,5	0,755	0,756	0,757	0,7585	0,7595	0,7605	0,7615	0,7625	0,7635	0,7645
4	0,7555	0,7565	0,7575	0,7585	0,7595	0,761	0,762	0,763	0,764	0,765
3,5	0,756	0,757	0,758	0,759	0,760	0,761	0,762	0,763	0,764	0,765
— 3	0,7565	0,7575	0,7585	0,7595	0,7605	0,7615	0,7625	0,7635	0,7645	0,7655
— 2,5	0,757	0,758	0,759	0,760	0,761	0,762	0,763	0,764	0,765	0,766
2	0,757	0,758	0,759	0,7605	0,7615	0,7625	0,7635	0,7645	0,7655	0,7665
1,5	0,7575	0,7585	0,7595	0,7605	0,7615	0,763	0,764	0,765	0,766	0,767
1	0,758	0,759	0,760	0,761	0,762	0,763	0,764	0,765	0,766	0,767
— 0,5	0,7585	0,7595	0,7605	0,7615	0,7625	0,7635	0,7645	0,7655	0,7665	0,7675
0	0,7585	0,7595	0,7605	0,7615	0,763	0,764	0,765	0,766	0,767	0,768
+ 0,5	0,759	0,760	0,761	0,762	0,763	0,764	0,765	0,766	0,767	0,768
1	0,7595	0,7605	0,7615	0,7625	0,7635	0,7645	0,7655	0,7665	0,7675	0,7685
1,5	0,760	0,761	0,762	0,763	0,764	0,765	0,766	0,767	0,768	0,769
2	0,760	0,761	0,762	0,763	0,7645	0,7655	0,7665	0,7675	0,7685	0,7695
+ 2,5	0,7605	0,7615	0,7625	0,7635	0,7645	0,7655	0,7665	0,7675	0,7685	0,7695
+ 3	0,761	0,762	0,763	0,764	0,765	0,766	0,767	0,768	0,769	0,770
3,5	0,7615	0,7625	0,7635	0,7645	0,7655	0,7665	0,7675	0,7685	0,7695	0,7705
4	0,7615	0,7625	0,764	0,765	0,766	0,767	0,768	0,769	0,770	0,771
4,5	0,762	0,763	0,764	0,765	0,766	0,767	0,768	0,769	0,770	0,771
+ 5	0,7625	0,7635	0,7645	0,7655	0,7665	0,7675	0,7685	0,7695	0,7705	0,7715
+ 5,5	0,763	0,764	0,765	0,766	0,767	0,768	0,769	0,770	0,771	0,772
6	0,7635	0,7645	0,7655	0,7665	0,7675	0,7685	0,7695	0,7705	0,7715	0,7725
6,5	0,7635	0,7645	0,7655	0,7665	0,7675	0,7685	0,7695	0,7705	0,7715	0,7725
7	0,764	0,765	0,766	0,767	0,768	0,769	0,770	0,771	0,772	0,773
+ 7,5	0,7645	0,7655	0,7665	0,7675	0,7685	0,7695	0,7705	0,7715	0,7725	0,7735
+ 8	0,765	0,766	0,767	0,768	0,769	0,770	0,771	0,772	0,773	0,774
8,5	0,765	0,766	0,767	0,768	0,769	0,770	0,771	0,772	0,773	0,774
9	0,7655	0,7665	0,7675	0,7685	0,7695	0,7705	0,7715	0,7725	0,7735	0,7745
9,5	0,766	0,767	0,768	0,769	0,770	0,771	0,772	0,773	0,774	0,775
+ 10	0,7665	0,7675	0,7685	0,7695	0,7705	0,7715	0,7725	0,7735	0,7745	0,7755
+ 10,5	0,7665	0,7675	0,7685	0,7695	0,7705	0,7715	0,7725	0,7735	0,7745	0,7755
11	0,767	0,768	0,769	0,770	0,771	0,772	0,773	0,774	0,775	0,776
11,5	0,7675	0,7685	0,7695	0,7705	0,7715	0,7725	0,7735	0,7745	0,7755	0,7765
12	0,768	0,769	0,770	0,771	0,772	0,773	0,774	0,775	0,776	0,777
+ 12,5	0,768	0,769	0,770	0,771	0,772	0,773	0,774	0,775	0,776	0,777

Tafel 1

zur Ermittelung der wahren Dichte bei + 15°.

Wärmegrad	Scheinbare Dichte									
	0,770	0,771	0,772	0,773	0,774	0,775	0,776	0,777	0,778	0,779
	Wahre Dichte bei + 15° für obige scheinbare Dichte									
+13	0,7685	0,7695	0,7705	0,7715	0,7725	0,7735	0,7745	0,7755	0,7765	0,7775
13,5	0,769	0,770	0,771	0,772	0,773	0,774	0,775	0,776	0,777	0,778
14	0,7695	0,7705	0,7715	0,7725	0,7735	0,7745	0,7755	0,7765	0,7775	0,7785
14,5	0,7695	0,7705	0,7715	0,7725	0,7735	0,7745	0,7755	0,7765	0,7775	0,7785
+15	0,770	0,771	0,772	0,773	0,774	0,775	0,776	0,777	0,778	0,779
+15,5	0,7705	0,7715	0,7725	0,7735	0,7745	0,7755	0,7765	0,7775	0,7785	0,7795
16	0,7705	0,7715	0,7725	0,7735	0,7745	0,7755	0,7765	0,7775	0,7785	0,7795
16,5	0,771	0,772	0,773	0,774	0,775	0,776	0,777	0,778	0,779	0,780
17	0,7715	0,7725	0,7735	0,7745	0,7755	0,7765	0,7775	0,7785	0,7795	0,7805
+17,5	0,772	0,773	0,774	0,775	0,776	0,777	0,778	0,779	0,780	0,781
+18	0,772	0,773	0,774	0,775	0,776	0,777	0,778	0,779	0,780	0,781
18,5	0,7725	0,7735	0,7745	0,7755	0,7765	0,7775	0,7785	0,7795	0,7805	0,7815
19	0,773	0,774	0,775	0,776	0,777	0,778	0,779	0,780	0,781	0,782
19,5	0,773	0,774	0,775	0,776	0,777	0,778	0,779	0,780	0,781	0,782
+20	0,7735	0,7745	0,7755	0,7765	0,7775	0,7785	0,7795	0,7805	0,7815	0,7825
+20,5	0,774	0,775	0,776	0,777	0,778	0,779	0,780	0,781	0,782	0,783
21	0,7745	0,7755	0,7765	0,7775	0,7785	0,7795	0,7805	0,7815	0,7825	0,7835
21,5	0,7745	0,7755	0,7765	0,7775	0,7785	0,7795	0,7805	0,7815	0,7825	0,7835
22	0,775	0,776	0,777	0,778	0,779	0,780	0,781	0,782	0,783	0,784
+22,5	0,7755	0,7765	0,7775	0,7785	0,7795	0,7805	0,7815	0,7825	0,7835	0,7845
+23	0,776	0,777	0,778	0,779	0,780	0,781	0,782	0,783	0,784	0,785
23,5	0,776	0,777	0,778	0,779	0,780	0,781	0,782	0,783	0,784	0,785
24	0,7765	0,7775	0,7785	0,7795	0,7805	0,7815	0,7825	0,7835	0,7845	0,7855
24,5	0,777	0,778	0,779	0,780	0,781	0,782	0,783	0,784	0,785	0,786
+25	0,777	0,778	0,779	0,780	0,781	0,782	0,783	0,784	0,785	0,786
+25,5	0,7775	0,7785	0,7795	0,7805	0,7815	0,7825	0,7835	0,7845	0,7855	0,7865
26	0,778	0,779	0,780	0,781	0,782	0,783	0,784	0,785	0,786	0,787
26,5	0,7785	0,779	0,780	0,781	0,782	0,783	0,784	0,785	0,786	0,787
27	0,7785	0,7795	0,7805	0,7815	0,7825	0,7835	0,7845	0,7855	0,7865	0,7875
+27,5	0,779	0,780	0,781	0,782	0,783	0,784	0,785	0,786	0,787	0,788
+28	0,7795	0,7805	0,7815	0,7825	0,783	0,784	0,785	0,786	0,787	0,788
28,5	0,7795	0,7805	0,7815	0,7825	0,7835	0,7845	0,7855	0,7865	0,7875	0,7885
29	0,780	0,781	0,782	0,783	0,784	0,785	0,786	0,787	0,788	0,789
29,5	0,7805	0,7815	0,7825	0,7835	0,7845	0,7855	0,786	0,787	0,788	0,789
+30	0,7805	0,7815	0,7825	0,7835	0,7845	0,7855	0,7865	0,7875	0,7885	0,7895
+30,5	0,781	0,782	0,783	0,784	0,785	0,786	0,787	0,788	0,789	0,790
31	0,7815	0,7825	0,7835	0,7845	0,7855	0,7865	0,7875	0,7885	0,7895	0,7905
31,5	0,7815	0,7825	0,7835	0,7845	0,7855	0,7865	0,7875	0,7885	0,7895	0,7905
32	0,782	0,783	0,784	0,785	0,786	0,787	0,788	0,789	0,790	0,791
+32,5	0,7825	0,7835	0,7845	0,7855	0,7865	0,7875	0,7885	0,7895	0,790	0,791
+33	0,7825	0,7835	0,7845	0,7855	0,7865	0,7875	0,7885	0,7895	0,7905	0,7915
33,5	0,783	0,784	0,785	0,786	0,787	0,788	0,789	0,790	0,791	0,792
34	0,7835	0,7845	0,7855	0,7865	0,7875	0,7885	0,7895	0,7905	0,791	0,792
34,5	0,784	0,785	0,786	0,787	0,7875	0,7885	0,7895	0,7905	0,7915	0,7925
+35	0,784	0,785	0,786	0,787	0,788	0,789	0,790	0,791	0,792	0,793

Tafel 1
zur Ermittelung der wahren Dichte bei + 15°.

Wärmegrad	Scheinbare Dichte									
	0,780	0,781	0,782	0,783	0,784	0,785	0,786	0,787	0,788	0,789
	Wahre Dichte bei + 15° für obige scheinbare Dichte									
— 5	0,765	0,766	0,767	0,768	0,769	0,770	0,771	0,772	0,773	0,774
4,5	0,7655	0,7665	0,7675	0,7685	0,7695	0,7705	0,7715	0,7725	0,7735	0,7745
4	0,766	0,767	0,768	0,769	0,770	0,771	0,772	0,773	0,774	0,775
3,5	0,7665	0,7675	0,7685	0,7695	0,7705	0,7715	0,7725	0,7735	0,7745	0,7755
— 3	0,7665	0,7675	0,7685	0,7695	0,7705	0,772	0,773	0,774	0,775	0,776
— 2,5	0,767	0,768	0,769	0,770	0,771	0,772	0,773	0,774	0,775	0,776
2	0,7675	0,7685	0,7695	0,7705	0,7715	0,7725	0,7735	0,7745	0,7755	0,7765
1,5	0,768	0,769	0,770	0,771	0,772	0,773	0,774	0,775	0,776	0,777
1	0,768	0,769	0,770	0,771	0,772	0,7735	0,7745	0,7755	0,7765	0,7775
— 0,5	0,7685	0,7695	0,7705	0,7715	0,7725	0,7735	0,7745	0,7755	0,7765	0,7775
0	0,769	0,770	0,771	0,772	0,773	0,774	0,775	0,776	0,777	0,778
+ 0,5	0,7695	0,7705	0,7715	0,7725	0,7735	0,7745	0,7755	0,7765	0,7775	0,7785
1	0,7695	0,7705	0,7715	0,7725	0,7735	0,7745	0,7755	0,777	0,778	0,779
1,5	0,770	0,771	0,772	0,773	0,774	0,775	0,776	0,777	0,778	0,779
2	0,7705	0,7715	0,7725	0,7735	0,7745	0,7755	0,7765	0,7775	0,7785	0,7795
+ 2,5	0,771	0,772	0,773	0,774	0,775	0,776	0,777	0,778	0,779	0,780
+ 3	0,771	0,772	0,773	0,774	0,775	0,776	0,777	0,7785	0,7795	0,7805
3,5	0,7715	0,7725	0,7735	0,7745	0,7755	0,7765	0,7775	0,7785	0,7795	0,7805
4	0,772	0,773	0,774	0,775	0,776	0,777	0,778	0,779	0,780	0,781
4,5	0,7725	0,7735	0,7745	0,7755	0,7765	0,7775	0,7785	0,7795	0,7805	0,7815
+ 5	0,7725	0,7735	0,7745	0,7755	0,7765	0,7775	0,7785	0,780	0,781	0,782
+ 5,5	0,773	0,774	0,775	0,776	0,777	0,778	0,779	0,780	0,781	0,782
6	0,7735	0,7745	0,7755	0,7765	0,7775	0,7785	0,7795	0,7805	0,7815	0,7825
6,5	0,774	0,775	0,776	0,777	0,778	0,779	0,780	0,781	0,782	0,783
7	0,774	0,775	0,776	0,777	0,778	0,779	0,780	0,7815	0,7825	0,7835
+ 7,5	0,7745	0,7755	0,7765	0,7775	0,7785	0,7795	0,7805	0,7815	0,7825	0,7835
+ 8	0,775	0,776	0,777	0,778	0,779	0,780	0,781	0,782	0,783	0,784
8,5	0,775	0,776	0,777	0,778	0,779	0,780	0,7815	0,7825	0,7835	0,7845
9	0,7755	0,7765	0,7775	0,7785	0,7795	0,7805	0,7815	0,7825	0,7835	0,7845
9,5	0,776	0,777	0,778	0,779	0,780	0,781	0,782	0,783	0,784	0,785
+10	0,7765	0,7775	0,7785	0,7795	0,7805	0,7815	0,7825	0,7835	0,7845	0,7855
+10,5	0,7765	0,7775	0,7785	0,7795	0,781	0,782	0,783	0,784	0,785	0,786
11	0,777	0,778	0,779	0,780	0,781	0,782	0,783	0,784	0,785	0,786
11,5	0,7775	0,7785	0,7795	0,7805	0,7815	0,7825	0,7835	0,7845	0,7855	0,7865
12	0,778	0,779	0,780	0,781	0,782	0,783	0,784	0,785	0,786	0,787
+12,5	0,778	0,779	0,780	0,781	0,782	0,783	0,784	0,785	0,786	0,787

Tafel 1

zur Ermittelung der wahren Dichte bei + 15°.

Wärmegrad	Scheinbare Dichte									
	0,780	0,781	0,782	0,783	0,784	0,785	0,786	0,787	0,788	0,789
	Wahre Dichte bei + 15° für obige scheinbare Dichte									
+13	0,7785	0,7795	0,7805	0,7815	0,7825	0,7835	0,7845	0,7855	0,7865	0,7875
13,5	0,779	0,780	0,781	0,782	0,783	0,784	0,785	0,786	0,787	0,788
14	0,7795	0,7805	0,7815	0,7825	0,7835	0,7845	0,7855	0,7865	0,7875	0,7885
14,5	0,7795	0,7805	0,7815	0,7825	0,7835	0,7845	0,7855	0,7865	0,7875	0,7885
+15	0,780	0,781	0,782	0,783	0,784	0,785	0,786	0,787	0,788	0,789
+15,5	0,7805	0,7815	0,7825	0,7835	0,7845	0,7855	0,7865	0,7875	0,7885	0,7895
16	0,7805	0,7815	0,7825	0,7835	0,7845	0,7855	0,7865	0,7875	0,7885	0,7895
16,5	0,781	0,782	0,783	0,784	0,785	0,786	0,787	0,788	0,789	0,790
17	0,7815	0,7825	0,7835	0,7845	0,7855	0,7865	0,7875	0,7885	0,7895	0,7905
+17,5	0,782	0,783	0,784	0,785	0,786	0,787	0,788	0,789	0,790	0,791
+18	0,782	0,783	0,784	0,785	0,786	0,787	0,788	0,789	0,790	0,791
18,5	0,7825	0,7835	0,7845	0,7855	0,7865	0,7875	0,7885	0,7895	0,7905	0,7915
19	0,783	0,784	0,785	0,786	0,787	0,788	0,789	0,790	0,791	0,792
19,5	0,783	0,784	0,785	0,786	0,787	0,788	0,789	0,790	0,791	0,792
+20	0,7835	0,7845	0,7855	0,7865	0,7875	0,7885	0,7895	0,7905	0,7915	0,7925
+20,5	0,784	0,785	0,786	0,787	0,788	0,789	0,790	0,791	0,792	0,793
21	0,7845	0,7855	0,786	0,787	0,788	0,789	0,790	0,791	0,792	0,793
21,5	0,7845	0,7855	0,7865	0,7875	0,7885	0,7895	0,7905	0,7915	0,7925	0,7935
22	0,785	0,786	0,787	0,788	0,789	0,790	0,791	0,792	0,793	0,794
+22,5	0,7855	0,7865	0,7875	0,7885	0,7895	0,7905	0,7915	0,7925	0,7935	0,7945
+23	0,7855	0,7865	0,7875	0,7885	0,7895	0,7905	0,7915	0,7925	0,7935	0,7945
23,5	0,786	0,787	0,788	0,789	0,790	0,791	0,792	0,793	0,794	0,795
24	0,7865	0,7875	0,7885	0,7895	0,7905	0,7915	0,7925	0,7935	0,7945	0,7955
24,5	0,7865	0,7875	0,7885	0,7895	0,7905	0,7915	0,7925	0,7935	0,7945	0,7955
+25	0,787	0,788	0,789	0,790	0,791	0,792	0,793	0,794	0,795	0,796
+25,5	0,7875	0,7885	0,7895	0,7905	0,7915	0,7925	0,7935	0,7945	0,7955	0,7965
26	0,788	0,789	0,790	0,791	0,792	0,793	0,7935	0,7945	0,7955	0,7965
26,5	0,788	0,789	0,790	0,791	0,792	0,793	0,794	0,795	0,796	0,797
27	0,7885	0,7895	0,7905	0,7915	0,7925	0,7935	0,7945	0,7955	0,7965	0,7975
+27,5	0,789	0,790	0,791	0,792	0,793	0,794	0,795	0,796	0,797	0,798
+28	0,789	0,790	0,791	0,792	0,793	0,794	0,795	0,796	0,797	0,798
28,5	0,7895	0,7905	0,7915	0,7925	0,7935	0,7945	0,7955	0,7965	0,7975	0,7985
29	0,790	0,791	0,792	0,793	0,794	0,795	0,796	0,797	0,798	0,799
29,5	0,790	0,791	0,792	0,793	0,794	0,795	0,796	0,797	0,798	0,799
+30	0,7905	0,7915	0,7925	0,7935	0,7945	0,7955	0,7965	0,7975	0,7985	0,7995
+30,5	0,791	0,792	0,793	0,794	0,795	0,796	0,797	0,798	0,799	0,800
31	0,7915	0,7925	0,7935	0,7945	0,7955	0,7965	0,7975	0,7985	0,7995	0,8005
31,5	0,7915	0,7925	0,7935	0,7945	0,7955	0,7965	0,7975	0,7985	0,7995	0,8005
32	0,792	0,793	0,794	0,795	0,796	0,797	0,798	0,799	0,800	0,801
+32,5	0,792	0,793	0,794	0,795	0,796	0,797	0,798	0,799	0,800	0,801
+33	0,7925	0,7935	0,7945	0,7955	0,7965	0,7975	0,7985	0,7995	0,8005	0,8015
33,5	0,793	0,794	0,795	0,796	0,797	0,798	0,799	0,800	0,801	0,802
34	0,793	0,794	0,795	0,796	0,797	0,798	0,799	0,800	0,801	0,802
34,5	0,7935	0,7945	0,7955	0,7965	0,7975	0,7985	0,7995	0,8005	0,8015	0,8025
+35	0,794	0,795	0,796	0,797	0,798	0,799	0,800	0,801	0,802	0,803

Tafel 1

zur Ermittelung der wahren Dichte bei + 15°.

Wärmegrad	Scheinbare Dichte 0,790	0,791	0,792	0,793	0,794	0,795	0,796	0,797	0,798	0,799
	Wahre Dichte bei + 15° für obige scheinbare Dichte									
— 5	0,7755	0,7765	0,7775	0,7785	0,7795	0,7805	0,7815	0,7825	0,7835	0,7845
4,5	0,7755	0,7765	0,7775	0,7785	0,7795	0,781	0,782	0,783	0,784	0,785
4	0,776	0,777	0,778	0,779	0,780	0,781	0,782	0,783	0,784	0,785
3,5	0,7765	0,7775	0,7785	0,7795	0,7805	0,7815	0,7825	0,7835	0,7845	0,7855
— 3	0,777	0,778	0,779	0,780	0,781	0,782	0,783	0,784	0,785	0,786
— 2,5	0,7775	0,7785	0,7795	0,7805	0,7815	0,7825	0,7835	0,7845	0,7855	0,7865
2	0,7775	0,7785	0,7795	0,7805	0,7815	0,783	0,784	0,785	0,786	0,787
1,5	0,778	0,779	0,780	0,781	0,782	0,783	0,784	0,785	0,786	0,787
1	0,7785	0,7795	0,7805	0,7815	0,7825	0,7835	0,7845	0,7855	0,7865	0,7875
— 0,5	0,779	0,780	0,781	0,782	0,783	0,784	0,785	0,786	0,787	0,788
0	0,779	0,780	0,781	0,782	0,783	0,784	0,785	0,786	0,787	0,788
+ 0,5	0,7795	0,7805	0,7815	0,7825	0,7835	0,7845	0,7855	0,7865	0,7875	0,7885
1	0,780	0,781	0,782	0,783	0,784	0,785	0,786	0,787	0,788	0,789
1,5	0,7805	0,7815	0,7825	0,7835	0,7845	0,7855	0,7865	0,7875	0,7885	0,7895
2	0,7805	0,7815	0,7825	0,7835	0,7845	0,7855	0,7865	0,7875	0,7885	0,7895
+ 2,5	0,781	0,782	0,783	0,784	0,785	0,786	0,787	0,788	0,789	0,790
+ 3	0,7815	0,7825	0,7835	0,7845	0,7855	0,7865	0,7875	0,7885	0,7895	0,7905
3,5	0,782	0,783	0,784	0,785	0,786	0,787	0,788	0,789	0,790	0,791
4	0,782	0,783	0,784	0,785	0,786	0,787	0,788	0,789	0,790	0,791
4,5	0,7825	0,7835	0,7845	0,7855	0,7865	0,7875	0,7885	0,7895	0,7905	0,7915
+ 5	0,783	0,784	0,785	0,786	0,787	0,788	0,789	0,790	0,791	0,792
+ 5,5	0,7835	0,7845	0,7855	0,7865	0,7875	0,7885	0,7895	0,7905	0,7915	0,7925
6	0,7835	0,7845	0,7855	0,7865	0,7875	0,7885	0,7895	0,7905	0,7915	0,7925
6,5	0,784	0,785	0,786	0,787	0,788	0,789	0,790	0,791	0,792	0,793
7	0,7845	0,7855	0,7865	0,7875	0,7885	0,7895	0,7905	0,7915	0,7925	0,7935
+ 7,5	0,7845	0,7855	0,7865	0,7875	0,7885	0,7895	0,7905	0,7915	0,7925	0,7935
+ 8	0,785	0,786	0,787	0,788	0,789	0,790	0,791	0,792	0,793	0,794
8,5	0,7855	0,7865	0,7875	0,7885	0,7895	0,7905	0,7915	0,7925	0,7935	0,7945
9	0,786	0,787	0,788	0,789	0,790	0,791	0,792	0,793	0,794	0,795
9,5	0,786	0,787	0,788	0,789	0,790	0,791	0,792	0,793	0,794	0,795
+10	0,7865	0,7875	0,7885	0,7895	0,7905	0,7915	0,7925	0,7935	0,7945	0,7955
+10,5	0,787	0,788	0,789	0,790	0,791	0,792	0,793	0,794	0,795	0,796
11	0,787	0,788	0,789	0,790	0,791	0,792	0,793	0,794	0,795	0,796
11,5	0,7875	0,7885	0,7895	0,7905	0,7915	0,7925	0,7935	0,7945	0,7955	0,7965
12	0,788	0,789	0,790	0,791	0,792	0,793	0,794	0,795	0,796	0,797
+12,5	0,7885	0,7895	0,7905	0,7915	0,7925	0,7935	0,7945	0,7955	0,7965	0,7975

Tafel 1

zur Ermittelung der wahren Dichte bei + 15°.

Wärmegrad	Scheinbare Dichte 0,790	0,791	0,792	0,793	0,794	0,795	0,796	0,797	0,798	0,799
	Wahre Dichte bei + 15° für obige scheinbare Dichte									
+13	0,7885	0,7895	0,7905	0,7915	0,7925	0,7935	0,7945	0,7955	0,7965	0,7975
13,5	0,789	0,790	0,791	0,792	0,793	0,794	0,795	0,796	0,797	0,798
14	0,7895	0,7905	0,7915	0,7925	0,7935	0,7945	0,7955	0,7965	0,7975	0,7985
14,5	0,7895	0,7905	0,7915	0,7925	0,7935	0,7945	0,7955	0,7965	0,7975	0,7985
+15	0,790	0,791	0,792	0,793	0,794	0,795	0,796	0,797	0,798	0,799
+15,5	0,7905	0,7915	0,7925	0,7935	0,7945	0,7955	0,7965	0,7975	0,7985	0,7995
16	0,7905	0,7915	0,7925	0,7935	0,7945	0,7955	0,7965	0,7975	0,7985	0,7995
16,5	0,791	0,792	0,793	0,794	0,795	0,796	0,797	0,798	0,799	0,800
17	0,7915	0,7925	0,7935	0,7945	0,7955	0,7965	0,7975	0,7985	0,7995	0,8005
+17,5	0,792	0,793	0,794	0,795	0,796	0,797	0,798	0,799	0,800	0,801
+18	0,792	0,793	0,794	0,795	0,796	0,797	0,798	0,799	0,800	0,801
18,5	0,7925	0,7935	0,7945	0,7955	0,7965	0,7975	0,7985	0,7995	0,8005	0,8015
19	0,793	0,794	0,795	0,796	0,797	0,798	0,799	0,800	0,801	0,802
19,5	0,793	0,794	0,795	0,796	0,797	0,798	0,799	0,800	0,801	0,802
+20	0,7935	0,7945	0,7955	0,7965	0,7975	0,7985	0,7995	0,8005	0,8015	0,8025
+20,5	0,794	0,795	0,796	0,797	0,798	0,799	0,800	0,801	0,802	0,803
21	0,794	0,795	0,796	0,797	0,798	0,799	0,800	0,801	0,802	0,803
21,5	0,7945	0,7955	0,7965	0,7975	0,7985	0,7995	0,8005	0,8015	0,8025	0,8035
22	0,795	0,796	0,797	0,798	0,799	0,800	0,801	0,802	0,803	0,804
+22,5	0,7955	0,7965	0,7975	0,7985	0,7995	0,800	0,801	0,802	0,803	0,804
+23	0,7955	0,7965	0,7975	0,7985	0,7995	0,8005	0,8015	0,8025	0,8035	0,8045
23,5	0,796	0,797	0,798	0,799	0,800	0,801	0,802	0,803	0,804	0,805
24	0,7965	0,7975	0,7985	0,7995	0,8005	0,8015	0,8025	0,8035	0,804	0,805
24,5	0,7965	0,7975	0,7985	0,7995	0,8005	0,8015	0,8025	0,8035	0,8045	0,8055
+25	0,797	0,798	0,799	0,800	0,801	0,802	0,803	0,804	0,805	0,806
+25,5	0,7975	0,7985	0,7995	0,8005	0,8015	0,8025	0,8035	0,8045	0,8055	0,8065
26	0,7975	0,7985	0,7995	0,8005	0,8015	0,8025	0,8035	0,8045	0,8055	0,8065
26,5	0,798	0,799	0,800	0,801	0,802	0,803	0,804	0,805	0,806	0,807
27	0,7985	0,7995	0,8005	0,8015	0,8025	0,8035	0,8045	0,8055	0,8065	0,8075
+27,5	0,799	0,800	0,801	0,802	0,803	0,804	0,805	0,806	0,8065	0,8075
+28	0,799	0,800	0,801	0,802	0,803	0,804	0,805	0,806	0,807	0,808
28,5	0,7995	0,8005	0,8015	0,8025	0,8035	0,8045	0,8055	0,8065	0,8075	0,8085
29	0,800	0,801	0,802	0,803	0,804	0,805	0,806	0,807	0,8075	0,8085
29,5	0,800	0,801	0,802	0,803	0,804	0,805	0,806	0,807	0,808	0,809
+30	0,8005	0,8015	0,8025	0,8035	0,8045	0,8055	0,8065	0,8075	0,8085	0,8095
+30,5	0,801	0,802	0,803	0,804	0,805	0,806	0,8065	0,8075	0,8085	0,8095
31	0,801	0,802	0,803	0,804	0,805	0,806	0,807	0,808	0,809	0,810
31,5	0,8015	0,8025	0,8035	0,8045	0,8055	0,8065	0,8075	0,8085	0,8095	0,8105
32	0,802	0,803	0,804	0,805	0,806	0,807	0,808	0,809	0,8095	0,8105
+32,5	0,802	0,803	0,804	0,805	0,806	0,807	0,808	0,809	0,810	0,811
+33	0,8025	0,8035	0,8045	0,8055	0,8065	0,8075	0,8085	0,8095	0,8105	0,8115
33,5	0,803	0,804	0,805	0,806	0,807	0,808	0,809	0,810	0,8105	0,8115
34	0,803	0,804	0,805	0,806	0,807	0,808	0,809	0,810	0,811	0,812
34,5	0,8035	0,8045	0,8055	0,8065	0,8075	0,8085	0,8095	0,8105	0,8115	0,8125
+35	0,804	0,805	0,806	0,807	0,808	0,809	0,810	0,811	0,8115	0,8125

Tafel 1

zur Ermittelung der wahren Dichte bei + 15°.

Wärmegrad	Scheinbare Dichte 0,800	0,801	0,802	0,803	0,804	0,805	0,806	0,807	0,808	0,809
	Wahre Dichte bei + 15° für obige scheinbare Dichte									
— 5	0,7855	0,7865	0,7875	0,7885	0,7895	0,7905	0,7915	0,793	0,794	0,795
4,5	0,786	0,787	0,788	0,789	0,790	0,791	0,792	0,793	0,794	0,795
4	0,786	0,787	0,7885	0,7895	0,7905	0,7915	0,7925	0,7935	0,7945	0,7955
3,5	0,7865	0,7875	0,7885	0,7895	0,7905	0,792	0,793	0,794	0,795	0,796
— 3	0,787	0,788	0,789	0,790	0,791	0,792	0,793	0,7945	0,7955	0,7965
— 2,5	0,7875	0,7885	0,7895	0,7905	0,7915	0,7925	0,7935	0,7945	0,7955	0,7965
2	0,788	0,789	0,790	0,791	0,792	0,793	0,794	0,795	0,796	0,797
1,5	0,788	0,789	0,790	0,791	0,792	0,7935	0,7945	0,7955	0,7965	0,7975
1	0,7885	0,7895	0,7905	0,7915	0,7925	0,7935	0,7945	0,7955	0,7965	0,7975
— 0,5	0,789	0,790	0,791	0,792	0,793	0,794	0,795	0,796	0,797	0,798
0	0,7895	0,7905	0,7915	0,7925	0,7935	0,7945	0,7955	0,7965	0,7975	0,7985
+ 0,5	0,7895	0,7905	0,7915	0,7925	0,7935	0,795	0,796	0,797	0,798	0,799
1	0,790	0,791	0,792	0,793	0,794	0,795	0,796	0,797	0,798	0,799
1,5	0,7905	0,7915	0,7925	0,7935	0,7945	0,7955	0,7965	0,7975	0,7985	0,7995
2	0,791	0,792	0,793	0,794	0,795	0,796	0,797	0,798	0,799	0,800
+ 2,5	0,791	0,792	0,793	0,794	0,795	0,796	0,797	0,798	0,799	0,800
+ 3	0,7915	0,7925	0,7935	0,7945	0,7955	0,7965	0,7975	0,7985	0,7995	0,8005
3,5	0,792	0,793	0,794	0,795	0,796	0,797	0,798	0,799	0,800	0,801
4	0,7925	0,7935	0,7945	0,7955	0,7965	0,7975	0,7985	0,7995	0,8005	0,8015
4,5	0,7925	0,7935	0,7945	0,7955	0,7965	0,7975	0,7985	0,7995	0,8005	0,8015
+ 5	0,793	0,794	0,795	0,796	0,797	0,798	0,799	0,800	0,801	0,802
+ 5,5	0,7935	0,7945	0,7955	0,7965	0,7975	0,7985	0,7995	0,8005	0,8015	0,8025
6	0,7935	0,7945	0,7955	0,7965	0,7975	0,7985	0,7995	0,8005	0,8015	0,8025
6,5	0,794	0,795	0,796	0,797	0,798	0,799	0,800	0,801	0,802	0,803
7	0,7945	0,7955	0,7965	0,7975	0,7985	0,7995	0,8005	0,8015	0,8025	0,8035
+ 7,5	0,795	0,796	0,797	0,798	0,799	0,800	0,801	0,802	0,803	0,804
+ 8	0,795	0,796	0,797	0,798	0,799	0,800	0,801	0,802	0,803	0,804
8,5	0,7955	0,7965	0,7975	0,7985	0,7995	0,8005	0,8015	0,8025	0,8035	0,8045
9	0,796	0,797	0,798	0,799	0,800	0,801	0,802	0,803	0,804	0,805
9,5	0,796	0,797	0,798	0,799	0,800	0,801	0,802	0,803	0,804	0,805
+ 10	0,7965	0,7975	0,7985	0,7995	0,8005	0,8015	0,8025	0,8035	0,8045	0,8055
+ 10,5	0,797	0,798	0,799	0,800	0,801	0,802	0,803	0,804	0,805	0,806
11	0,797	0,798	0,799	0,800	0,801	0,802	0,803	0,804	0,805	0,806
11,5	0,7975	0,7985	0,7995	0,8005	0,8015	0,8025	0,8035	0,8045	0,8055	0,8065
12	0,798	0,799	0,800	0,801	0,802	0,803	0,804	0,805	0,806	0,807
+ 12,5	0,7985	0,7995	0,8005	0,8015	0,8025	0,8035	0,8045	0,8055	0,8065	0,8075

Tafel 1
zur Ermittelung der wahren Dichte bei + 15°.

Wärmegrad	Scheinbare Dichte 0,800	0,801	0,802	0,803	0,804	0,805	0,806	0,807	0,808	0,809
	Wahre Dichte bei + 15° für obige scheinbare Dichte									
+13	0,7985	0,7995	0,8005	0,8015	0,8025	0,8035	0,8045	0,8055	0,8065	0,8075
13,5	0,799	0,800	0,801	0,802	0,803	0,804	0,805	0,806	0,807	0,808
14	0,7995	0,8005	0,8015	0,8025	0,8035	0,8045	0,8055	0,8065	0,8075	0,8085
14,5	0,7995	0,8005	0,8015	0,8025	0,8035	0,8045	0,8055	0,8065	0,8075	0,8085
+15	0,800	0,801	0,802	0,803	0,804	0,805	0,806	0,807	0,808	0,809
+15,5	0,8005	0,8015	0,8025	0,8035	0,8045	0,8055	0,8065	0,8075	0,8085	0,8095
16	0,8005	0,8015	0,8025	0,8035	0,8045	0,8055	0,8065	0,8075	0,8085	0,8095
16,5	0,801	0,802	0,803	0,804	0,805	0,806	0,807	0,808	0,809	0,810
17	0,8015	0,8025	0,8035	0,8045	0,8055	0,8065	0,8075	0,8085	0,8095	0,8105
+17,5	0,802	0,803	0,804	0,805	0,806	0,807	0,808	0,809	0,810	0,811
+18	0,802	0,803	0,804	0,805	0,806	0,807	0,808	0,809	0,810	0,811
18,5	0,8025	0,8035	0,8045	0,8055	0,8065	0,8075	0,8085	0,8095	0,8105	0,8115
19	0,803	0,804	0,805	0,806	0,807	0,808	0,8085	0,8095	0,8105	0,8115
19,5	0,803	0,804	0,805	0,806	0,807	0,808	0,809	0,810	0,811	0,812
+20	0,8035	0,8045	0,8055	0,8065	0,8075	0,8085	0,8095	0,8105	0,8115	0,8125
+20,5	0,804	0,805	0,806	0,807	0,808	0,809	0,810	0,811	0,812	0,813
21	0,804	0,805	0,806	0,807	0,808	0,809	0,810	0,811	0,812	0,813
21,5	0,8045	0,8055	0,8065	0,8075	0,8085	0,8095	0,8105	0,8115	0,8125	0,8135
22	0,805	0,806	0,807	0,808	0,809	0,810	0,811	0,812	0,813	0,814
+22,5	0,805	0,806	0,807	0,808	0,809	0,810	0,811	0,812	0,813	0,814
+23	0,8055	0,8065	0,8075	0,8085	0,8095	0,8105	0,8115	0,8125	0,8135	0,8145
23,5	0,806	0,807	0,808	0,809	0,810	0,811	0,812	0,813	0,814	0,815
24	0,806	0,807	0,808	0,809	0,810	0,811	0,812	0,813	0,814	0,815
24,5	0,8065	0,8075	0,8085	0,8095	0,8105	0,8115	0,8125	0,8135	0,8145	0,8155
+25	0,807	0,808	0,809	0,810	0,811	0,812	0,813	0,814	0,815	0,816
+25,5	0,8075	0,8085	0,8095	0,8105	0,8115	0,8125	0,813	0,814	0,815	0,816
26	0,8075	0,8085	0,8095	0,8105	0,8115	0,8125	0,8135	0,8145	0,8155	0,8165
26,5	0,808	0,809	0,810	0,811	0,812	0,813	0,814	0,815	0,816	0,817
27	0,8085	0,8095	0,8105	0,8115	0,8125	0,8135	0,814	0,815	0,816	0,817
+27,5	0,8085	0,8095	0,8105	0,8115	0,8125	0,8135	0,8145	0,8155	0,8165	0,8175
+28	0,809	0,810	0,811	0,812	0,813	0,814	0,815	0,816	0,817	0,818
28,5	0,8095	0,8105	0,8115	0,8125	0,8135	0,8145	0,815	0,816	0,817	0,818
29	0,8095	0,8105	0,8115	0,8125	0,8135	0,8145	0,8155	0,8165	0,8175	0,8185
29,5	0,810	0,811	0,812	0,813	0,814	0,815	0,816	0,817	0,818	0,819
+30	0,8105	0,8115	0,8125	0,8135	0,8145	0,8155	0,816	0,817	0,818	0,819
+30,5	0,8105	0,8115	0,8125	0,8135	0,8145	0,8155	0,8165	0,8175	0,8185	0,8195
31	0,811	0,812	0,813	0,814	0,815	0,816	0,817	0,818	0,819	0,820
31,5	0,8115	0,8125	0,8135	0,8145	0,8155	0,8165	0,817	0,818	0,819	0,820
32	0,8115	0,8125	0,8135	0,8145	0,8155	0,8165	0,8175	0,8185	0,8195	0,8205
+32,5	0,812	0,813	0,814	0,815	0,816	0,817	0,818	0,819	0,820	0,821
+33	0,8125	0,8135	0,8145	0,8155	0,8165	0,8175	0,818	0,819	0,820	0,821
33,5	0,8125	0,8135	0,8145	0,8155	0,8165	0,8175	0,8185	0,8195	0,8205	0,8215
34	0,813	0,814	0,815	0,816	0,817	0,818	0,819	0,820	0,821	0,822
34,5	0,8135	0,8145	0,8155	0,8165	0,8175	0,8185	0,819	0,820	0,821	0,822
+35	0,8135	0,8145	0,8155	0,8165	0,8175	0,8185	0,8195	0,8205	0,8215	0,8225

Tafel 1

zur Ermittelung der wahren Dichte bei + 15°.

Wärmegrad	Scheinbare Dichte 0,810	0,811	0,812	0,813	0,814	0,815	0,816	0,817	0,818	0,819
	Wahre Dichte bei + 15° für obige scheinbare Dichte									
— 5	0,796	0,797	0,798	0,799	0,800	0,801	0,802	0,803	0,804	0,805
4,5	0,796	0,797	0,798	0,799	0,800	0,8015	0,8025	0,8035	0,8045	0,8055
4	0,7965	0,7975	0,7985	0,7995	0,8005	0,8015	0,8025	0,8035	0,8045	0,8055
3,5	0,797	0,798	0,799	0,800	0,801	0,802	0,803	0,804	0,805	0,806
— 3	0,7975	0,7985	0,7995	0,8005	0,8015	0,8025	0,8035	0,8045	0,8055	0,8065
— 2,5	0,7975	0,7985	0,7995	0,8005	0,8015	0,8025	0,8035	0,8045	0,8055	0,8065
2	0,798	0,799	0,800	0,801	0,802	0,803	0,804	0,805	0,806	0,807
1,5	0,7985	0,7995	0,8005	0,8015	0,8025	0,8035	0,8045	0,8055	0,8065	0,8075
1	0,799	0,800	0,801	0,802	0,803	0,804	0,805	0,806	0,807	0,808
— 0,5	0,799	0,800	0,801	0,802	0,803	0,804	0,805	0,806	0,807	0,808
0	0,7995	0,8005	0,8015	0,8025	0,8035	0,8045	0,8055	0,8065	0,8075	0,8085
+ 0,5	0,800	0,801	0,802	0,803	0,804	0,805	0,806	0,807	0,808	0,809
1	0,800	0,801	0,802	0,803	0,804	0,805	0,8065	0,8075	0,8085	0,8095
1,5	0,8005	0,8015	0,8025	0,8035	0,8045	0,8055	0,8065	0,8075	0,8085	0,8095
2	0,801	0,802	0,803	0,804	0,805	0,806	0,807	0,808	0,809	0,810
+ 2,5	0,801	0,802	0,803	0,804	0,805	0,806	0,8075	0,8085	0,8095	0,8105
+ 3	0,8015	0,8025	0,8035	0,8045	0,8055	0,8065	0,8075	0,8085	0,8095	0,8105
3,5	0,802	0,803	0,804	0,805	0,806	0,807	0,808	0,809	0,810	0,811
4	0,8025	0,8035	0,8045	0,8055	0,8065	0,8075	0,8085	0,8095	0,8105	0,8115
4,5	0,8025	0,8035	0,8045	0,8055	0,8065	0,8075	0,8085	0,8095	0,8105	0,8115
+ 5	0,803	0,804	0,805	0,806	0,807	0,808	0,809	0,810	0,811	0,812
+ 5,5	0,8035	0,8045	0,8055	0,8065	0,8075	0,8085	0,8095	0,8105	0,8115	0,8125
6	0,8035	0,8045	0,8055	0,8065	0,808	0,809	0,810	0,811	0,812	0,813
6,5	0,804	0,805	0,806	0,807	0,808	0,809	0,810	0,811	0,812	0,813
7	0,8045	0,8055	0,8065	0,8075	0,8085	0,8095	0,8105	0,8115	0,8125	0,8135
+ 7,5	0,805	0,806	0,807	0,808	0,809	0,810	0,811	0,812	0,813	0,814
+ 8	0,805	0,806	0,807	0,808	0,809	0,810	0,811	0,812	0,813	0,814
8,5	0,8055	0,8065	0,8075	0,8085	0,8095	0,8105	0,8115	0,8125	0,8135	0,8145
9	0,806	0,807	0,808	0,809	0,810	0,811	0,812	0,813	0,814	0,815
9,5	0,806	0,807	0,808	0,809	0,810	0,811	0,812	0,813	0,814	0,815
+10	0,8065	0,8075	0,8085	0,8095	0,8105	0,8115	0,8125	0,8135	0,8145	0,8155
+10,5	0,807	0,808	0,809	0,810	0,811	0,812	0,813	0,814	0,815	0,816
11	0,807	0,808	0,809	0,810	0,811	0,812	0,813	0,814	0,815	0,816
11,5	0,8075	0,8085	0,8095	0,8105	0,8115	0,8125	0,8135	0,8145	0,8155	0,8165
12	0,808	0,809	0,810	0,811	0,812	0,813	0,814	0,815	0,816	0,817
+12,5	0,8085	0,8095	0,8105	0,8115	0,8125	0,8135	0,8145	0,8155	0,8165	0,8175

Tafel 1
zur Ermittelung der wahren Dichte bei + 15°.

Wärmegrad	Scheinbare Dichte									
	0,810	0,811	0,812	0,813	0,814	0,815	0,816	0,817	0,818	0,819
	Wahre Dichte bei + 15° für obige scheinbare Dichte									
+13	0,8085	0,8095	0,8105	0,8115	0,8125	0,8135	0,8145	0,8155	0,8165	0,8175
13,5	0,809	0,810	0,811	0,812	0,813	0,814	0,815	0,816	0,817	0,818
14	0,8095	0,8105	0,8115	0,8125	0,8135	0,8145	0,8155	0,8165	0,8175	0,8185
14,5	0,8095	0,8105	0,8115	0,8125	0,8135	0,8145	0,8155	0,8165	0,8175	0,8185
+15	0,810	0,811	0,812	0,813	0,814	0,815	0,816	0,817	0,818	0,819
+15,5	0,8105	0,8115	0,8125	0,8135	0,8145	0,8155	0,8165	0,8175	0,8185	0,8195
16	0,8105	0,8115	0,8125	0,8135	0,8145	0,8155	0,8165	0,8175	0,8185	0,8195
16,5	0,811	0,812	0,813	0,814	0,815	0,816	0,817	0,818	0,819	0,820
17	0,8115	0,8125	0,8135	0,8145	0,8155	0,8165	0,8175	0,8185	0,8195	0,8205
+17,5	0,8115	0,8125	0,8135	0,8145	0,8155	0,8165	0,8175	0,8185	0,8195	0,8205
+18	0,812	0,813	0,814	0,815	0,816	0,817	0,818	0,819	0,820	0,821
18,5	0,8125	0,8135	0,8145	0,8155	0,8165	0,8175	0,8185	0,8195	0,8205	0,8215
19	0,8125	0,8135	0,8145	0,8155	0,8165	0,8175	0,8185	0,8195	0,8205	0,8215
19,5	0,813	0,814	0,815	0,816	0,817	0,818	0,819	0,820	0,821	0,822
+20	0,8135	0,8145	0,8155	0,8165	0,8175	0,8185	0,8195	0,8205	0,8215	0,8225
+20,5	0,814	0,815	0,816	0,817	0,818	0,819	0,820	0,821	0,822	0,823
21	0,814	0,815	0,816	0,817	0,818	0,819	0,820	0,821	0,822	0,823
21,5	0,8145	0,8155	0,8165	0,8175	0,8185	0,8195	0,8205	0,8215	0,8225	0,8235
22	0,815	0,816	0,817	0,818	0,819	0,820	0,821	0,822	0,8225	0,8235
+22,5	0,815	0,816	0,817	0,818	0,819	0,820	0,821	0,822	0,823	0,824
+23	0,8155	0,8165	0,8175	0,8185	0,8195	0,8205	0,8215	0,8225	0,8235	0,8245
23,5	0,816	0,817	0,818	0,819	0,820	0,821	0,822	0,8225	0,8235	0,8245
24	0,816	0,817	0,818	0,819	0,820	0,821	0,822	0,823	0,824	0,825
24,5	0,8165	0,8175	0,8185	0,8195	0,8205	0,8215	0,8225	0,8235	0,8245	0,8255
+25	0,817	0,818	0,819	0,820	0,821	0,8215	0,8225	0,8235	0,8245	0,8255
+25,5	0,817	0,818	0,819	0,820	0,821	0,822	0,823	0,824	0,825	0,826
26	0,8175	0,8185	0,8195	0,8205	0,8215	0,8225	0,8235	0,8245	0,8255	0,8265
26,5	0,818	0,819	0,820	0,821	0,8215	0,8225	0,8235	0,8245	0,8255	0,8265
27	0,818	0,819	0,820	0,821	0,822	0,823	0,824	0,825	0,826	0,827
+27,5	0,8185	0,8195	0,8205	0,8215	0,8225	0,8235	0,8245	0,8255	0,8265	0,8275
+28	0,819	0,820	0,821	0,8215	0,8225	0,8235	0,8245	0,8255	0,8265	0,8275
28,5	0,819	0,820	0,821	0,822	0,823	0,824	0,825	0,826	0,827	0,828
29	0,8195	0,8205	0,8215	0,8225	0,8235	0,8245	0,8255	0,8265	0,8275	0,8285
29,5	0,820	0,821	0,822	0,823	0,824	0,825	0,826	0,827	0,828	0,829
+30	0,820	0,821	0,822	0,823	0,824	0,825	0,826	0,827	0,828	0,829
+30,5	0,8205	0,8215	0,8225	0,8235	0,8245	0,8255	0,8265	0,8275	0,8285	0,8295
31	0,821	0,822	0,823	0,824	0,825	0,826	0,827	0,828	0,829	0,830
31,5	0,821	0,822	0,823	0,824	0,825	0,826	0,827	0,828	0,829	0,830
32	0,8215	0,8225	0,8235	0,8245	0,8255	0,8265	0,8275	0,8285	0,8295	0,8305
+32,5	0,822	0,823	0,824	0,825	0,826	0,827	0,828	0,829	0,830	0,831
+33	0,822	0,823	0,824	0,825	0,826	0,827	0,828	0,829	0,830	0,831
33,5	0,8225	0,8235	0,8245	0,8255	0,8265	0,8275	0,8285	0,8295	0,8305	0,8315
34	0,823	0,824	0,825	0,826	0,827	0,828	0,829	0,830	0,831	0,832
34,5	0,823	0,824	0,825	0,826	0,827	0,828	0,829	0,830	0,831	0,832
+35	0,8235	0,8245	0,8255	0,8265	0,8275	0,8285	0,8295	0,8305	0,8315	0,8325

Tafel 1
zur Ermittelung der wahren Dichte bei + 15°.

Wärmegrad	Scheinbare Dichte									
	0,820	0,821	0,822	0,823	0,824	0,825	0,826	0,827	0,828	0,829
	Wahre Dichte bei + 15° für obige scheinbare Dichte									
0	0,8095	0,8105	0,8115	0,8125	0,8135	0,8145	0,8155	0,8165	0,8175	0,8185
+ 0,5	0,810	0,811	0,812	0,813	0,814	0,815	0,816	0,817	0,818	0,819
1	0,8105	0,8115	0,8125	0,8135	0,8145	0,8155	0,8165	0,8175	0,8185	0,8195
1,5	0,8105	0,8115	0,8125	0,8135	0,8145	0,8155	0,8165	0,8175	0,8185	0,8195
2	0,811	0,812	0,813	0,814	0,815	0,816	0,817	0,818	0,819	0,820
+ 2,5	0,8115	0,8125	0,8135	0,8145	0,8155	0,8165	0,8175	0,8185	0,8195	0,8205
+ 3	0,8115	0,8125	0,8135	0,8145	0,8155	0,817	0,818	0,819	0,820	0,821
3,5	0,812	0,813	0,814	0,815	0,816	0,817	0,818	0,819	0,820	0,821
4	0,8125	0,8135	0,8145	0,8155	0,8165	0,8175	0,8185	0,8195	0,8205	0,8215
4,5	0,8125	0,8135	0,8145	0,8155	0,8165	0,818	0,819	0,820	0,821	0,822
+ 5	0,813	0,814	0,815	0,816	0,817	0,818	0,819	0,820	0,821	0,822
+ 5,5	0,8135	0,8145	0,8155	0,8165	0,8175	0,8185	0,8195	0,8205	0,8215	0,8225
6	0,814	0,815	0,816	0,817	0,818	0,819	0,820	0,821	0,822	0,823
6,5	0,814	0,815	0,816	0,817	0,818	0,819	0,820	0,821	0,822	0,823
7	0,8145	0,8155	0,8165	0,8175	0,8185	0,8195	0,8205	0,8215	0,8225	0,8235
+ 7,5	0,815	0,816	0,817	0,818	0,819	0,820	0,821	0,822	0,823	0,824
+ 8	0,815	0,816	0,817	0,818	0,819	0,820	0,821	0,822	0,823	0,824
8,5	0,8155	0,8165	0,8175	0,8185	0,8195	0,8205	0,8215	0,8225	0,8235	0,8245
9	0,816	0,817	0,818	0,819	0,820	0,821	0,822	0,823	0,824	0,825
9,5	0,816	0,817	0,818	0,819	0,820	0,821	0,822	0,823	0,824	0,825
+10	0,8165	0,8175	0,8185	0,8195	0,8205	0,8215	0,8225	0,8235	0,8245	0,8255
+10,5	0,817	0,818	0,819	0,820	0,821	0,822	0,823	0,824	0,825	0,826
11	0,817	0,818	0,819	0,820	0,821	0,822	0,823	0,824	0,825	0,826
11,5	0,8175	0,8185	0,8195	0,8205	0,8215	0,8225	0,8235	0,8245	0,8255	0,8265
12	0,818	0,819	0,820	0,821	0,822	0,823	0,824	0,825	0,826	0,827
+12,5	0,8185	0,8195	0,8205	0,8215	0,8225	0,8235	0,8245	0,8255	0,8265	0,8275

Tafel 1

zur Ermittelung der wahren Dichte bei + 15°.

Wärmegrad	Scheinbare Dichte									
	0,820	0,821	0,822	0,823	0,824	0,825	0,826	0,827	0,828	0,829
	Wahre Dichte bei + 15° für obige scheinbare Dichte									
+13	0,8185	0,8195	0,8205	0,8215	0,8225	0,8235	0,8245	0,8255	0,8265	0,8275
13,5	0,819	0,820	0,821	0,822	0,823	0,824	0,825	0,826	0,827	0,828
14	0,8195	0,8205	0,8215	0,8225	0,8235	0,8245	0,8255	0,8265	0,8275	0,8285
14,5	0,8195	0,8205	0,8215	0,8225	0,8235	0,8245	0,8255	0,8265	0,8275	0,8285
+15	0,820	0,821	0,822	0,823	0,824	0,825	0,826	0,827	0,828	0,829
+15,5	0,8205	0,8215	0,8225	0,8235	0,8245	0,8255	0,8265	0,8275	0,8285	0,8295
16	0,8205	0,8215	0,8225	0,8235	0,8245	0,8255	0,8265	0,8275	0,8285	0,8295
16,5	0,821	0,822	0,823	0,824	0,825	0,826	0,827	0,828	0,829	0,830
17	0,8215	0,8225	0,8235	0,8245	0,8255	0,8265	0,8275	0,8285	0,8295	0,8305
+17,5	0,8215	0,8225	0,8235	0,8245	0,8255	0,8265	0,8275	0,8285	0,8295	0,8305
+18	0,822	0,823	0,824	0,825	0,826	0,827	0,828	0,829	0,830	0,831
18,5	0,8225	0,8235	0,8245	0,8255	0,8265	0,8275	0,8285	0,8295	0,8305	0,8315
19	0,8225	0,8235	0,8245	0,8255	0,8265	0,8275	0,8285	0,8295	0,8305	0,8315
19,5	0,823	0,824	0,825	0,826	0,827	0,828	0,829	0,830	0,831	0,832
+20	0,8235	0,8245	0,8255	0,8265	0,8275	0,8285	0,8295	0,8305	0,8315	0,8325
+20,5	0,8235	0,8245	0,8255	0,8265	0,8275	0,8285	0,8295	0,8305	0,8315	0,8325
21	0,824	0,825	0,826	0,827	0,828	0,829	0,830	0,831	0,832	0,833
21,5	0,8245	0,8255	0,8265	0,8275	0,8285	0,8295	0,8305	0,8315	0,8325	0,8335
22	0,8245	0,8255	0,8265	0,8275	0,8285	0,8295	0,8305	0,8315	0,8325	0,8335
+22,5	0,825	0,826	0,827	0,828	0,829	0,830	0,831	0,832	0,833	0,834
+23	0,8255	0,8265	0,8275	0,8285	0,8295	0,8305	0,8315	0,8325	0,8335	0,8345
23,5	0,8255	0,8265	0,8275	0,8285	0,8295	0,8305	0,8315	0,8325	0,8335	0,8345
24	0,826	0,827	0,828	0,829	0,830	0,831	0,832	0,833	0,834	0,835
24,5	0,8265	0,8275	0,8285	0,8295	0,8305	0,8315	0,8325	0,8335	0,8345	0,8355
+25	0,8265	0,8275	0,8285	0,8295	0,8305	0,8315	0,8325	0,8335	0,8345	0,8355
+25,5	0,827	0,828	0,829	0,830	0,831	0,832	0,833	0,834	0,835	0,836
26	0,8275	0,8285	0,8295	0,8305	0,8315	0,8325	0,8335	0,8345	0,8355	0,8365
26,5	0,8275	0,8285	0,8295	0,8305	0,8315	0,8325	0,8335	0,8345	0,8355	0,8365
27	0,828	0,829	0,830	0,831	0,832	0,833	0,834	0,835	0,836	0,837
+27,5	0,8285	0,8295	0,8305	0,8315	0,8325	0,8335	0,8345	0,8355	0,8365	0,8375
+28	0,8285	0,8295	0,8305	0,8315	0,8325	0,8335	0,8345	0,8355	0,8365	0,8375
28,5	0,829	0,830	0,831	0,832	0,833	0,834	0,835	0,836	0,837	0,838
29	0,8295	0,8305	0,8315	0,8325	0,8335	0,8345	0,8355	0,8365	0,8375	0,8385
29,5	0,830	0,831	0,832	0,833	0,834	0,835	0,836	0,837	0,838	0,839
+30	0,830	0,831	0,832	0,833	0,834	0,835	0,836	0,837	0,838	0,839
+30,5	0,8305	0,8315	0,8325	0,8335	0,8345	0,8355	0,8365	0,8375	0,8385	0,8395
31	0,831	0,832	0,833	0,834	0,835	0,836	0,837	0,838	0,839	0,840
31,5	0,831	0,832	0,833	0,834	0,835	0,836	0,837	0,838	0,839	0,840
32	0,8315	0,8325	0,8335	0,8345	0,8355	0,8365	0,8375	0,8385	0,8395	0,840
+32,5	0,832	0,833	0,834	0,835	0,836	0,837	0,838	0,839	0,840	0,841
+33	0,832	0,833	0,834	0,835	0,836	0,837	0,838	0,839	0,840	0,841
33,5	0,8325	0,8335	0,8345	0,8355	0,8365	0,8375	0,8385	0,8395	0,840	0,841
34	0,833	0,834	0,835	0,836	0,837	0,838	0,839	0,840	0,841	0,842
34,5	0,833	0,834	0,835	0,836	0,837	0,838	0,839	0,840	0,841	0,842
+35	0,8335	0,8345	0,8355	0,8365	0,8375	0,8385	0,8395	0,840	0,841	0,842

Tafel 1
zur Ermittelung der wahren Dichte bei + 15°.

Wärmegrad	Scheinbare Dichte 0,830	0,831	0,832	0,833	0,834	0,835	0,836	0,837	0,838	0,839
	Wahre Dichte bei + 15° für obige scheinbare Dichte									
0	0,8195	0,8205	0,8215	0,8225	0,8235	0,8245	0,826	0,827	0,828	0,829
+ 0,5	0,820	0,821	0,822	0,823	0,824	0,825	0,826	0,827	0,828	0,829
1	0,8205	0,8215	0,8225	0,8235	0,8245	0,8255	0,8265	0,8275	0,8285	0,8295
1,5	0,8205	0,8215	0,8225	0,8235	0,8245	0,8255	0,827	0,828	0,829	0,830
2	0,821	0,822	0,823	0,824	0,825	0,826	0,827	0,828	0,829	0,830
+ 2,5	0,8215	0,8225	0,8235	0,8245	0,8255	0,8265	0,8275	0,8285	0,8295	0,8305
+ 3	0,822	0,823	0,824	0,825	0,826	0,827	0,828	0,829	0,830	0,831
3,5	0,822	0,823	0,824	0,825	0,826	0,827	0,828	0,829	0,830	0,831
4	0,8225	0,8235	0,8245	0,8255	0,8265	0,8275	0,8285	0,8295	0,8305	0,8315
4,5	0,823	0,824	0,825	0,826	0,827	0,828	0,829	0,830	0,831	0,832
+ 5	0,823	0,824	0,825	0,826	0,827	0,828	0,829	0,830	0,831	0,832
+ 5,5	0,8235	0,8245	0,8255	0,8265	0,8275	0,8285	0,8295	0,8305	0,8315	0,8325
6	0,824	0,825	0,826	0,827	0,828	0,829	0,830	0,831	0,832	0,833
6,5	0,824	0,825	0,826	0,827	0,8285	0,8295	0,8305	0,8315	0,8325	0,8335
7	0,8245	0,8255	0,8265	0,8275	0,8285	0,8295	0,8305	0,8315	0,8325	0,8335
+ 7,5	0,825	0,826	0,827	0,828	0,829	0,830	0,831	0,832	0,833	0,834
+ 8	0,825	0,826	0,827	0,828	0,829	0,830	0,831	0,832	0,833	0,834
8,5	0,8255	0,8265	0,8275	0,8285	0,8295	0,8305	0,8315	0,8325	0,8335	0,8345
9	0,826	0,827	0,828	0,829	0,830	0,831	0,832	0,833	0,834	0,835
9,5	0,826	0,827	0,828	0,829	0,8305	0,8315	0,8325	0,8335	0,8345	0,8355
+10	0,8265	0,8275	0,8285	0,8295	0,8305	0,8315	0,8325	0,8335	0,8345	0,8355
+10,5	0,827	0,828	0,829	0,830	0,831	0,832	0,833	0,834	0,835	0,836
11	0,827	0,828	0,829	0,830	0,831	0,832	0,833	0,834	0,835	0,836
11,5	0,8275	0,8285	0,8295	0,8305	0,8315	0,8325	0,8335	0,8345	0,8355	0,8365
12	0,828	0,829	0,830	0,831	0,832	0,833	0,834	0,835	0,836	0,837
+12,5	0,8285	0,8295	0,8305	0,8315	0,8325	0,8335	0,8345	0,8355	0,8365	0,8375

Tafel 1
zur Ermittelung der wahren Dichte bei + 15°.

Wärmegrad	Scheinbare Dichte									
	0,830	0,831	0,832	0,833	0,834	0,835	0,836	0,837	0,838	0,839
	Wahre Dichte bei + 15° für obige scheinbare Dichte									
+13	0,8285	0,8295	0,8305	0,8315	0,8325	0,8335	0,8345	0,8355	0,8365	0,8375
13,5	0,829	0,830	0,831	0,832	0,833	0,834	0,835	0,836	0,837	0,838
14	0,8295	0,8305	0,8315	0,8325	0,8335	0,8345	0,8355	0,8365	0,8375	0,8385
14,5	0,8295	0,8305	0,8315	0,8325	0,8335	0,8345	0,8355	0,8365	0,8375	0,8385
+15	0,830	0,831	0,832	0,833	0,834	0,835	0,836	0,837	0,838	0,839
+15,5	0,8305	0,8315	0,8325	0,8335	0,8345	0,8355	0,8365	0,8375	0,8385	0,8395
16	0,8305	0,8315	0,8325	0,8335	0,8345	0,8355	0,8365	0,8375	0,8385	0,8395
16,5	0,831	0,832	0,833	0,834	0,835	0,836	0,837	0,838	0,839	0,840
17	0,8315	0,8325	0,8335	0,8345	0,8355	0,8365	0,8375	0,8385	0,8395	0,840
+17,5	0,8315	0,8325	0,8335	0,8345	0,8355	0,8365	0,8375	0,8385	0,8395	0,841
+18	0,832	0,833	0,834	0,835	0,836	0,837	0,838	0,839	0,840	0,841
18,5	0,8325	0,8335	0,8345	0,8355	0,8365	0,8375	0,8385	0,8395	0,840	0,841
19	0,8325	0,8335	0,8345	0,8355	0,8365	0,8375	0,8385	0,8395	0,841	0,842
19,5	0,833	0,834	0,835	0,836	0,837	0,838	0,839	0,840	0,841	0,842
+20	0,8335	0,8345	0,8355	0,8365	0,8375	0,8385	0,8395	0,840	0,841	0,842
+20,5	0,8335	0,8345	0,8355	0,8365	0,8375	0,8385	0,8395	0,841	0,842	0,843
21	0,834	0,835	0,836	0,837	0,838	0,839	0,840	0,841	0,842	0,843
21,5	0,8345	0,8355	0,8365	0,8375	0,8385	0,8395	0,840	0,841	0,842	0,843
22	0,8345	0,8355	0,8365	0,8375	0,8385	0,8395	0,841	0,842	0,843	0,844
+22,5	0,835	0,836	0,837	0,838	0,839	0,840	0,841	0,842	0,843	0,844
+23	0,8355	0,8365	0,8375	0,8385	0,8395	0,840	0,841	0,842	0,843	0,844
23,5	0,8355	0,8365	0,8375	0,8385	0,8395	0,841	0,842	0,843	0,844	0,845
24	0,836	0,837	0,838	0,839	0,840	0,841	0,842	0,843	0,844	0,845
24,5	0,8365	0,8375	0,8385	0,8395	0,840	0,841	0,842	0,843	0,844	0,845
+25	0,8365	0,8375	0,8385	0,8395	0,841	0,842	0,843	0,844	0,845	0,846
+25,5	0,837	0,838	0,839	0,840	0,841	0,842	0,843	0,844	0,845	0,846
26	0,8375	0,8385	0,8395	0,840	0,841	0,842	0,843	0,844	0,845	0,846
26,5	0,8375	0,8385	0,8395	0,841	0,842	0,843	0,844	0,845	0,846	0,847
27	0,838	0,839	0,840	0,841	0,842	0,843	0,844	0,845	0,846	0,847
+27,5	0,8385	0,8395	0,840	0,841	0,842	0,843	0,844	0,845	0,846	0,847
+28	0,8385	0,8395	0,841	0,842	0,843	0,844	0,845	0,846	0,847	0,848
28,5	0,839	0,840	0,841	0,842	0,843	0,844	0,845	0,846	0,847	0,848
29	0,8395	0,840	0,841	0,842	0,843	0,844	0,845	0,846	0,847	0,848
29,5	0,840	0,841	0,842	0,843	0,844	0,845	0,846	0,847	0,848	0,849
+30	0,840	0,841	0,842	0,843	0,844	0,845	0,846	0,847	0,848	0,849
+30,5	0,840	0,841	0,842	0,843	0,844	0,845	0,846	0,847	0,848	0,849
31	0,841	0,842	0,843	0,844	0,845	0,846	0,847	0,848	0,849	0,850
31,5	0,841	0,842	0,843	0,844	0,845	0,846	0,847	0,848	0,849	0,850
32	0,841	0,842	0,843	0,844	0,845	0,846	0,847	0,848	0,849	0,850
+32,5	0,842	0,843	0,844	0,845	0,846	0,847	0,848	0,849	0,850	0,851
+33	0,842	0,843	0,844	0,845	0,846	0,847	0,848	0,849	0,850	0,851
33,5	0,842	0,843	0,844	0,845	0,846	0,847	0,848	0,849	0,850	0,851
34	0,843	0,844	0,845	0,846	0,847	0,848	0,849	0,850	0,851	0,852
34,5	0,843	0,844	0,845	0,846	0,847	0,848	0,849	0,850	0,851	0,852
+35	0,843	0,844	0,845	0,846	0,847	0,848	0,849	0,850	0,851	0,852

Tafel 1
zur Ermittelung der wahren Dichte bei + 15°.

Wärmegrad	Scheinbare Dichte 0,840	0,841	0,842	0,843	0,844	0,845	0,846	0,847	0,848	0,849
	Wahre Dichte bei + 15° für obige scheinbare Dichte									
0	0,830	0,831	0,832	0,833	0,834	0,835	0,836	0,837	0,838	0,839
+ 1	0,8305	0,8315	0,8325	0,8335	0,8345	0,8355	0,8365	0,8375	0,8385	0,8395
2	0,831	0,832	0,833	0,834	0,835	0,836	0,837	0,838	0,839	0,840
3	0,832	0,833	0,834	0,835	0,836	0,837	0,838	0,839	0,840	0,841
4	0,8325	0,8335	0,8345	0,8355	0,8365	0,8375	0,8385	0,8395	0,841	0,842
+ 5	0,833	0,834	0,835	0,836	0,837	0,838	0,839	0,840	0,841	0,842
+ 6	0,834	0,835	0,836	0,837	0,838	0,839	0,840	0,841	0,842	0,843
7	0,8345	0,8355	0,8365	0,8375	0,8385	0,8395	0,841	0,842	0,843	0,844
8	0,835	0,836	0,837	0,838	0,839	0,840	0,841	0,842	0,843	0,844
9	0,836	0,837	0,838	0,839	0,840	0,841	0,842	0,843	0,844	0,845
+10	0,8365	0,8375	0,8385	0,8395	0,841	0,842	0,843	0,844	0,845	0,846
+11	0,837	0,838	0,839	0,840	0,841	0,842	0,843	0,844	0,845	0,846
12	0,838	0,839	0,840	0,841	0,842	0,843	0,844	0,845	0,846	0,847
13	0,8385	0,8395	0,841	0,842	0,843	0,844	0,845	0,846	0,847	0,848
14	0,839	0,840	0,841	0,842	0,843	0,844	0,845	0,846	0,847	0,848
+15	0,840	0,841	0,842	0,843	0,844	0,845	0,846	0,847	0,848	0,849
+16	0,841	0,842	0,843	0,844	0,845	0,846	0,847	0,848	0,849	0,850
17	0,841	0,842	0,843	0,844	0,845	0,846	0,847	0,848	0,849	0,850
18	0,842	0,843	0,844	0,845	0,846	0,847	0,848	0,849	0,850	0,851
19	0,843	0,844	0,845	0,846	0,847	0,848	0,849	0,850	0,851	0,852
+20	0,843	0,844	0,845	0,846	0,847	0,848	0,849	0,850	0,851	0,852
+21	0,844	0,845	0,846	0,847	0,848	0,849	0,850	0,851	0,852	0,853
22	0,845	0,846	0,847	0,848	0,849	0,850	0,851	0,852	0,853	0,854
23	0,845	0,846	0,847	0,848	0,849	0,850	0,851	0,852	0,853	0,854
24	0,846	0,847	0,848	0,849	0,850	0,851	0,852	0,853	0,854	0,855
+25	0,847	0,848	0,849	0,850	0,851	0,852	0,853	0,854	0,855	0,856

Tafel 1
zur Ermittelung der wahren Dichte bei + 15°.

Wärme-grad	Scheinbare Dichte									
	0,840	0,841	0,842	0,843	0,844	0,845	0,846	0,847	0,848	0,849
	Wahre Dichte bei + 15° für obige scheinbare Dichte									
+26	0,847	0,848	0,849	0,850	0,851	0,852	0,853	0,854	0,855	0,856
27	0,848	0,849	0,850	0,851	0,852	0,853	0,854	0,855	0,856	0,857
28	0,849	0,850	0,851	0,852	0,853	0,854	0,855	0,856	0,857	0,858
29	0,849	0,850	0,851	0,852	0,853	0,854	0,855	0,856	0,857	0,858
+30	0,850	0,851	0,852	0,853	0,854	0,855	0,856	0,857	0,858	0,859
+31	0,851	0,852	0,853	0,854	0,855	0,856	0,857	0,858	0,859	0,860
32	0,851	0,852	0,853	0,854	0,855	0,856	0,857	0,858	0,859	0,860
33	0,852	0,853	0,854	0,855	0,856	0,857	0,858	0,859	0,860	0,861
34	0,853	0,854	0,855	0,856	0,857	0,857	0,858	0,859	0,860	0,861
+35	0,853	0,854	0,855	0,856	0,857	0,858	0,859	0,860	0,861	0,862
+36	0,854	0,855	0,856	0,857	0,858	0,859	0,860	0,861	0,862	0,863
37	0,855	0,856	0,856	0,857	0,858	0,859	0,860	0,861	0,862	0,863
38	0,855	0,856	0,857	0,858	0,859	0,860	0,861	0,862	0,863	0,864
39	0,856	0,857	0,858	0,859	0,860	0,861	0,862	0,863	0,864	0,865
+40	0,856	0,857	0,858	0,859	0,860	0,861	0,862	0,863	0,864	0,865
+41	0,857	0,858	0,859	0,860	0,861	0,862	0,863	0,864	0,865	0,866
42	0,858	0,859	0,860	0,861	0,862	0,863	0,864	0,865	0,866	0,867
43	0,858	0,859	0,860	0,861	0,862	0,863	0,864	0,865	0,866	0,867
44	0,859	0,860	0,861	0,862	0,863	0,864	0,865	0,866	0,867	0,868
+45	0,860	0,861	0,862	0,863	0,864	0,865	0,866	0,867	0,868	0,869
+46	0,860	0,861	0,862	0,863	0,864	0,865	0,866	0,867	0,868	0,869
47	0,861	0,862	0,863	0,864	0,865	0,866	0,867	0,868	0,869	0,870
48	0,862	0,863	0,864	0,865	0,866	0,866	0,867	0,868	0,869	0,870
49	0,862	0,863	0,864	0,865	0,866	0,867	0,868	0,869	0,870	0,871
+50	0,863	0,864	0,865	0,866	0,867	0,868	0,869	0,870	0,871	0,872
+51	0,863	0,864	0,865	0,866	0,867	0,868	0,869	0,870	0,871	0,872
52	0,864	0,865	0,866	0,867	0,868	0,869	0,870	0,871	0,872	0,873
53	0,865	0,866	0,867	0,868	0,869	0,870	0,871	0,872	0,873	0,874
54	0,865	0,866	0,867	0,868	0,869	0,870	0,871	0,872	0,873	0,874
+55	0,866	0,867	0,868	0,869	0,870	0,871	0,872	0,873	0,874	0,875
+56	0,867	0,868	0,869	0,870	0,871	0,872	0,873	0,874	0,875	0,876
57	0,867	0,868	0,869	0,870	0,871	0,872	0,873	0,874	0,875	0,876
58	0,868	0,869	0,870	0,871	0,872	0,873	0,874	0,875	0,876	0,877
59	0,869	0,870	0,871	0,872	0,873	0,874	0,875	0,876	0,877	0,878
+60	0,869	0,870	0,871	0,872	0,873	0,874	0,875	0,876	0,877	0,878

Tafel 1
zur Ermittelung der wahren Dichte bei + 15°.

Wärme-grad	Scheinbare Dichte									
	0,850	0,851	0,852	0,853	0,854	0,855	0,856	0,857	0,858	0,859
	Wahre Dichte bei + 15° für obige scheinbare Dichte									
0	0,840	0,841	0,842	0,843	0,844	0,845	0,846	0,847	0,848	0,849
+ 1	0,841	0,842	0,843	0,844	0,845	0,846	0,847	0,848	0,849	0,850
2	0,841	0,842	0,843	0,844	0,845	0,846	0,847	0,848	0,849	0,850
3	0,842	0,843	0,844	0,845	0,846	0,847	0,848	0,849	0,850	0,851
4	0,843	0,844	0,845	0,846	0,847	0,848	0,849	0,850	0,851	0,852
+ 5	0,843	0,844	0,845	0,846	0,847	0,848	0,849	0,850	0,851	0,852
+ 6	0,844	0,845	0,846	0,847	0,848	0,849	0,850	0,851	0,852	0,853
7	0,845	0,846	0,847	0,848	0,849	0,850	0,851	0,852	0,853	0,854
8	0,845	0,846	0,847	0,848	0,849	0,850	0,851	0,852	0,853	0,854
9	0,846	0,847	0,848	0,849	0,850	0,851	0,852	0,853	0,854	0,855
+10	0,847	0,848	0,849	0,850	0,851	0,852	0,853	0,854	0,855	0,856
+11	0,847	0,848	0,849	0,850	0,851	0,852	0,853	0,854	0,855	0,856
12	0,848	0,849	0,850	0,851	0,852	0,853	0,854	0,855	0,856	0,857
13	0,849	0,850	0,851	0,852	0,853	0,854	0,855	0,856	0,857	0,858
14	0,849	0,850	0,851	0,852	0,853	0,854	0,855	0,856	0,857	0,858
+15	0,850	0,851	0,852	0,853	0,854	0,855	0,856	0,857	0,858	0,859
+16	0,851	0,852	0,853	0,854	0,855	0,856	0,857	0,858	0,859	0,860
17	0,851	0,852	0,853	0,854	0,855	0,856	0,857	0,858	0,859	0,860
18	0,852	0,853	0,854	0,855	0,856	0,857	0,858	0,859	0,860	0,861
19	0,853	0,854	0,855	0,856	0,857	0,858	0,859	0,860	0,861	0,862
+20	0,853	0,854	0,855	0,856	0,857	0,858	0,859	0,860	0,861	0,862
+21	0,854	0,855	0,856	0,857	0,858	0,859	0,860	0,861	0,862	0,863
22	0,855	0,856	0,857	0,858	0,859	0,860	0,861	0,862	0,863	0,864
23	0,855	0,856	0,857	0,858	0,859	0,860	0,861	0,862	0,863	0,864
24	0,856	0,857	0,858	0,859	0,860	0,861	0,862	0,863	0,864	0,865
+25	0,857	0,858	0,859	0,860	0,861	0,862	0,863	0,864	0,864	0,865

Tafel 1
zur Ermittelung der wahren Dichte bei + 15°.

Wärme-grad	Scheinbare Dichte									
	0,850	0,851	0,852	0,853	0,854	0,855	0,856	0,857	0,858	0,859
	Wahre Dichte bei + 15° für obige scheinbare Dichte									
+26	0,857	0,858	0,859	0,860	0,861	0,862	0,863	0,864	0,865	0,866
27	0,858	0,859	0,860	0,861	0,862	0,863	0,864	0,865	0,866	0,867
28	0,859	0,860	0,861	0,862	0,862	0,863	0,864	0,865	0,866	0,867
29	0,859	0,860	0,861	0,862	0,863	0,864	0,865	0,866	0,867	0,868
+30	0,860	0,861	0,862	0,863	0,864	0,865	0,866	0,867	0,868	0,869
+31	0,860	0,861	0,862	0,863	0,864	0,865	0,866	0,867	0,868	0,869
32	0,861	0,862	0,863	0,864	0,865	0,866	0,867	0,868	0,869	0,870
33	0,862	0,863	0,864	0,865	0,866	0,867	0,868	0,869	0,870	0,871
34	0,862	0,863	0,864	0,865	0,866	0,867	0,868	0,869	0,870	0,871
+35	0,863	0,864	0,865	0,866	0,867	0,868	0,869	0,870	0,871	0,872
+36	0,864	0,865	0,866	0,867	0,868	0,869	0,870	0,871	0,872	0,873
37	0,864	0,865	0,866	0,867	0,868	0,869	0,870	0,871	0,872	0,873
38	0,865	0,866	0,867	0,868	0,869	0,870	0,871	0,872	0,873	0,874
39	0,866	0,867	0,868	0,869	0,870	0,871	0,872	0,873	0,874	0,875
+40	0,866	0,867	0,868	0,869	0,870	0,871	0,872	0,873	0,874	0,875
+41	0,867	0,868	0,869	0,870	0,871	0,872	0,873	0,874	0,875	0,876
42	0,868	0,869	0,870	0,871	0,872	0,872	0,873	0,874	0,875	0,876
43	0,868	0,869	0,870	0,871	0,872	0,873	0,874	0,875	0,876	0,877
44	0,869	0,870	0,871	0,872	0,873	0,874	0,875	0,876	0,877	0,878
+45	0,869	0,870	0,871	0,872	0,873	0,874	0,875	0,876	0,877	0,878
+46	0,870	0,871	0,872	0,873	0,874	0,875	0,876	0,877	0,878	0,879
47	0,871	0,872	0,873	0,874	0,875	0,876	0,877	0,878	0,879	0,880
48	0,871	0,872	0,873	0,874	0,875	0,876	0,877	0,878	0,879	0,880
49	0,872	0,873	0,874	0,875	0,876	0,877	0,878	0,879	0,880	0,881
+50	0,873	0,874	0,875	0,876	0,877	0,878	0,879	0,880	0,881	0,882
+51	0,873	0,874	0,875	0,876	0,877	0,878	0,879	0,880	0,881	0,882
52	0,874	0,875	0,876	0,877	0,878	0,879	0,880	0,881	0,882	0,883
53	0,875	0,876	0,877	0,878	0,879	0,880	0,881	0,881	0,882	0,883
54	0,875	0,876	0,877	0,878	0,879	0,880	0,881	0,882	0,883	0,884
+55	0,876	0,877	0,878	0,879	0,880	0,881	0,882	0,883	0,884	0,885
+56	0,877	0,878	0,878	0,879	0,880	0,881	0,882	0,883	0,884	0,885
57	0,877	0,878	0,879	0,880	0,881	0,882	0,883	0,884	0,885	0,886
58	0,878	0,879	0,880	0,881	0,882	0,883	0,884	0,885	0,886	0,887
59	0,878	0,879	0,880	0,881	0,882	0,883	0,884	0,885	0,886	0,887
+60	0,879	0,880	0,881	0,882	0,883	0,884	0,885	0,886	0,887	0,888

Tafel 1
zur Ermittelung der wahren Dichte bei + 15°.

Wärmegrad	Scheinbare Dichte									
	0,860	0,861	0,862	0,863	0,864	0,865	0,866	0,867	0,868	0,869
	Wahre Dichte bei + 15° für obige scheinbare Dichte									
0	0,850	0,851	0,852	0,853	0,854	0,855	0,856	0,857	0,858	0,859
+ 1	0,851	0,852	0,853	0,854	0,855	0,856	0,857	0,858	0,859	0,860
2	0,851	0,852	0,853	0,854	0,855	0,856	0,857	0,858	0,859	0,860
3	0,852	0,853	0,854	0,855	0,856	0,857	0,858	0,859	0,860	0,861
4	0,853	0,854	0,855	0,856	0,857	0,858	0,859	0,860	0,861	0,862
+ 5	0,853	0,854	0,855	0,856	0,857	0,858	0,859	0,860	0,861	0,862
+ 6	0,854	0,855	0,856	0,857	0,858	0,859	0,860	0,861	0,862	0,863
7	0,855	0,856	0,857	0,858	0,859	0,860	0,861	0,862	0,863	0,864
8	0,855	0,856	0,857	0,858	0,859	0,860	0,861	0,862	0,863	0,864
9	0,856	0,857	0,858	0,859	0,860	0,861	0,862	0,863	0,864	0,865
+10	0,857	0,858	0,859	0,860	0,861	0,862	0,863	0,864	0,865	0,866
+11	0,857	0,858	0,859	0,860	0,861	0,862	0,863	0,864	0,865	0,866
12	0,858	0,859	0,860	0,861	0,862	0,863	0,864	0,865	0,866	0,867
13	0,859	0,860	0,861	0,862	0,863	0,864	0,865	0,866	0,867	0,868
14	0,859	0,860	0,861	0,862	0,863	0,864	0,865	0,866	0,867	0,868
+15	0,860	0,861	0,862	0,863	0,864	0,865	0,866	0,867	0,868	0,869
+16	0,861	0,862	0,863	0,864	0,865	0,866	0,867	0,868	0,869	0,870
17	0,861	0,862	0,863	0,864	0,865	0,866	0,867	0,868	0,869	0,870
18	0,862	0,863	0,864	0,865	0,866	0,867	0,868	0,869	0,870	0,871
19	0,863	0,864	0,865	0,866	0,867	0,868	0,869	0,870	0,871	0,872
+20	0,863	0,864	0,865	0,866	0,867	0,868	0,869	0,870	0,871	0,872
+21	0,864	0,865	0,866	0,867	0,868	0,869	0,870	0,871	0,872	0,873
22	0,865	0,866	0,867	0,868	0,869	0,870	0,871	0,872	0,873	0,874
23	0,865	0,866	0,867	0,868	0,869	0,870	0,871	0,872	0,873	0,874
24	0,866	0,867	0,868	0,869	0,870	0,871	0,872	0,873	0,874	0,875
+25	0,866	0,867	0,868	0,869	0,870	0,871	0,872	0,873	0,874	0,875

Tafel 1
zur Ermittelung der wahren Dichte bei +15°.

Wärmegrad	Scheinbare Dichte									
	0,860	0,861	0,862	0,863	0,864	0,865	0,866	0,867	0,868	0,869
	Wahre Dichte bei + 15° für obige scheinbare Dichte									
+26	0,867	0,868	0,869	0,870	0,871	0,872	0,873	0,874	0,875	0,876
27	0,868	0,869	0,870	0,871	0,872	0,873	0,874	0,875	0,876	0,877
28	0,868	0,869	0,870	0,871	0,872	0,873	0,874	0,875	0,876	0,877
29	0,869	0,870	0,871	0,872	0,873	0,874	0,875	0,876	0,877	0,878
+30	0,870	0,871	0,872	0,873	0,874	0,875	0,876	0,877	0,878	0,879
+31	0,870	0,871	0,872	0,873	0,874	0,875	0,876	0,877	0,878	0,879
32	0,871	0,872	0,873	0,874	0,875	0,876	0,877	0,878	0,879	0,880
33	0,872	0,873	0,874	0,875	0,876	0,877	0,878	0,879	0,880	0,881
34	0,872	0,873	0,874	0,875	0,876	0,877	0,878	0,879	0,880	0,881
+35	0,873	0,874	0,875	0,876	0,877	0,878	0,879	0,880	0,881	0,882
+36	0,874	0,875	0,876	0,877	0,878	0,879	0,880	0,881	0,882	0,883
37	0,874	0,875	0,876	0,877	0,878	0,879	0,880	0,881	0,882	0,883
38	0,875	0,876	0,877	0,878	0,879	0,880	0,881	0,882	0,883	0,884
39	0,876	0,877	0,878	0,879	0,880	0,880	0,881	0,882	0,883	0,884
+40	0,876	0,877	0,878	0,879	0,880	0,881	0,882	0,883	0,884	0,885
+41	0,877	0,878	0,879	0,880	0,881	0,882	0,883	0,884	0,885	0,886
42	0,877	0,878	0,879	0,880	0,881	0,882	0,883	0,884	0,885	0,886
43	0,878	0,879	0,880	0,881	0,882	0,883	0,884	0,885	0,886	0,887
44	0,879	0,880	0,881	0,882	0,883	0,884	0,885	0,886	0,887	0,888
+45	0,879	0,880	0,881	0,882	0,883	0,884	0,885	0,886	0,887	0,888
+46	0,880	0,881	0,882	0,883	0,884	0,885	0,886	0,887	0,888	0,889
47	0,881	0,882	0,883	0,884	0,885	0,886	0,887	0,888	0,889	0,890
48	0,881	0,882	0,883	0,884	0,885	0,886	0,887	0,888	0,889	0,890
49	0,882	0,883	0,884	0,885	0,886	0,887	0,888	0,889	0,890	0,891
+50	0,883	0,884	0,885	0,886	0,887	0,887	0,888	0,889	0,890	0,891
+51	0,883	0,884	0,885	0,886	0,887	0,888	0,889	0,890	0,891	0,892
52	0,884	0,885	0,886	0,887	0,888	0,889	0,890	0,891	0,892	0,893
53	0,884	0,885	0,886	0,887	0,888	0,889	0,890	0,891	0,892	0,893
54	0,885	0,886	0,887	0,888	0,889	0,890	0,891	0,892	0,893	0,894
+55	0,886	0,887	0,888	0,889	0,890	0,891	0,892	0,893	0,894	0,895
+56	0,886	0,887	0,888	0,889	0,890	0,891	0,892	0,893	0,894	0,895
57	0,887	0,888	0,889	0,890	0,891	0,892	0,893	0,894	0,895	0,896
58	0,888	0,889	0,890	0,891	0,892	0,893	0,893	0,894	0,895	0,896
59	0,888	0,889	0,890	0,891	0,892	0,893	0,894	0,895	0,896	0,897
+60	0,889	0,890	0,891	0,892	0,893	0,894	0,895	0,896	0,897	0,898

Tafel 1
zur Ermittelung der wahren Dichte bei + 15°.

Wärmegrad	Scheinbare Dichte									
	0,870	0,871	0,872	0,873	0,874	0,875	0,876	0,877	0,878	0,879
	Wahre Dichte bei + 15° für obige scheinbare Dichte									
0	0,860	0,861	0,862	0,863	0,864	0,865	0,866	0,867	0,868	0,869
+ 1	0,861	0,862	0,863	0,864	0,865	0,866	0,867	0,868	0,869	0,870
2	0,861	0,862	0,863	0,864	0,865	0,866	0,867	0,868	0,869	0,870
3	0,862	0,863	0,864	0,865	0,866	0,867	0,868	0,869	0,870	0,871
4	0,863	0,864	0,865	0,866	0,867	0,868	0,869	0,870	0,871	0,872
+ 5	0,863	0,864	0,865	0,866	0,867	0,868	0,869	0,870	0,871	0,872
+ 6	0,864	0,865	0,866	0,867	0,868	0,869	0,870	0,871	0,872	0,873
7	0,865	0,866	0,867	0,868	0,869	0,870	0,871	0,872	0,873	0,874
8	0,865	0,866	0,867	0,868	0,869	0,870	0,871	0,872	0,873	0,874
9	0,866	0,867	0,868	0,869	0,870	0,871	0,872	0,873	0,874	0,875
+10	0,867	0,868	0,869	0,870	0,871	0,872	0,873	0,874	0,875	0,876
+11	0,867	0,868	0,869	0,870	0,871	0,872	0,873	0,874	0,875	0,876
12	0,868	0,869	0,870	0,871	0,872	0,873	0,874	0,875	0,876	0,877
13	0,869	0,870	0,871	0,872	0,873	0,874	0,875	0,876	0,877	0,878
14	0,869	0,870	0,871	0,872	0,873	0,874	0,875	0,876	0,877	0,878
+15	0,870	0,871	0,872	0,873	0,874	0,875	0,876	0,877	0,878	0,879
+16	0,871	0,872	0,873	0,874	0,875	0,876	0,877	0,878	0,879	0,880
17	0,871	0,872	0,873	0,874	0,875	0,876	0,877	0,878	0,879	0,880
18	0,872	0,873	0,874	0,875	0,876	0,877	0,878	0,879	0,880	0,881
19	0,873	0,874	0,875	0,876	0,877	0,878	0,879	0,880	0,881	0,882
+20	0,873	0,874	0,875	0,876	0,877	0,878	0,879	0,880	0,881	0,882
+21	0,874	0,875	0,876	0,877	0,878	0,879	0,880	0,881	0,882	0,883
22	0,875	0,876	0,877	0,878	0,879	0,880	0,881	0,882	0,882	0,883
23	0,875	0,876	0,877	0,878	0,879	0,880	0,881	0,882	0,883	0,884
24	0,876	0,877	0,878	0,879	0,880	0,881	0,882	0,883	0,884	0,885
+25	0,876	0,877	0,878	0,879	0,880	0,881	0,882	0,883	0,884	0,885

Tafel 1
zur Ermittelung der wahren Dichte bei + 15°.

Wärmegrad	Scheinbare Dichte									
	0,870	0,871	0,872	0,873	0,874	0,875	0,876	0,877	0,878	0,879
	Wahre Dichte bei + 15° für obige scheinbare Dichte									
+26	0,877	0,878	0,879	0,880	0,881	0,882	0,883	0,884	0,885	0,886
27	0,878	0,879	0,880	0,881	0,882	0,883	0,884	0,885	0,886	0,887
28	0,878	0,879	0,880	0,881	0,882	0,883	0,884	0,885	0,886	0,887
29	0,879	0,880	0,881	0,882	0,883	0,884	0,885	0,886	0,887	0,888
+30	0,880	0,881	0,882	0,883	0,884	0,885	0,886	0,887	0,888	0,889
+31	0,880	0,881	0,882	0,883	0,884	0,885	0,886	0,887	0,888	0,889
32	0,881	0,882	0,883	0,884	0,885	0,886	0,887	0,888	0,889	0,890
33	0,882	0,883	0,884	0,885	0,886	0,887	0,888	0,889	0,890	0,891
34	0,882	0,883	0,884	0,885	0,886	0,887	0,888	0,889	0,890	0,891
+35	0,883	0,884	0,885	0,886	0,887	0,888	0,889	0,890	0,891	0,892
+36	0,884	0,885	0,886	0,887	0,887	0,888	0,889	0,890	0,891	0,892
37	0,884	0,885	0,886	0,887	0,888	0,889	0,890	0,891	0,892	0,893
38	0,885	0,886	0,887	0,888	0,889	0,890	0,891	0,892	0,893	0,894
39	0,885	0,886	0,887	0,888	0,889	0,890	0,891	0,892	0,893	0,894
+40	0,886	0,887	0,888	0,889	0,890	0,891	0,892	0,893	0,894	0,895
+41	0,887	0,888	0,889	0,890	0,891	0,892	0,893	0,894	0,895	0,896
42	0,887	0,888	0,889	0,890	0,891	0,892	0,893	0,894	0,895	0,896
43	0,888	0,889	0,890	0,891	0,892	0,893	0,894	0,895	0,896	0,897
44	0,889	0,890	0,891	0,892	0,893	0,894	0,895	0,896	0,897	0,898
+45	0,889	0,890	0,891	0,892	0,893	0,894	0,895	0,896	0,897	0,898
+46	0,890	0,891	0,892	0,893	0,894	0,895	0,896	0,897	0,898	0,899
47	0,891	0,892	0,893	0,894	0,894	0,895	0,896	0,897	0,898	0,899
48	0,891	0,892	0,893	0,894	0,895	0,896	0,897	0,898	0,899	0,900
49	0,892	0,893	0,894	0,895	0,896	0,897	0,898	0,899	0,900	0,901
+50	0,892	0,893	0,894	0,895	0,896	0,897	0,898	0,899	0,900	0,901
+51	0,893	0,894	0,895	0,896	0,897	0,898	0,899	0,900	0,901	0,902
52	0,894	0,895	0,896	0,897	0,898	0,899	0,900	0,901	0,902	0,903
53	0,894	0,895	0,896	0,897	0,898	0,899	0,900	0,901	0,902	0,903
54	0,895	0,896	0,897	0,898	0,899	0,900	0,901	0,902	0,903	0,904
+55	0,896	0,897	0,898	0,899	0,899	0,900	0,901	0,902	0,903	0,904
+56	0,896	0,897	0,898	0,899	0,900	0,901	0,902	0,903	0,904	0,905
57	0,897	0,898	0,899	0,900	0,901	0,902	0,903	0,904	0,905	0,906
58	0,897	0,898	0,899	0,900	0,901	0,902	0,903	0,904	0,905	0,906
59	0,898	0,899	0,900	0,901	0,902	0,903	0,904	0,905	0,906	0,907
+60	0,899	0,900	0,901	0,902	0,903	0,904	0,905	0,906	0,907	0,908

Tafel 1
zur Ermittelung der wahren Dichte bei + 15°.

Wärmegrad	Scheinbare Dichte									
	0,880	0,881	0,882	0,883	0,884	0,885	0,886	0,887	0,888	0,889
	Wahre Dichte bei + 15° für obige scheinbare Dichte									
0	0,870	0,871	0,872	0,873	0,874	0,875	0,876	0,877	0,878	0,879
+ 1	0,871	0,872	0,873	0,874	0,875	0,876	0,877	0,878	0,879	0,880
2	0,871	0,872	0,873	0,874	0,876	0,877	0,878	0,879	0,880	0,881
3	0,872	0,873	0,874	0,875	0,876	0,877	0,878	0,879	0,880	0,881
4	0,873	0,874	0,875	0,876	0,877	0,878	0,879	0,880	0,881	0,882
+ 5	0,873	0,874	0,875	0,876	0,878	0,879	0,880	0,881	0,882	0,883
+ 6	0,874	0,875	0,876	0,877	0,878	0,879	0,880	0,881	0,882	0,883
7	0,875	0,876	0,877	0,878	0,879	0,880	0,881	0,882	0,883	0,884
8	0,875	0,876	0,877	0,878	0,880	0,881	0,882	0,883	0,884	0,885
9	0,876	0,877	0,878	0,879	0,880	0,881	0,882	0,883	0,884	0,885
+10	0,877	0,878	0,879	0,880	0,881	0,882	0,883	0,884	0,885	0,886
+11	0,877	0,878	0,879	0,880	0,881	0,882	0,884	0,885	0,886	0,887
12	0,878	0,879	0,880	0,881	0,882	0,883	0,884	0,885	0,886	0,887
13	0,879	0,880	0,881	0,882	0,883	0,884	0,885	0,886	0,887	0,888
14	0,879	0,880	0,881	0,882	0,883	0,884	0,885	0,886	0,887	0,888
+15	0,880	0,881	0,882	0,883	0,884	0,885	0,886	0,887	0,888	0,889
+16	0,881	0,882	0,883	0,884	0,885	0,886	0,887	0,888	0,889	0,890
17	0,881	0,882	0,883	0,884	0,885	0,886	0,887	0,888	0,889	0,890
18	0,882	0,883	0,884	0,885	0,886	0,887	0,888	0,889	0,890	0,891
19	0,883	0,884	0,885	0,886	0,887	0,888	0,889	0,890	0,891	0,892
+20	0,883	0,884	0,885	0,886	0,887	0,888	0,889	0,890	0,891	0,892
+21	0,884	0,885	0,886	0,887	0,888	0,889	0,890	0,891	0,892	0,893
22	0,884	0,885	0,886	0,887	0,888	0,889	0,890	0,891	0,892	0,893
23	0,885	0,886	0,887	0,888	0,889	0,890	0,891	0,892	0,893	0,894
24	0,886	0,887	0,888	0,889	0,890	0,891	0,892	0,893	0,894	0,895
+25	0,886	0,887	0,888	0,889	0,890	0,891	0,892	0,893	0,894	0,895

Tafel 1
zur Ermittelung der wahren Dichte bei + 15°.

Wärmegrad	Scheinbare Dichte 0,880	0,881	0,882	0,883	0,884	0,885	0,886	0,887	0,888	0,889
	Wahre Dichte bei + 15° für obige scheinbare Dichte									
+26	0,887	0,888	0,889	0,890	0,891	0,892	0,893	0,894	0,895	0,896
27	0,888	0,889	0,890	0,891	0,892	0,893	0,894	0,895	0,896	0,897
28	0,888	0,889	0,890	0,891	0,892	0,893	0,894	0,895	0,896	0,897
29	0,889	0,890	0,891	0,892	0,893	0,894	0,895	0,896	0,897	0,898
+30	0,890	0,891	0,892	0,893	0,894	0,895	0,896	0,897	0,898	0,899
+31	0,890	0,891	0,892	0,893	0,894	0,895	0,896	0,897	0,898	0,899
32	0,891	0,892	0,893	0,894	0,895	0,896	0,897	0,898	0,899	0,900
33	0,891	0,892	0,893	0,894	0,895	0,896	0,897	0,898	0,899	0,900
34	0,892	0,893	0,894	0,895	0,896	0,897	0,898	0,899	0,900	0,901
+35	0,893	0,894	0,895	0,896	0,897	0,898	0,899	0,900	0,901	0,902
+36	0,893	0,894	0,895	0,896	0,897	0,898	0,899	0,900	0,901	0,902
37	0,894	0,895	0,896	0,897	0,898	0,899	0,900	0,901	0,902	0,903
38	0,895	0,896	0,897	0,898	0,899	0,900	0,901	0,902	0,903	0,904
39	0,895	0,896	0,897	0,898	0,899	0,900	0,901	0,902	0,903	0,904
+40	0,896	0,897	0,898	0,899	0,900	0,901	0,902	0,903	0,904	0,905
+41	0,897	0,898	0,899	0,900	0,901	0,902	0,903	0,904	0,905	0,906
42	0,897	0,898	0,899	0,900	0,901	0,902	0,903	0,904	0,905	0,906
43	0,898	0,899	0,900	0,901	0,902	0,903	0,904	0,905	0,906	0,907
44	0,899	0,900	0,901	0,902	0,903	0,904	0,905	0,906	0,906	0,907
+45	0,899	0,900	0,901	0,902	0,903	0,904	0,905	0,906	0,907	0,908
+46	0,900	0,901	0,902	0,903	0,904	0,905	0,906	0,907	0,908	0,909
47	0,900	0,901	0,902	0,903	0,904	0,905	0,906	0,907	0,908	0,909
48	0,901	0,902	0,903	0,904	0,905	0,906	0,907	0,908	0,909	0,910
49	0,902	0,903	0,904	0,905	0,906	0,907	0,908	0,909	0,910	0,911
+50	0,902	0,903	0,904	0,905	0,906	0,907	0,908	0,909	0,910	0,911
+51	0,903	0,904	0,905	0,906	0,907	0,908	0,909	0,910	0,911	0,912
52	0,904	0,905	0,906	0,907	0,908	0,909	0,910	0,911	0,912	0,913
53	0,904	0,905	0,906	0,907	0,908	0,909	0,910	0,911	0,912	0,913
54	0,905	0,906	0,907	0,908	0,909	0,910	0,911	0,912	0,913	0,914
+55	0,905	0,906	0,907	0,908	0,909	0,910	0,911	0,912	0,913	0,914
+56	0,906	0,907	0,908	0,909	0,910	0,911	0,912	0,913	0,914	0,915
57	0,907	0,908	0,909	0,910	0,911	0,912	0,913	0,914	0,914	0,915
58	0,907	0,908	0,909	0,910	0,911	0,912	0,913	0,914	0,915	0,916
59	0,908	0,909	0,910	0,911	0,912	0,913	0,914	0,915	0,916	0,917
+60	0,909	0,910	0,910	0,911	0,912	0,913	0,914	0,915	0,916	0,917

Tafel 1
zur Ermittelung der wahren Dichte bei + 15°.

Wärmegrad	Scheinbare Dichte									
	0,890	0,891	0,892	0,893	0,894	0,895	0,896	0,897	0,898	0,899
	Wahre Dichte bei + 15° für obige scheinbare Dichte									
0	0,880	0,881	0,882	0,883	0,884	0,885	0,886	0,887	0,888	0,889
+ 1	0,881	0,882	0,883	0,884	0,885	0,886	0,887	0,888	0,889	0,890
2	0,882	0,883	0,884	0,885	0,886	0,887	0,888	0,889	0,890	0,891
3	0,882	0,883	0,884	0,885	0,886	0,887	0,888	0,889	0,890	0,891
4	0,883	0,884	0,885	0,886	0,887	0,888	0,889	0,890	0,891	0,892
+ 5	0,884	0,885	0,886	0,887	0,888	0,889	0,890	0,891	0,892	0,893
+ 6	0,884	0,885	0,886	0,887	0,888	0,889	0,890	0,891	0,892	0,893
7	0,885	0,886	0,887	0,888	0,889	0,890	0,891	0,892	0,893	0,894
8	0,886	0,887	0,888	0,889	0,890	0,891	0,892	0,893	0,894	0,895
9	0,886	0,887	0,888	0,889	0,890	0,891	0,892	0,893	0,894	0,895
+10	0,887	0,888	0,889	0,890	0,891	0,892	0,893	0,894	0,895	0,896
+11	0,888	0,889	0,890	0,891	0,892	0,893	0,894	0,895	0,896	0,897
12	0,888	0,889	0,890	0,891	0,892	0,893	0,894	0,895	0,896	0,897
13	0,889	0,890	0,891	0,892	0,893	0,894	0,895	0,896	0,897	0,898
14	0,889	0,890	0,891	0,892	0,893	0,894	0,895	0,896	0,897	0,898
+15	0,890	0,891	0,892	0,893	0,894	0,895	0,896	0,897	0,898	0,899
+16	0,891	0,892	0,893	0,894	0,895	0,896	0,897	0,898	0,899	0,900
17	0,891	0,892	0,893	0,894	0,895	0,896	0,897	0,898	0,899	0,900
18	0,892	0,893	0,894	0,895	0,896	0,897	0,898	0,899	0,900	0,901
19	0,893	0,894	0,895	0,896	0,897	0,898	0,899	0,900	0,901	0,902
+20	0,893	0,894	0,895	0,896	0,897	0,898	0,899	0,900	0,901	0,902
+21	0,894	0,895	0,896	0,897	0,898	0,899	0,900	0,901	0,902	0,903
22	0,894	0,895	0,896	0,897	0,898	0,899	0,900	0,901	0,902	0,903
23	0,895	0,896	0,897	0,898	0,899	0,900	0,901	0,902	0,903	0,904
24	0,896	0,897	0,898	0,899	0,900	0,901	0,902	0,903	0,904	0,905
+25	0,896	0,897	0,898	0,899	0,900	0,901	0,902	0,903	0,904	0,905

Tafel 1
zur Ermittelung der wahren Dichte bei + 15°.

Wärmegrad	Scheinbare Dichte									
	0,890	0,891	0,892	0,893	0,894	0,895	0,896	0,897	0,898	0,899
	Wahre Dichte bei + 15° für obige scheinbare Dichte									
+26	0,897	0,898	0,899	0,900	0,901	0,902	0,903	0,904	0,905	0,906
27	0,898	0,899	0,900	0,901	0,902	0,903	0,904	0,905	0,906	0,907
28	0,898	0,899	0,900	0,901	0,902	0,903	0,904	0,905	0,906	0,907
29	0,899	0,900	0,901	0,902	0,903	0,904	0,905	0,906	0,907	0,908
+30	0,900	0,901	0,902	0,903	0,904	0,905	0,906	0,907	0,907	0,908
+31	0,900	0,901	0,902	0,903	0,904	0,905	0,906	0,907	0,908	0,909
32	0,901	0,902	0,903	0,904	0,905	0,906	0,907	0,908	0,909	0,910
33	0,901	0,902	0,903	0,904	0,905	0,906	0,907	0,908	0,909	0,910
34	0,902	0,903	0,904	0,905	0,906	0,907	0,908	0,909	0,910	0,911
+35	0,903	0,904	0,905	0,906	0,907	0,908	0,909	0,910	0,911	0,912
+36	0,903	0,904	0,905	0,906	0,907	0,908	0,909	0,910	0,911	0,912
37	0,904	0,905	0,906	0,907	0,908	0,909	0,910	0,911	0,912	0,913
38	0,905	0,906	0,907	0,908	0,909	0,910	0,911	0,911	0,912	0,913
39	0,905	0,906	0,907	0,908	0,909	0,910	0,911	0,912	0,913	0,914
+40	0,906	0,907	0,908	0,909	0,910	0,911	0,912	0,913	0,914	0,915
+41	0,907	0,908	0,909	0,910	0,910	0,911	0,912	0,913	0,914	0,915
42	0,907	0,908	0,909	0,910	0,911	0,912	0,913	0,914	0,915	0,916
43	0,908	0,909	0,910	0,911	0,912	0,913	0,914	0,915	0,916	0,917
44	0,908	0,909	0,910	0,911	0,912	0,913	0,914	0,915	0,916	0,917
+45	0,909	0,910	0,911	0,912	0,913	0,914	0,915	0,916	0,917	0,918
+46	0,910	0,911	0,912	0,913	0,914	0,915	0,916	0,917	0,918	0,919
47	0,910	0,911	0,912	0,913	0,914	0,915	0,916	0,917	0,918	0,919
48	0,911	0,912	0,913	0,914	0,915	0,916	0,917	0,918	0,919	0,920
49	0,912	0,913	0,914	0,915	0,915	0,916	0,917	0,918	0,919	0,920
+50	0,912	0,913	0,914	0,915	0,916	0,917	0,918	0,919	0,920	0,921
+51	0,913	0,914	0,915	0,916	0,917	0,918	0,919	0,920	0,921	0,922
52	0,914	0,914	0,915	0,916	0,917	0,918	0,919	0,920	0,921	0,922
53	0,914	0,915	0,916	0,917	0,918	0,919	0,920	0,921	0,922	0,923
54	0,915	0,916	0,917	0,918	0,919	0,920	0,921	0,922	0,923	0,924
+55	0,915	0,916	0,917	0,918	0,919	0,920	0,921	0,922	0,923	0,924
+56	0,916	0,917	0,918	0,919	0,920	0,921	0,922	0,923	0,924	0,925
57	0,916	0,917	0,918	0,919	0,920	0,921	0,922	0,923	0,924	0,925
58	0,917	0,918	0,919	0,920	0,921	0,922	0,923	0,924	0,925	0,926
59	0,918	0,919	0,920	0,921	0,922	0,923	0,924	0,925	0,926	0,927
+60	0,918	0,919	0,920	0,921	0,922	0,923	0,924	0,925	0,926	0,927

Tafel 1

zur Ermittelung der wahren Dichte bei + 15°.

Wärmegrad	Scheinbare Dichte 0,900	0,901	0,902	0,903	0,904	0,905	0,906	0,907	0,908	0,909
	Wahre Dichte bei + 15° für obige scheinbare Dichte									
+ 5	0,894	0,895	0,896	0,897	0,898	0,899	0,900	0,901	0,902	0,903
+ 6	0,894	0,895	0,896	0,897	0,898	0,899	0,900	0,901	0,902	0,903
7	0,895	0,896	0,897	0,898	0,899	0,900	0,901	0,902	0,903	0,904
8	0,896	0,897	0,898	0,899	0,900	0,901	0,902	0,903	0,904	0,905
9	0,896	0,897	0,898	0,899	0,900	0,901	0,902	0,903	0,904	0,905
+10	0,897	0,898	0,899	0,900	0,901	0,902	0,903	0,904	0,905	0,906
+11	0,898	0,899	0,900	0,901	0,902	0,903	0,904	0,905	0,906	0,907
12	0,898	0,899	0,900	0,901	0,902	0,903	0,904	0,905	0,906	0,907
13	0,899	0,900	0,901	0,902	0,903	0,904	0,905	0,906	0,907	0,908
14	0,899	0,900	0,901	0,902	0,903	0,904	0,905	0,906	0,907	0,908
+15	0,900	0,901	0,902	0,903	0,904	0,905	0,906	0,907	0,908	0,909
+16	0,901	0,902	0,903	0,904	0,905	0,906	0,907	0,908	0,909	0,910
17	0,901	0,902	0,903	0,904	0,905	0,906	0,907	0,908	0,909	0,910
18	0,902	0,903	0,904	0,905	0,906	0,907	0,908	0,909	0,910	0,911
19	0,903	0,904	0,905	0,906	0,907	0,908	0,909	0,910	0,911	0,912
+20	0,903	0,904	0,905	0,906	0,907	0,908	0,909	0,910	0,911	0,912
+21	0,904	0,905	0,906	0,907	0,908	0,909	0,910	0,911	0,912	0,913
22	0,904	0,905	0,906	0,907	0,908	0,909	0,910	0,911	0,912	0,913
23	0,905	0,906	0,907	0,908	0,909	0,910	0,911	0,912	0,913	0,914
24	0,906	0,907	0,908	0,909	0,910	0,911	0,912	0,913	0,914	0,915
+25	0,906	0,907	0,908	0,909	0,910	0,911	0,912	0,913	0,914	0,915

Tafel 1

zur Ermittelung der wahren Dichte bei + 15°.

Wärmegrad	Scheinbare Dichte									
	0,900	0,901	0,902	0,903	0,904	0,905	0,906	0,907	0,908	0,909
	Wahre Dichte bei + 15° für obige scheinbare Dichte									
+26	0,907	0,908	0,909	0,910	0,911	0,912	0,913	0,914	0,915	0,916
27	0,908	0,909	0,910	0,911	0,912	0,913	0,914	0,915	0,916	0,917
28	0,908	0,909	0,910	0,911	0,912	0,913	0,914	0,915	0,916	0,917
29	0,909	0,910	0,911	0,912	0,913	0,914	0,915	0,916	0,917	0,918
+30	0,909	0,910	0,911	0,912	0,913	0,914	0,915	0,916	0,917	0,918
+31	0,910	0,911	0,912	0,913	0,914	0,915	0,916	0,917	0,918	0,919
32	0,911	0,912	0,913	0,914	0,915	0,916	0,917	0,918	0,919	0,920
33	0,911	0,912	0,913	0,914	0,915	0,916	0,917	0,918	0,919	0,920
34	0,912	0,913	0,914	0,915	0,916	0,917	0,918	0,919	0,920	0,921
+35	0,913	0,914	0,915	0,916	0,917	0,918	0,919	0,920	0,921	0,922
+36	0,913	0,914	0,915	0,916	0,917	0,918	0,919	0,920	0,921	0,922
37	0,914	0,915	0,916	0,917	0,918	0,919	0,920	0,921	0,922	0,923
38	0,914	0,915	0,916	0,917	0,918	0,919	0,920	0,921	0,922	0,923
39	0,915	0,916	0,917	0,918	0,919	0,920	0,921	0,922	0,923	0,924
+40	0,916	0,917	0,918	0,919	0,920	0,921	0,922	0,923	0,924	0,925
+41	0,916	0,917	0,918	0,919	0,920	0,921	0,922	0,923	0,924	0,925
42	0,917	0,918	0,919	0,920	0,921	0,922	0,923	0,924	0,925	0,926
43	0,918	0,919	0,920	0,921	0,922	0,923	0,924	0,925	0,926	0,927
44	0,918	0,919	0,920	0,921	0,922	0,923	0,924	0,925	0,926	0,927
+45	0,919	0,920	0,921	0,922	0,923	0,924	0,925	0,926	0,927	0,928
+46	0,920	0,920	0,921	0,922	0,923	0,924	0,925	0,926	0,927	0,928
47	0,920	0,921	0,922	0,923	0,924	0,925	0,926	0,927	0,928	0,929
48	0,921	0,922	0,923	0,024	0,925	0,926	0,927	0,928	0,929	0,930
49	0,921	0,922	0,923	0,924	0,925	0,926	0,927	0,928	0,929	0,930
+50	0,922	0,923	0,924	0,925	0,926	0,927	0,928	0,929	0,930	0,931
+51	0,923	0,924	0,925	0,926	0,927	0,928	0,929	0,929	0,930	0,931
52	0,923	0,924	0,925	0,926	0,927	0,928	0,929	0,930	0,931	0,932
53	0,924	0,925	0,926	0,927	0,928	0,929	0,930	0,931	0,932	0,933
54	0,925	0,926	0,927	0,927	0,928	0,929	0,930	0,931	0,932	0,933
+55	0,925	0,926	0,927	0,928	0,929	0,930	0,931	0,932	0,933	0,934
+56	0,926	0,927	0,928	0,929	0,930	0,931	0,932	0,933	0,934	0,935
57	0,926	0,927	0,928	0,929	0,930	0,931	0,932	0,933	0,934	0,935
58	0,927	0,928	0,929	0,930	0,931	0,932	0,933	0,934	0,935	0,936
59	0,928	0,928	0,929	0,930	0,931	0,932	0,933	0,934	0,935	0,936
+60	0,928	0,929	0,930	0,931	0,932	0,933	0,934	0,935	0,936	0,937

Tafel 1
zur Ermittelung der wahren Dichte bei + 15°.

Wärme-grad	Scheinbare Dichte									
	0,910	0,911	0,912	0,913	0,914	0,915	0,916	0,917	0,918	0,919
	Wahre Dichte bei + 15° für obige scheinbare Dichte									
+ 5	0,904	0,905	0,906	0,907	0,908	0,909	0,910	0,911	0,912	0,913
+ 6	0,904	0,905	0,906	0,907	0,908	0,909	0,910	0,911	0,912	0,913
7	0,905	0,906	0,907	0,908	0,909	0,910	0,911	0,912	0,913	0,914
8	0,906	0,907	0,908	0,909	0,910	0,911	0,912	0,913	0,914	0,915
9	0,906	0,907	0,908	0,909	0,910	0,911	0,912	0,913	0,914	0,915
+10	0,907	0,908	0,909	0,910	0,911	0,912	0,913	0,914	0,915	0,916
+11	0,908	0,909	0,910	0,911	0,912	0,913	0,914	0,915	0,916	0,917
12	0,908	0,909	0,910	0,911	0,912	0,913	0,914	0,915	0,916	0,917
13	0,909	0,910	0,911	0,912	0,913	0,914	0,915	0,916	0,917	0,918
14	0,909	0,910	0,911	0,912	0,913	0,914	0,915	0,916	0,917	0,918
+15	0,910	0,911	0,912	0,913	0,914	0,915	0,916	0,917	0,918	0,919
+16	0,911	0,912	0,913	0,914	0,915	0,916	0,917	0,918	0,919	0,920
17	0,911	0,912	0,913	0,914	0,915	0,916	0,917	0,918	0,919	0,920
18	0,912	0,913	0,914	0,915	0,916	0,917	0,918	0,919	0,920	0,921
19	0,913	0,914	0,915	0,916	0,917	0,918	0,919	0,920	0,921	0,922
+20	0,913	0,914	0,915	0,916	0,917	0,918	0,919	0,920	0,921	0,922
+21	0,914	0,915	0,916	0,917	0,918	0,919	0,920	0,921	0,922	0,923
22	0,914	0,915	0,916	0,917	0,918	0,919	0,920	0,921	0,922	0,923
23	0,915	0,916	0,917	0,918	0,919	0,920	0,921	0,922	0,923	0,924
24	0,916	0,917	0,918	0,919	0,920	0,921	0,922	0,923	0,924	0,925
+25	0,916	0,917	0,918	0,919	0,920	0,921	0,922	0,923	0,924	0,925

Tafel 1

zur Ermittelung der wahren Dichte bei + 15°.

Wärme-grad	Scheinbare Dichte									
	0,910	0,911	0,912	0,913	0,914	0,915	0,916	0,917	0,918	0,919
	Wahre Dichte bei + 15° für obige scheinbare Dichte									
+26	0,917	0,918	0,919	0,920	0,921	0,922	0,923	0,924	0,925	0,926
27	0,918	0,919	0,920	0,921	0,922	0,923	0,924	0,925	0,926	0,927
28	0,918	0,919	0,920	0,921	0,922	0,923	0,924	0,925	0,926	0,927
29	0,919	0,920	0,921	0,922	0,923	0,924	0,925	0,926	0,927	0,928
+30	0,919	0,920	0,921	0,922	0,923	0,924	0,925	0,926	0,927	0,928
+31	0,920	0,921	0,922	0,923	0,924	0,925	0,926	0,927	0,928	0,929
32	0,921	0,922	0,923	0,924	0,925	0,926	0,927	0,928	0,929	0,930
33	0,921	0,922	0,923	0,924	0,925	0,926	0,927	0,928	0,929	0,930
34	0,922	0,923	0,924	0,925	0,926	0,927	0,928	0,929	0,930	0,931
+35	0,923	0,924	0,925	0,926	0,927	0,928	0,929	0,930	0,931	0,932
+36	0,923	0,924	0,925	0,926	0,927	0,928	0,929	0,930	0,931	0,932
37	0,924	0,925	0,926	0,927	0,928	0,929	0,930	0,931	0,932	0,933
38	0,924	0,925	0,926	0,927	0,928	0,929	0,930	0,931	0,932	0,933
39	0,925	0,926	0,927	0,928	0,929	0,930	0,931	0,932	0,933	0,934
+40	0,926	0,927	0,928	0,929	0,930	0,931	0,932	0,933	0,934	0,935
+41	0,926	0,927	0,928	0,929	0,930	0,931	0,932	0,933	0,934	0,935
42	0,927	0,928	0,929	0,930	0,931	0,932	0,933	0,934	0,935	0,936
43	0,928	0,929	0,930	0,931	0,932	0,933	0,934	0,935	0,936	0,937
44	0,928	0,929	0,930	0,931	0,932	0,933	0,934	0,935	0,936	0,937
+45	0,929	0,930	0,931	0,932	0,933	0,934	0,935	0,936	0,937	0,938
+46	0,929	0,930	0,931	0,932	0,933	0,934	0,935	0,936	0,937	0,938
47	0,930	0,931	0,932	0,933	0,934	0,935	0,936	0,937	0,938	0,939
48	0,931	0,932	0,933	0,934	0,935	0,936	0,937	0,938	0,939	0,940
49	0,931	0,932	0,933	0,934	0,935	0,936	0,937	0,938	0,939	0,940
+50	0,932	0,933	0,934	0,935	0,936	0,937	0,938	0,939	0,940	0,941
+51	0,932	0,933	0,934	0,935	0,936	0,937	0,938	0,939	0,940	0,941
52	0,933	0,934	0,935	0,936	0,937	0,938	0,939	0,940	0,941	0,942
53	0,934	0,935	0,936	0,937	0,938	0,939	0,940	0,941	0,942	0,943
54	0,934	0,935	0,936	0,937	0,938	0,939	0,940	0,941	0,942	0,943
+55	0,935	0,936	0,937	0,938	0,939	0,940	0,941	0,942	0,943	0,944
+56	0,936	0,937	0,938	0,939	0,940	0,941	0,942	0,943	0,944	0,945
57	0,936	0,937	0,938	0,939	0,940	0,941	0,942	0,943	0,944	0,945
58	0,937	0,938	0,939	0,940	0,941	0,942	0,943	0,944	0,945	0,946
59	0,937	0,938	0,939	0,940	0,941	0,942	0,943	0,944	0,945	0,946
+60	0,938	0,939	0,940	0,941	0,942	0,943	0,944	0,945	0,946	0,947

Ergänzungstafel zu Tafel 1,
zur Ermittelung der wahren Dichte russischer Mineralöle bei + 15°.

Wärmegrad	Scheinbare Dichte 0,651 bis 0,660	0,661 bis 0,670	0,671 bis 0,680	0,681 bis 0,690	0,691 bis 0,700	0,701 bis 0,710	0,711 bis 0,720	0,721 bis 0,730	0,731 bis 0,740
	Zu den Zahlen der Tafel 1 hinzuzufügen				Von den Zahlen der Tafel 1 abzuziehen				
—10	0,0005	0,0005	0,000	0,000	0,000	0,0005	0,0005	0,001	0,001
9,5	0,0005	0,0005	0,000	0,000	0,000	0,0005	0,0005	0,001	0,001
9	0,0005	0,0005	0,000	0,000	0,000	0,0005	0,0005	0,001	0,001
8,5	0,0005	0,0005	0,000	0,000	0,000	0,0005	0,0005	0,001	0,001
— 8	0,0005	0,0005	0,000	0,000	0,000	0,0005	0,0005	0,001	0,001
— 7,5	0,0005	0,0005	0,000	0,000	0,000	0,0005	0,0005	0,001	0,001
7	0,0005	0,0005	0,000	0,000	0,000	0,0005	0,0005	0,001	0,001
6,5	0,0005	0,0005	0,000	0,000	0,000	0,0005	0,0005	0,001	0,001
6	0,0005	0,0005	0,000	0,000	0,000	0,0005	0,0005	0,001	0,001
— 5,5	0 0005	0,0005	0,000	0,000	0,000	0,0005	0,0005	0,001	0,001
— 5	0,0005	0,0005	0,000	0,000	0,000	0,0005	0,0005	0,001	0,001
4,5	0,0005	0,0005	0,000	0,000	0,000	0,0005	0,0005	0,001	0,001
4	0,0005	0,0005	0,000	0,000	0,000	0,0005	0,0005	0,001	0,001
3,5	0,0005	0,0005	0,000	0,000	0,000	0,0005	0,0005	0,0005	0,001
— 3	0,0005	0,0005	0,000	0,000	0,000	0,0005	0,0005	0,0005	0,001
— 2,5	0,0005	0,0005	0,000	0,000	0,000	0,0005	0,0005	0,0005	0,001
2	0,0005	0,0005	0,000	0,000	0,000	0,0005	0,0005	0,0005	0,001
1,5	0,0005	0,0005	0,000	0,000	0,000	0,0005	0,0005	0,0005	0,001
1	0,0005	0,0005	0,000	0,000	0,000	0,0005	0,0005	0,0005	0,001
— 0,5	0,0005	0,0005	0,000	0,000	0,000	0,0005	0,0005	0,0005	0,0005
0	0,0005	0,0005	0,000	0,000	0,000	0,0005	0,0005	0,0005	0,0005
+ 0,5	0,0005	0,0005	0,000	0,000	0,000	0,0005	0,0005	0,0005	0,0005
1	0,0005	0,0005	0,000	0,000	0,000	0,0005	0,0005	0,0005	0,0005
1,5	0,0005	0,0005	0,000	0,000	0,000	0,0005	0,0005	0,0005	0,0005
2	0,0005	0,0005	0,000	0,000	0,000	0,0005	0,0005	0,0005	0,0005
+ 2,5	0,0005	0,0005	0,000	0,000	0,000	0,0005	0,0005	0,0005	0,0005
+ 3	0,0005	0,0005	0,000	0,000	0,000	0,0005	0,0005	0,0005	0,0005
3,5	0,0005	0,0005	0,000	0,000	0,000	0,0005	0,0005	0,0005	0,0005
4	0,0005	0,0005	0,000	0,000	0,000	0,000	0,0005	0,0005	0,0005
4,5	0,0005	0,0005	0,000	0,000	0,000	0,000	0,0005	0,0005	0,0005
+ 5	0,0005	0,0005	0,000	0,000	0,000	0,000	0,0005	0,0005	0,0005
+ 5,5	0,0005	0,000	0,000	0,000	0,000	0,000	0,0005	0,0005	0,0005
6	0,0005	0,000	0,000	0,000	0,000	0,000	0,0005	0,0005	0,0005
6,5	0,0005	0,000	0,000	0,000	0,000	0,000	0,0005	0,0005	0,0005
7	0,0005	0,000	0,000	0,000	0,000	0,000	0,000	0,0005	0,0005
+ 7,5	0,000	0,000	0,000	0,000	0,000	0,000	0,000	0,0005	0,0005
+ 8	0,000	0,000	0,000	0,000	0,000	0,000	0,000	0,0005	0,0005
8,5	0,000	0,000	0,000	0,000	0,000	0,000	0,000	0,000	0,0005
9	0,000	0,000	0,000	0,000	0,000	0,000	0,000	0,000	0,0005
9,5	0,000	0,000	0,000	0,000	0,000	0,000	0,000	0,000	0,0005
+10	0,000	0,000	0,000	0,000	0,000	0,000	0,000	0,000	0,0005
+10,5	0,000	0,000	0,000	0,000	0,000	0,000	0,000	0,000	0,000
11	0,000	0,000	0,000	0,000	0,000	0,000	0,000	0,000	0,000
11,5	0,000	0,000	0,000	0,000	0,000	0,000	0,000	0,000	0,000
12	0,000	0,000	0,000	0,000	0,000	0,000	0,000	0,000	0,000
+12,5	0,000	0,000	0,000	0,000	0,000	0,000	0,000	0,000	0,000

Ergänzungstafel zu Tafel 1,

zur Ermittelung der wahren Dichte russischer Mineralöle bei + 15°.

Wärmegrad	Scheinbare Dichte								
	0,651 bis 0,660	0,661 bis 0,670	0,671 bis 0,680	0,681 bis 0,690	0,691 bis 0,700	0,701 bis 0,710	0,711 bis 0,720	0,721 bis 0,730	0,731 bis 0,740
	Zu den Zahlen der Tafel 1 hinzuzufügen								
+13	0,000	0,000	0,000	0,000	0,000	0,000	0,000	0,000	0,000
13,5	0,000	0,000	0,000	0,000	0,000	0,000	0,000	0,000	0,000
14	0,000	0,000	0,000	0,000	0,000	0,000	0,000	0,000	0,000
14,5	0,000	0,000	0,000	0,000	0,000	0,000	0,000	0,000	0,000
+15	0,000	0,000	0,000	0,000	0,000	0,000	0,000	0,000	0,000
+15,5					0,000	0,000	0,000	0,000	0,000
16					0,000	0,000	0,000	0,000	0,000
16,5					0,000	0,000	0,000	0,000	0,000
17					0,000	0,000	0,000	0,000	0,000
+17,5					0,000	0,000	0,000	0,000	0,000
+18					0,000	0,000	0,000	0,000	0,000
18,5					0,000	0,000	0,000	0,000	0,000
19					0,000	0,000	0,000	0,000	0,000
19,5					0,000	0,000	0,000	0,000	0,0005
+20					0,000	0,000	0,000	0,000	0,0005
+20,5					0,000	0,000	0,000	0,0005	0,0005
21					0,000	0,000	0,000	0,0005	0,0005
21,5					0,000	0,000	0,000	0,0005	0,0005
22					0,000	0,000	0,0005	0,0005	0,0005
+22,5					0,000	0,000	0,0005	0,0005	0,0005
+23					0,000	0,0005	0,0005	0,0005	0,0005
23,5					0,000	0,0005	0,0005	0,0005	0,0005
24					0,0005	0,0005	0,0005	0,0005	0,0005
24,5					0,0005	0,0005	0,0005	0,0005	0,0005
+25					0,0005	0,0005	0,0005	0,0005	0,0005
+25,5						0,0005	0,0005	0,0005	0,0005
26						0,0005	0,0005	0,0005	0,0005
26,5						0,0005	0,0005	0,0005	0,0005
27						0,0005	0,0005	0,0005	0,0005
+27,5						0,0005	0,0005	0,0005	0,0005
+28						0,0005	0,0005	0,0005	0,0005
28,5						0,0005	0,0005	0,0005	0,001
29						0,0005	0,0005	0,001	0,001
29,5						0,0005	0,0005	0,001	0,001
+30						0,0005	0,0005	0,001	0,001
+30,5						0,0005	0,0005	0,001	0,001
31						0,0005	0,001	0,001	0,001
31,5						0,0005	0,001	0,001	0,001
32						0,0005	0,001	0,001	0,001
+32,5						0,0005	0,001	0,001	0,001
+33						0,0005	0,001	0,001	0,001
33,5						0,001	0,001	0,001	0,001
34						0,001	0,001	0,001	0,001
34,5						0,001	0,001	0,001	0,0015
+35						0,001	0,001	0,001	0,0015

Dichte 0,741 — 0,840.

Ergänzungstafel zu Tafel 1,
zur Ermittelung der wahren Dichte russischer Mineralöle bei + 15°.

Wärmegrad	0,741 bis 0,750	0,751 bis 0,760	0,761 bis 0,770	0,771 bis 0,780	0,781 bis 0,790	0,791 bis 0,800	0,801 bis 0,810	0,811 bis 0,820	0,821 bis 0,830	0,831 bis 0,840
	Scheinbare Dichte — Von den Zahlen der Tafel 1 abzuziehen									
—10	0,0015	0,0015								
9,5	0,0015	0,0015								
9	0,0015	0,0015								
8,5	0,0015	0,0015								
— 8	0,0015	0,0015								
— 7,5	0,001	0,0015								
7	0,001	0,0015								
6,5	0,001	0,0015								
6	0,001	0,0015								
— 5,5	0,001	0,0015								
— 5	0,001	0,0015	0,0015	0,0015	0,0015	0,0015	0,0015	0,001		
4,5	0,001	0,0015	0,0015	0,0015	0,0015	0,0015	0,0015	0,001		
4	0,001	0,001	0,0015	0,0015	0,0015	0,0015	0,001	0,001		
3,5	0,001	0,001	0,0015	0,0015	0,0015	0,0015	0,001	0,001		
— 3	0,001	0,001	0,001	0,0015	0,0015	0,001	0,001	0,001		
— 2,5	0,001	0,001	0,001	0,0015	0,001	0,001	0,001	0,001		
2	0,001	0,001	0,001	0,001	0,001	0,001	0,001	0,001		
1,5	0,001	0,001	0,001	0,001	0,001	0,001	0,001	0,001		
1	0,001	0,001	0,001	0,001	0,001	0,001	0,001	0,001		
— 0,5	0,001	0,001	0,001	0,001	0,001	0,001	0,001	0,001		
0	0,001	0,001	0,001	0,001	0,001	0,001	0,001	0,001	0,0005	0,0005
+ 0,5	0,001	0,001	0,001	0,001	0,001	0,001	0,001	0,001	0,0005	0,0005
1	0,001	0,001	0,001	0,001	0,001	0,001	0,001	0,001	0,0005	0,0005
1,5	0,001	0,001	0,001	0,001	0,001	0,001	0,001	0,001	0,0005	0,0005
2	0,0005	0,001	0,001	0,001	0,001	0,001	0,001	0,0005	0,0005	0,0005
+ 2,5	0,0005	0,001	0,001	0,001	0,001	0,001	0,001	0,0005	0,0005	0,0005
+ 3	0,0005	0,001	0,001	0,001	0,001	0,001	0,001	0,0005	0,0005	0,0005
3,5	0,0005	0,0005	0,001	0,001	0,001	0,001	0,0005	0,0005	0,0005	0,0005
4	0,0005	0,0005	0,0005	0,001	0,001	0,0005	0,0005	0,0005	0,0005	0,0005
4,5	0,0005	0,0005	0,0005	0,0005	0,0005	0,0005	0,0005	0,0005	0,0005	0,0005
+ 5	0,0005	0,0005	0,0005	0,0005	0,0005	0,0005	0,0005	0,0005	0,0005	0,0005
+ 5,5	0,0005	0,0005	0,0005	0,0005	0,0005	0,0005	0,0005	0,0005	0,0005	0,0005
6	0,0005	0,0005	0,0005	0,0005	0,0005	0,0005	0,0005	0,0005	0,0005	0,0005
6,5	0,0005	0,0005	0,0005	0,0005	0,0005	0,0005	0,0005	0,0005	0,0005	0,0005
7	0,0005	0,0005	0,0005	0,0005	0,0005	0,0005	0,0005	0,0005	0,0005	0,0005
+ 7,5	0,0005	0,0005	0,0005	0,0005	0,0005	0,0005	0,0005	0,0005	0,0005	0,0005
+ 8	0,0005	0,0005	0,0005	0,0005	0,0005	0,0005	0,0005	0,0005	0,0005	0,0005
8,5	0,0005	0,0005	0,0005	0,0005	0,0005	0,0005	0,0005	0,0005	0,0005	0,000
9	0,0005	0,0005	0,0005	0,0005	0,0005	0,0005	0,0005	0,0005	0,0005	0,000
9,5	0,0005	0,0005	0,0005	0,0005	0,0005	0,0005	0,0005	0,0005	0,000	0,000
+10	0,0005	0,0005	0,0005	0,0005	0,0005	0,0005	0,0005	0,0005	0,000	0,000
+10,5	0,000	0,000	0,0005	0,0005	0,0005	0,0005	0,000	0,000	0,000	0,000
11	0,000	0,000	0,000	0,0005	0,0005	0,000	0,000	0,000	0,000	0,000
11,5	0,000	0,000	0,000	0,000	0,000	0,000	0,000	0,000	0,000	0,000
12	0,000	0,000	0,000	0,000	0,000	0,000	0,000	0,000	0,000	0,000
+12,5	0,000	0,000	0,000	0,000	0,000	0,000	0,000	0,000	0,000	0,000

Ergänzungstafel zu Tafel 1,

zur Ermittelung der wahren Dichte russischer Mineralöle bei + 15°.

Wärmegrad	Scheinbare Dichte									
	0,741 bis 0,750	0,751 bis 0,760	0,761 bis 0,770	0,771 bis 0,780	0,781 bis 0,790	0,791 bis 0,800	0,801 bis 0,810	0,811 bis 0,820	0,821 bis 0,830	0,831 bis 0,840
	Zu den Zahlen der Tafel 1 hinzuzufügen									
+13	0,000	0,000	0,000	0,000	0,000	0,000	0,000	0,000	0,000	0,000
13,5	0,000	0,000	0,000	0,000	0,000	0,000	0,000	0,000	0,000	0,000
14	0,000	0,000	0,000	0,000	0,000	0,000	0,000	0,000	0,000	0,000
14,5	0,000	0,000	0,000	0,000	0,000	0,000	0,000	0,000	0,000	0,000
+15	0,000	0,000	0,000	0,000	0,000	0,000	0,000	0,000	0,000	0,000
+15,5	0,000	0,000	0,000	0,000	0,000	0,000	0,000	0,000	0,000	0,000
16	0,000	0,000	0,000	0,000	0,000	0,000	0,000	0,000	0,000	0,000
16,5	0,000	0,000	0,000	0,000	0,000	0,000	0,000	0,000	0,000	0,000
17	0,000	0,000	0,000	0,000	0,000	0,000	0,000	0,000	0,000	0,000
+17,5	0,000	0,000	0,000	0,000	0,000	0,000	0,000	0,000	0,000	0,000
+18	0,000	0,000	0,000	0,000	0,000	0,000	0,000	0,000	0,000	0,000
18,5	0,000	0,000	0,000	0,000	0,000	0,000	0,000	0,000	0,000	0,000
19	0,000	0,000	0,000	0,000	0,000	0,000	0,000	0,000	0,000	0,000
19,5	0,0005	0,0005	0,0005	0,0005	0,0005	0,0005	0,000	0,000	0,000	0,000
+20	0,0005	0,0005	0,0005	0,0005	0,0005	0,0005	0,0005	0,000	0,000	0,000
+20,5	0,0005	0,0005	0,0005	0,0005	0,0005	0,0005	0,0005	0,000	0,000	0,000
21	0,0005	0,0005	0,0005	0,0005	0,0005	0,0005	0,0005	0,0005	0,000	0,000
21,5	0,0005	0,0005	0,0005	0,0005	0,0005	0,0005	0,0005	0,0005	0,000	0,000
22	0,0005	0,0005	0,0005	0,0005	0,0005	0,0005	0,0005	0,0005	0,0005	0,000
+22,5	0,0005	0,0005	0,0005	0,0005	0,0005	0,0005	0,0005	0,0005	0,0005	0,000
+23	0,0005	0,0005	0,0005	0,0005	0,0005	0,0005	0,0005	0,0005	0,0005	0,000
23,5	0,0005	0,0005	0,0005	0,0005	0,0005	0,0005	0,0005	0,0005	0,0005	0,000
24	0,0005	0,0005	0,0005	0,0005	0,0005	0,0005	0,0005	0,0005	0,0005	0,0005
24,5	0,0005	0,0005	0,0005	0,0005	0,0005	0,0005	0,0005	0,0005	0,0005	0,0005
+25	0,0005	0,0005	0,0005	0,0005	0,0005	0,0005	0,0005	0,0005	0,0005	0,0005
+25,5	0,0005	0,0005	0,0005	0,0005	0,0005	0,0005	0,0005	0,0005	0,0005	0,0005
26	0,0005	0,001	0,001	0,0005	0,0005	0,0005	0,0005	0,0005	0,0005	0,0005
26,5	0,0005	0,001	0,001	0,0005	0,0005	0,0005	0,0005	0,0005	0,0005	0,0005
27	0,0005	0,001	0,001	0,001	0,0005	0,0005	0,0005	0,0005	0,0005	0,0005
+27,5	0,0005	0,001	0,001	0,001	0,0005	0,0005	0,0005	0,0005	0,0005	0,0005
+28	0,001	0,001	0,001	0,001	0,001	0,0005	0,0005	0,0005	0,0005	0,0005
28,5	0,001	0,001	0,001	0,001	0,001	0,0005	0,0005	0,0005	0,0005	0,0005
29	0,001	0,001	0,001	0,001	0,001	0,001	0,0005	0,0005	0,0005	0,0005
29,5	0,001	0,001	0,001	0,001	0,001	0,001	0,0005	0,0005	0,0005	0,0005
+30	0,001	0,001	0,001	0,001	0,001	0,001	0,0005	0,0005	0,0005	0,0005
+30,5	0,001	0,001	0,001	0,001	0,001	0,001	0,0005	0,0005	0,0005	0,0005
31	0,001	0,001	0,001	0,001	0,001	0,001	0,0005	0,0005	0,0005	0,0005
31,5	0,001	0,001	0,001	0,001	0,001	0,001	0,001	0,0005	0,0005	0,0005
32	0,001	0,001	0,001	0,001	0,001	0,001	0,001	0,0005	0,0005	0,0005
+32,5	0,001	0,001	0,001	0,001	0,001	0,001	0,001	0,0005	0,0005	0,0005
+33	0,001	0,001	0,001	0,001	0,001	0,001	0,001	0,0005	0,0005	0,0005
33,5	0,0015	0,0015	0,001	0,001	0,001	0,001	0,001	0,001	0,0005	0,0005
34	0,0015	0,0015	0,0015	0,001	0,001	0,001	0,001	0,001	0,0005	0,0005
34,5	0,0015	0,0015	0,0015	0,001	0,001	0,001	0,001	0,001	0,0005	0,0005
+35	0,0015	0,0015	0,0015	0,0015	0,001	0,001	0,001	0,001	0,0005	0,0005

Ergänzungstafel zu Tafel 1,

zur Ermittelung der wahren Dichte russischer Mineralöle bei + 15°.

Wärmegrad	Scheinbare Dichte 0,841 bis 0,850	0,851 bis 0,860	0,861 bis 0,870	0,871 bis 0,880	0,881 bis 0,890	0,891 bis 0,900	0,901 bis 0,910	0,911 bis 0,920
	Zu den Zahlen der Tafel 1 hinzuzufügen							
0	0,000	0,000	0,000	0,000	0,000	0,000	0,000	0,000
+ 1	0,000	0,000	0,000	0,000	0,000	0,000	0,000	0,000
2	0,000	0,000	0,000	0,000	0,000	0,000	0,000	0,000
3	0,000	0,000	0,000	0,000	0,000	0,000	0,000	0,000
4	0,000	0,000	0,000	0,000	0,000	0,000	0,000	0,000
+ 5	0,000	0,000	0,000	0,000	0,000	0,000	0,000	0,000
+ 6	0,000	0,000	0,000	0,000	0,000	0,000	0,000	0,000
7	0,000	0,000	0,000	0,000	0,000	0,000	0,000	0,000
8	0,000	0,000	0,000	0,000	0,000	0,000	0,000	0,000
9	0,000	0,000	0,000	0,000	0,000	0,000	0,000	0,000
+10	0,000	0,000	0,000	0,000	0,000	0,000	0,000	0,000
+11	0,000	0,000	0,000	0,000	0,000	0,000	0,000	0,000
12	0,000	0,000	0,000	0,000	0,000	0,000	0,000	0,000
13	0,000	0,000	0,000	0,000	0,000	0,000	0,000	0,000
14	0,000	0,000	0,000	0,000	0,000	0,000	0,000	0,000
+15	0,000	0,000	0,000	0,000	0,000	0,000	0,000	0,000
+16	0,000	0,000	0,000	0,000	0,000	0,000	0,000	0,000
17	0,000	0,000	0,000	0,000	0,000	0,000	0,000	0,000
18	0,000	0,000	0,000	0,000	0,000	0,000	0,000	0,000
19	0,000	0,000	0,000	0,000	0,000	0,000	0,000	0,000
+20	0,000	0,000	0,000	0,000	0,000	0,000	0,000	0,000
+21	0,000	0,000	0,000	0,000	0,000	0,000	0,000	0,000
22	0,000	0,000	0,000	0,000	0,000	0,000	0,000	0,000
23	0,000	0,000	0,000	0,000	0,000	0,000	0,000	0,000
24	0,000	0,000	0,000	0,000	0,000	0,000	0,000	0,000
+25	0,000	0,000	0,000	0,000	0,000	0,000	0,000	0,000

Ergänzungstafel zu Tafel 1,
zur Ermittelung der wahren Dichte russischer Mineralöle bei + 15°.

Wärmegrad	Scheinbare Dichte 0,841 bis 0,850	0,851 bis 0,860	0,861 bis 0,870	0,871 bis 0,880	0,881 bis 0,890	0,891 bis 0,900	0,901 bis 0,910	0,911 bis 0,920
	Von den Zahlen der Tafel 1 abzuziehen							
+26	0,000	0,000	0,000	0,000	0,000	0,000	0,000	0,000
27	0,000	0,000	0,000	0,000	0,000	0,000	0,000	0,000
28	0,000	0,000	0,000	0,000	0,000	0,000	0,000	0,000
29	0,000	0,000	0,000	0,000	0,000	0,000	0,000	0,000
+30	0,000	0,000	0,000	0,000	0,000	0,000	0,000	0,000
+31	0,000	0,000	0,000	0,000	0,000	0,000	0,000	0,000
32	0,000	0,000	0,000	0,000	0,000	0,000	0,000	0,000
33	0,000	0,000	0,000	0,000	0,000	0,000	0,000	0,000
34	0,000	0,000	0,000	0,000	0,000	0,000	0,000	0,000
+35	0,000	0,000	0,000	0,000	0,000	0,000	0,000	0,000
+36	0,000	0,000	0,000	0,000	0,000	0,000	0,000	0,000
37	0,000	0,000	0,000	0,000	0,000	0,000	0,000	0,001
38	0,000	0,000	0,000	0,000	0,000	0,000	0,000	0,001
39	0,000	0,000	0,000	0,000	0,000	0,000	0,000	0,001
+40	0,000	0,000	0,000	0,000	0,000	0,000	0,000	0,001
+41	0,000	0,000	0,000	0,000	0,000	0,000	0,001	0,001
42	0,000	0,000	0,000	0,000	0,000	0,000	0,001	0,001
43	0,000	0,000	0,000	0,000	0,000	0,000	0,001	0,001
44	0,000	0,000	0,000	0,000	0,000	0,000	0,001	0,001
+45	0,000	0,000	0,000	0,000	0,000	0,001	0,001	0,001
+46	0,000	0,000	0,000	0,000	0,000	0,001	0,001	0,001
47	0,000	0,000	0,000	0,000	0,000	0,001	0,001	0,001
48	0,000	0,000	0,000	0,000	0,000	0,001	0,001	0,001
49	0,000	0,000	0,000	0,000	0,000	0,001	0,001	0,001
+50	0,000	0,000	0,000	0,000	0,000	0,001	0,001	0,001
+51	0,000	0,000	0,000	0,000	0,001	0,001	0,001	0,001
52	0,000	0,000	0,000	0,000	0,001	0,001	0,001	0,001
53	0,000	0,000	0,000	0,000	0,001	0,001	0,001	0,001
54	0,000	0,000	0,000	0,000	0,001	0,001	0,001	0,001
+55	0,000	0,000	0,000	0,000	0,001	0,001	0,001	0,001
+56	0,000	0,000	0,000	0,000	0,001	0,001	0,001	0,001
57	0,000	0,000	0,000	0,000	0,001	0,001	0,001	0,001
58	0,000	0,000	0,000	0,001	0,001	0,001	0,001	0,001
59	0,000	0,000	0,000	0,001	0,001	0,001	0,001	0,002
+60	0,000	0,000	0,000	0,001	0,001	0,001	0,001	0,002

Dichte 0,620 — 0,629.

Tafel 2

zur Entnahme des Gewichts von Mineralölen aus dem Raumgehalt in Liter und der scheinbaren (abgelesenen) Dichte.

Liter	0,620	0,621	0,622	0,623	0,624	0,625	0,626	0,627	0,628	0,629
	Gewicht für obige scheinbare Dichte in Kilogramm									
1	0,6	0,6	0,6	0,6	0,6	0,6	0,6	0,6	0,6	0,6
2	1,2	1,2	1,2	1,2	1,2	1,2	1,3	1,3	1,3	1,3
3	1,9	1,9	1,9	1,9	1,9	1,9	1,9	1,9	1,9	1,9
4	2,5	2,5	2,5	2,5	2,5	2,5	2,5	2,5	2,5	2,5
5	3,1	3,1	3,1	3,1	3,1	3,1	3,1	3,1	3,1	3,1
6	3,7	3,7	3,7	3,7	3,7	3,7	3,7	3,8	3,8	3,8
7	4,3	4,3	4,3	4,4	4,4	4,4	4,4	4,4	4,4	4,4
8	5,0	5,0	5,0	5,0	5,0	5,0	5,0	5,0	5,0	5,0
9	5,6	5,6	5,6	5,6	5,6	5,6	5,6	5,6	5,6	5,7
10	6,2	6,2	6,2	6,2	6,2	6,2	6,3	6,3	6,3	6,3
20	12,4	12,4	12,4	12,4	12,5	12,5	12,5	12,5	12,5	12,6
30	18,6	18,6	18,6	18,7	18,7	18,7	18,8	18,8	18,8	18,8
40	24,8	24,8	24,8	24,9	24,9	25,0	25,0	25,0	25,1	25,1
50	30,9	31,0	31,0	31,1	31,1	31,2	31,2	31,3	31,3	31,4
60	37,1	37,2	37,3	37,3	37,4	37,4	37,5	37,6	37,6	37,7
70	43,3	43,4	43,5	43,5	43,6	43,7	43,7	43,0	43,9	44,0
80	49,5	49,6	49,7	49,8	49,8	49,9	50,0	50,1	50,2	50,2
90	55,7	55,8	55,9	56,0	56,1	56,2	56,2	56,3	56,4	56,5
100	61,9	62,0	62,1	62,2	62,3	62,4	62,5	62,6	62,7	62,8
200	123,8	124,0	124,2	124,4	124,6	124,8	125,0	125,2	125,4	125,6
300	185,7	186,0	186,3	186,6	186,9	187,2	187,5	187,8	188,1	188,4
400	247,6	248,0	248,4	248,8	249,2	249,6	250,0	250,4	250,8	251,2
500	309,4	309,9	310,4	310,9	311,4	311,9	312,4	312,9	313,4	313,9
600	371,3	371,9	372,5	373,1	373,7	374,3	374,9	375,5	376,1	376,7
700	433,2	433,9	434,6	435,3	436,0	436,7	437,4	438,1	438,8	439,5
800	495,1	495,9	496,7	497,5	498,3	499,1	499,9	500,7	501,5	502,3
900	557,0	557,9	558,8	559,7	560,6	561,5	562,4	563,3	564,2	565,1
1000	619	620	621	622	623	624	625	626	627	628
2000	1238	1240	1242	1244	1246	1248	1250	1252	1254	1256
3000	1857	1860	1863	1866	1869	1872	1875	1878	1881	1884
4000	2476	2480	2484	2488	2492	2496	2500	2504	2508	2512
5000	3094	3099	3104	3109	3114	3119	3124	3129	3134	3139
6000	3713	3719	3725	3731	3737	3743	3749	3755	3761	3767
7000	4332	4339	4346	4353	4360	4367	4374	4381	4388	4395
8000	4951	4959	4967	4975	4983	4991	4999	5007	5015	5023
9000	5570	5579	5588	5597	5606	5615	5624	5633	5642	5651
10000	6189	6199	6209	6219	6229	6239	6249	6259	6269	6279

Tafel 2

zur Entnahme des Gewichts von Mineralölen aus dem Raumgehalt in Liter und der scheinbaren (abgelesenen) Dichte.

Liter	0,630	0,631	0,632	0,633	0,634	0,635	0,636	0,637	0,638	0,639
	Gewicht für obige scheinbare Dichte in Kilogramm									
1	0,6	0,6	0,6	0,6	0,6	0,6	0,6	0,6	0,6	0,6
2	1,3	1,3	1,3	1,3	1,3	1,3	1,3	1,3	1,3	1,3
3	1,9	1,9	1,9	1,9	1,9	1,9	1,9	1,9	1,9	1,9
4	2,5	2,5	2,5	2,5	2,5	2,5	2,5	2,5	2,5	2,6
5	3,1	3,1	3,2	3,2	3,2	3,2	3,2	3,2	3,2	3,2
6	3,8	3,8	3,8	3,8	3,8	3,8	3,8	3,8	3,8	3,8
7	4,4	4,4	4,4	4,4	4,4	4,4	4,4	4,5	4,5	4,5
8	5,0	5,0	5,0	5,1	5,1	5,1	5,1	5,1	5,1	5,1
9	5,7	5,7	5,7	5,7	5,7	5,7	5,7	5,7	5,7	5,7
10	6,3	6,3	6,3	6,3	6,3	6,3	6,4	6,4	6,4	6,4
20	12,6	12,6	12,6	12,6	12,7	12,7	12,7	12,7	12,7	12,8
30	18,9	18,9	18,9	19,0	19,0	19,0	19,1	19,1	19,1	19,1
40	25,2	25,2	25,2	25,3	25,3	25,4	25,4	25,4	25,5	25,5
50	31,4	31,5	31,5	31,6	31,6	31,7	31,7	31,8	31,8	31,9
60	37,7	37,8	37,9	37,9	38,0	38,0	38,1	38,2	38,2	38,3
70	44,0	44,1	44,2	44,2	44,3	44,4	44,4	44,5	44,6	44,7
80	50,3	50,4	50,5	50,6	50,6	50,7	50,8	50,9	51,0	51,0
90	56,6	56,7	56,8	56,9	57,0	57,1	57,1	57,2	57,3	57,4
100	62,9	63,0	63,1	63,2	63,3	63,4	63,5	63,6	63,7	63,8
200	125,8	126,0	126,2	126,4	126,6	126,8	127,0	127,2	127,4	127,6
300	188,7	189,0	189,3	189,6	189,9	190,2	190,5	190,8	191,1	191,4
400	251,6	252,0	252,4	252,8	253,2	253,6	254,0	254,4	254,8	255,2
500	314,4	314,9	315,4	315,9	316,4	316,9	317,4	317,9	318,4	318,9
600	377,3	377,9	378,5	379,1	379,7	380,3	380,9	381,5	382,1	382,7
700	440,2	440,9	441,6	442,3	443,0	443,7	444,4	445,1	445,8	446,5
800	503,1	503,9	504,7	505,5	506,3	507,1	507,9	508,7	509,5	510,3
900	566,0	566,9	567,8	568,7	569,6	570,5	571,4	572,3	573,2	574,1
1000	629	630	631	632	633	634	635	636	637	638
2000	1258	1260	1262	1264	1266	1268	1270	1272	1274	1276
3000	1887	1890	1893	1896	1899	1902	1905	1908	1911	1914
4000	2516	2520	2524	2528	2532	2536	2540	2544	2548	2552
5000	3144	3149	3154	3159	3164	3169	3174	3179	3184	3189
6000	3773	3779	3785	3791	3797	3803	3809	3815	3821	3827
7000	4402	4409	4416	4423	4430	4437	4444	4451	4458	4465
8000	5031	5039	5047	5055	5063	5071	5079	5087	5095	5103
9000	5660	5669	5678	5687	5696	5705	5714	5723	5732	5741
10000	6289	6299	6309	6319	6329	6339	6349	6359	6369	6379

Dichte 0,640 — 0,649.

Tafel 2

zur Entnahme des Gewichts von Mineralölen aus dem Raumgehalt in Liter und der scheinbaren (abgelesenen) Dichte.

Liter	0,640	0,641	0,642	0,643	0,644	0,645	0,646	0,647	0,648	0,649
	Gewicht für obige scheinbare Dichte in Kilogramm									
1	0,6	0,6	0,6	0,6	0,6	0,6	0,6	0,6	0,6	0,6
2	1,3	1,3	1,3	1,3	1,3	1,3	1,3	1,3	1,3	1,3
3	1,9	1,9	1,9	1,9	1,9	1,9	1,9	1,9	1,9	1,9
4	2,6	2,6	2,6	2,6	2,6	2,6	2,6	2,6	2,6	2,6
5	3,2	3,2	3,2	3,2	3,2	3,2	3,2	3,2	3,2	3,2
6	3,8	3,8	3,8	3,9	3,9	3,9	3,9	3,9	3,9	3,9
7	4,5	4,5	4,5	4,5	4,5	4,5	4,5	4,5	4,5	4,5
8	5,1	5,1	5,1	5,1	5,1	5,2	5,2	5,2	5,2	5,2
9	5,8	5,8	5,8	5,8	5,8	5,8	5,8	5,8	5,8	5,8
10	6,4	6,4	6,4	6,4	6,4	6,4	6,5	6,5	6,5	6,5
20	12,8	12,8	12,8	12,8	12,9	12,9	12,9	12,9	12,9	13,0
30	19,2	19,2	19,2	19,3	19,3	19,3	19,4	19,4	19,4	19,4
40	25,6	25,6	25,6	25,7	25,7	25,8	25,8	25,8	25,9	25,9
50	31,9	32,0	32,0	32,1	32,1	32,2	32,2	32,3	32,3	32,4
60	38,3	38,4	38,5	38,5	38,6	38,6	38,7	38,8	38,8	38,9
70	44,7	44,8	44,9	44,9	45,0	45,1	45,1	45,2	45,3	45,4
80	51,1	51,2	51,3	51,4	51,4	51,5	51,6	51,7	51,8	51,8
90	57,5	57,6	57,7	57,8	57,9	58,0	58,0	58,1	58,2	58,3
100	63,9	64,0	64,1	64,2	64,3	64,4	64,5	64,6	64,7	64,8
200	127,8	128,0	128,2	128,4	128,6	128,8	129,0	129,2	129,4	129,6
300	191,7	192,0	192,3	192,6	192,9	193,2	193,5	193,8	194,1	194,4
400	255,6	256,0	256,4	256,8	257,2	257,6	258,0	258,4	258,8	259,2
500	319,4	319,9	320,4	320,9	321,4	321,9	322,4	322,9	323,4	323,9
600	383,3	383,9	384,5	385,1	385,7	386,3	386,9	387,5	388,1	388,7
700	447,2	447,9	448,6	449,3	450,0	450,7	451,4	452,1	452,8	453,5
800	511,1	511,9	512,7	513,5	514,3	515,1	515,9	516,7	517,5	518,3
900	575,0	575,9	576,8	577,7	578,6	579,5	580,4	581,3	582,2	583,1
1000	639	640	641	642	643	644	645	646	647	648
2000	1278	1280	1282	1284	1286	1288	1290	1292	1294	1296
3000	1917	1920	1923	1926	1929	1932	1935	1938	1941	1944
4000	2556	2560	2564	2568	2572	2576	2580	2584	2588	2592
5000	3194	3199	3204	3209	3214	3219	3224	3229	3234	3239
6000	3833	3839	3845	3851	3857	3863	3869	3875	3881	3887
7000	4472	4479	4486	4493	4500	4507	4514	4521	4528	4535
8000	5111	5119	5127	5135	5143	5151	5159	5167	5175	5183
9000	5750	5759	5768	5777	5786	5795	5804	5813	5822	5831
10000	6389	6399	6409	6419	6429	6439	6449	6459	6469	6479

Tafel 2

zur Entnahme des Gewichts von Mineralölen aus dem Raumgehalt in Liter und der scheinbaren (abgelesenen) Dichte.

Liter	0,650	0,651	0,652	0,653	0,654	0,655	0,656	0,657	0,658	0,659
	Gewicht für obige scheinbare Dichte in Kilogramm									
1	0,6	0,7	0,7	0,7	0,7	0,7	0,7	0,7	0,7	0,7
2	1,3	1,3	1,3	1,3	1,3	1,3	1,3	1,3	1,3	1,3
3	1,9	2,0	2,0	2,0	2,0	2,0	2,0	2,0	2,0	2,0
4	2,6	2,6	2,6	2,6	2,6	2,6	2,6	2,6	2,6	2,6
5	3,2	3,2	3,3	3,3	3,3	3,3	3,3	3,3	3,3	3,3
6	3,9	3,9	3,9	3,9	3,9	3,9	3,9	3,9	3,9	3,9
7	4,5	4,5	4,6	4,6	4,6	4,6	4,6	4,6	4,6	4,6
8	5,2	5,2	5,2	5,2	5,2	5,2	5,2	5,2	5,3	5,3
9	5,8	5,8	5,9	5,9	5,9	5,9	5,9	5,9	5,9	5,9
10	6,5	6,5	6,5	6,5	6,5	6,5	6,6	6,6	6,6	6,6
20	13,0	13,0	13,0	13,0	13,1	13,1	13,1	13,1	13,1	13,2
30	19,5	19,5	19,5	19,6	19,6	19,6	19,7	19,7	19,7	19,7
40	26,0	26,0	26,0	26,1	26,1	26,2	26,2	26,2	26,3	26,3
50	32,4	32,5	32,5	32,6	32,6	32,7	32,7	32,8	32,8	32,9
60	38,9	39,0	39,1	39,1	39,2	39,2	39,3	39,4	39,4	39,5
70	45,4	45,5	45,6	45,6	45,7	45,8	45,8	45,9	46,0	46,1
80	51,9	52,0	52,1	52,2	52,2	52,3	52,4	52,5	52,6	52,6
90	58,4	58,5	58,6	58,7	58,8	58,9	58,9	59,0	59,1	59,2
100	64,9	65,0	65,1	65,2	65,3	65,4	65,5	65,6	65,7	65,8
200	129,8	130,0	130,2	130,4	130,6	130,8	131,0	131,2	131,4	131,6
300	194,7	195,0	195,3	195,6	195,9	196,2	196,5	196,8	197,1	197,4
400	259,6	260,0	260,4	260,8	261,2	261,6	262,0	262,4	262,8	263,2
500	324,4	324,9	325,4	325,9	326,4	326,9	327,4	327,9	328,4	328,9
600	389,3	389,9	390,5	391,1	391,7	392,3	392,9	393,5	394,1	394,7
700	454,2	454,9	455,6	456,3	457,0	457,7	458,4	459,1	459,8	460,5
800	519,1	519,9	520,7	521,5	522,3	523,1	523,9	524,7	525,5	526,3
900	584,0	584,9	585,8	586,7	587,6	588,5	589,4	590,3	591,2	592,1
1000	649	650	651	652	653	654	655	656	657	658
2000	1298	1300	1302	1304	1306	1308	1310	1312	1314	1316
3000	1947	1950	1953	1956	1959	1962	1965	1968	1971	1974
4000	2596	2600	2604	2608	2612	2616	2620	2624	2628	2632
5000	3244	3249	3254	3259	3264	3269	3274	3279	3284	3289
6000	3893	3899	3905	3911	3917	3923	3929	3935	3941	3947
7000	4542	4549	4556	4563	4570	4577	4584	4591	4598	4605
8000	5191	5199	5207	5215	5223	5231	5239	5247	5255	5263
9000	5840	5849	5858	5867	5876	5885	5894	5903	5912	5921
10000	6489	6499	6509	6519	6529	6539	6549	6559	6569	6579

Tafel 2

zur Entnahme des Gewichts von Mineralölen aus dem Raumgehalt in Liter und der scheinbaren (abgelesenen) Dichte.

Liter	0,660	0,661	0,662	0,663	0,664	0,665	0,666	0,667	0,668	0,669
	Gewicht für obige scheinbare Dichte in Kilogramm									
1	0,7	0,7	0,7	0,7	0,7	0,7	0,7	0,7	0,7	0,7
2	1,3	1,3	1,3	1,3	1,3	1,3	1,3	1,3	1,3	1,3
3	2,0	2,0	2,0	2,0	2,0	2,0	2,0	2,0	2,0	2,0
4	2,6	2,6	2,6	2,6	2,7	2,7	2,7	2,7	2,7	2,7
5	3,3	3,3	3,3	3,3	3,3	3,3	3,3	3,3	3,3	3,3
6	4,0	4,0	4,0	4,0	4,0	4,0	4,0	4,0	4,0	4,0
7	4,6	4,6	4,6	4,6	4,6	4,6	4,7	4,7	4,7	4,7
8	5,3	5,3	5,3	5,3	5,3	5,3	5,3	5,3	5,3	5,3
9	5,9	5,9	5,9	6,0	6,0	6,0	6,0	6,0	6,0	6,0
10	6,6	6,6	6,6	6,6	6,6	6,6	6,7	6,7	6,7	6,7
20	13,2	13,2	13,2	13,2	13,3	13,3	13,3	13,3	13,3	13,4
30	19,8	19,8	19,8	19,9	19,9	19,9	20,0	20,0	20,0	20,0
40	26,4	26,4	26,4	26,5	26,5	26,6	26,6	26,6	26,7	26,7
50	32,9	33,0	33,0	33,1	33,1	33,2	33,2	33,3	33,3	33,4
60	39,5	39,6	39,7	39,7	39,8	39,8	39,9	40,0	40,0	40,1
70	46,1	46,2	46,3	46,3	46,4	46,5	46,5	46,6	46,7	46,8
80	52,7	52,8	52,9	53,0	53,0	53,1	53,2	53,3	53,4	53,4
90	59,3	59,4	59,5	59,6	59,7	59,8	59,8	59,9	60,0	60,1
100	65,9	66,0	66,1	66,2	66,3	66,4	66,5	66,6	66,7	66,8
200	131,8	132,0	132,2	132,4	132,6	132,8	133,0	133,2	133,4	133,6
300	197,7	198,0	198,3	198,6	198,9	199,2	199,5	199,8	200,1	200,4
400	263,6	264,0	264,4	264,8	265,2	265,6	266,0	266,4	266,8	267,2
500	329,4	329,9	330,4	330,9	331,4	331,9	332,4	332,9	333,4	333,9
600	395,3	395,9	396,5	397,1	397,7	398,3	398,9	399,5	400,1	400,7
700	461,2	461,9	462,6	463,3	464,0	464,7	465,4	466,1	466,8	467,5
800	527,1	527,9	528,7	529,5	530,3	531,1	531,9	532,7	533,5	534,3
900	593,0	593,9	594,8	595,7	596,6	597,5	598,4	599,3	600,2	601,1
1000	659	660	661	662	663	664	665	666	667	668
2000	1318	1320	1322	1324	1326	1328	1330	1332	1334	1336
3000	1977	1980	1983	1986	1989	1992	1995	1998	2001	2004
4000	2636	2640	2644	2648	2652	2656	2660	2664	2668	2672
5000	3294	3299	3304	3309	3314	3319	3324	3329	3334	3339
6000	3953	3959	3965	3971	3977	3983	3989	3995	4001	4007
7000	4612	4619	4626	4633	4640	4647	4654	4661	4668	4675
8000	5271	5279	5287	5295	5303	5311	5319	5327	5335	5343
9000	5930	5939	5948	5957	5966	5975	5984	5993	6002	6011
10000	6589	6599	6609	6619	6629	6639	6649	6659	6669	6679

Tafel 2

zur Entnahme des Gewichts von Mineralölen aus dem Raumgehalt in Liter und der scheinbaren (abgelesenen) Dichte.

Liter	0,670	0,671	0,672	0,673	0,674	0,675	0,676	0,677	0,678	0,679
	Gewicht für obige scheinbare Dichte in Kilogramm									
1	0,7	0,7	0,7	0,7	0,7	0,7	0,7	0,7	0,7	0,7
2	1,3	1,3	1,3	1,3	1,3	1,3	1,4	1,4	1,4	1,4
3	2,0	2,0	2,0	2,0	2,0	2,0	2,0	2,0	2,0	2,0
4	2,7	2,7	2,7	2,7	2,7	2,7	2,7	2,7	2,7	2,7
5	3,3	3,3	3,4	3,4	3,4	3,4	3,4	3,4	3,4	3,4
6	4,0	4,0	4,0	4,0	4,0	4,0	4,0	4,1	4,1	4,1
7	4,7	4,7	4,7	4,7	4,7	4,7	4,7	4,7	4,7	4,7
8	5,4	5,4	5,4	5,4	5,4	5,4	5,4	5,4	5,4	5,4
9	6,0	6,0	6,0	6,0	6,1	6,1	6,1	6,1	6,1	6,1
10	6,7	6,7	6,7	6,7	6,7	6,7	6,8	6,8	6,8	6,8
20	13,4	13,4	13,4	13,4	13,5	13,5	13,5	13,5	13,5	13,6
30	20,1	20,1	20,1	20,2	20,2	20,2	20,3	20,3	20,3	20,3
40	26,8	26,8	26,8	26,9	26,9	27,0	27,0	27,0	27,1	27,1
50	33,4	33,5	33,5	33,6	33,6	33,7	33,7	33,8	33,8	33,9
60	40,1	40,2	40,3	40,3	40,4	40,4	40,5	40,6	40,6	40,7
70	46,8	46,9	47,0	47,0	47,1	47,2	47,2	47,3	47,4	47,5
80	53,5	53,6	53,7	53,8	53,8	53,9	54,0	54,1	54,2	54,2
90	60,2	60,3	60,4	60,5	60,6	60,7	60,7	60,8	60,9	61,0
100	66,9	67,0	67,1	67,2	67,3	67,4	67,5	67,6	67,7	67,8
200	133,8	134,0	134,2	134,4	134,6	134,8	135,0	135,2	135,4	135,6
300	200,7	201,0	201,3	201,6	201,9	202,2	202,5	202,8	203,1	203,4
400	267,6	268,0	268,4	268,8	269,2	269,6	270,0	270,4	270,8	271,2
500	334,4	334,9	335,4	335,9	336,4	336,9	337,4	337,9	338,4	338,9
600	401,3	401,9	402,5	403,1	403,7	404,3	404,9	405,5	406,1	406,7
700	468,2	468,9	469,6	470,3	471,0	471,7	472,4	473,1	473,8	474,5
800	535,1	535,9	536,7	537,5	538,3	539,1	539,9	540,7	541,5	542,3
900	602,0	602,9	603,8	604,7	605,6	606,5	607,4	608,3	609,2	610,1
1000	669	670	671	672	673	674	675	676	677	678
2000	1338	1340	1342	1344	1346	1348	1350	1352	1354	1356
3000	2007	2010	2013	2016	2019	2022	2025	2028	2031	2034
4000	2676	2680	2684	2688	2692	2696	2700	2704	2708	2712
5000	3344	3349	3354	3359	3364	3369	3374	3379	3384	3389
6000	4013	4019	4025	4031	4037	4043	4049	4055	4061	4067
7000	4682	4689	4696	4703	4710	4717	4724	4731	4738	4745
8000	5351	5359	5367	5375	5383	5391	5399	5407	5415	5423
9000	6020	6029	6038	6047	6056	6065	6074	6083	6092	6101
10000	6689	6699	6709	6719	6729	6739	6749	6759	6769	6779

Tafel 2

zur Entnahme des Gewichts von Mineralölen aus dem Raumgehalt in Liter und der scheinbaren (abgelesenen) Dichte.

Liter	0,680	0,681	0,682	0,683	0,684	0,685	0,686	0,687	0,688	0,689
	Gewicht für obige scheinbare Dichte in Kilogramm									
1	0,7	0,7	0,7	0,7	0,7	0,7	0,7	0,7	0,7	0,7
2	1,4	1,4	1,4	1,4	1,4	1,4	1,4	1,4	1,4	1,4
3	2,0	2,0	2,0	2,0	2,0	2,1	2,1	2,1	2,1	2,1
4	2,7	2,7	2,7	2,7	2,7	2,7	2,7	2,7	2,7	2,8
5	3,4	3,4	3,4	3,4	3,4	3,4	3,4	3,4	3,4	3,4
6	4,1	4,1	4,1	4,1	4,1	4,1	4,1	4,1	4,1	4,1
7	4,8	4,8	4,8	4,8	4,8	4,8	4,8	4,8	4,8	4,8
8	5,4	5,4	5,4	5,5	5,5	5,5	5,5	5,5	5,5	5,5
9	6,1	6,1	6,1	6,1	6,1	6,2	6,2	6,2	6,2	6,2
10	6,8	6,8	6,8	6,8	6,8	6,8	6,9	6,9	6,9	6,9
20	13,6	13,6	13,6	13,6	13,7	13,7	13,7	13,7	13,7	13,8
30	20,4	20,4	20,4	20,5	20,5	20,5	20,6	20,6	20,6	20,6
40	27,2	27,2	27,2	27,3	27,3	27,4	27,4	27,4	27,5	27,5
50	33,9	34,0	34,0	34,1	34,1	34,2	34,2	34,3	34,3	34,4
60	40,7	40,8	40,9	40,9	41,0	41,0	41,1	41,2	41,2	41,3
70	47,5	47,6	47,7	47,7	47,8	47,9	47,9	48,0	48,1	48,2
80	54,3	54,4	54,5	54,6	54,6	54,7	54,8	54,9	55,0	55,0
90	61,1	61,2	61,3	61,4	61,5	61,6	61,6	61,7	61,8	61,9
100	67,9	68,0	68,1	68,2	68,3	68,4	68,5	68,6	68,7	68,8
200	135,8	136,0	136,2	136,4	136,6	136,8	137,0	137,2	137,4	137,6
300	203,7	204,0	204,3	204,6	204,9	205,2	205,5	205,8	206,1	206,4
400	271,6	272,0	272,4	272,8	273,2	273,6	274,0	274,4	274,8	275,2
500	339,4	339,9	340,4	340,9	341,4	341,9	342,4	342,9	343,4	343,9
600	407,3	407,9	408,5	409,1	409,7	410,3	410,9	411,5	412,1	412,7
700	475,2	475,9	476,6	477,3	478,0	478,7	479,4	480,1	480,8	481,5
800	543,1	543,9	544,7	545,5	546,3	547,1	547,9	548,7	549,5	550,3
900	611,0	611,9	612,8	613,7	614,6	615,5	616,4	617,3	618,2	619,1
1000	679	680	681	682	683	684	685	686	687	688
2000	1358	1360	1362	1364	1366	1368	1370	1372	1374	1376
3000	2037	2040	2043	2046	2049	2052	2055	2058	2061	2064
4000	2716	2720	2724	2728	2732	2736	2740	2744	2748	2752
5000	3394	3399	3404	3409	3414	3419	3424	3429	3434	3439
6000	4073	4079	4085	4091	4097	4103	4109	4115	4121	4127
7000	4752	4759	4766	4773	4780	4787	4794	4801	4808	4815
8000	5431	5439	5447	5455	5463	5471	5479	5487	5495	5503
9000	6110	6119	6128	6137	6146	6155	6164	6173	6182	6191
10000	6789	6799	6809	6819	6829	6839	6849	6859	6869	6879

Tafel 2

zur Entnahme des Gewichts von Mineralölen aus dem Raumgehalt in Liter und der scheinbaren (abgelesenen) Dichte.

Liter	0,690	0,691	0,692	0,693	0,694	0,695	0,696	0,697	0,698	0,699
	Gewicht für obige scheinbare Dichte in Kilogramm									
1	0,7	0,7	0,7	0,7	0,7	0,7	0,7	0,7	0,7	0,7
2	1,4	1,4	1,4	1,4	1,4	1,4	1,4	1,4	1,4	1,4
3	2,1	2,1	2,1	2,1	2,1	2,1	2,1	2,1	2,1	2,1
4	2,8	2,8	2,8	2,8	2,8	2,8	2,8	2,8	2,8	2,8
5	3,4	3,4	3,5	3,5	3,5	3,5	3,5	3,5	3,5	3,5
6	4,1	4,1	4,1	4,2	4,2	4,2	4,2	4,2	4,2	4,2
7	4,8	4,8	4,8	4,8	4,9	4,9	4,9	4,9	4,9	4,9
8	5,5	5,5	5,5	5,5	5,5	5,6	5,6	5,6	5,6	5,6
9	6,2	6,2	6,2	6,2	6,2	6,2	6,3	6,3	6,3	6,3
10	6,9	6,9	6,9	6,9	6,9	6,9	7,0	7,0	7,0	7,0
20	13,8	13,8	13,8	13,8	13,9	13,9	13,9	13,9	13,9	14,0
30	20,7	20,7	20,7	20,8	20,8	20,8	20,9	20,9	20,9	20,9
40	27,6	27,6	27,6	27,7	27,7	27,8	27,8	27,8	27,9	27,9
50	34,4	34,5	34,5	34,6	34,6	34,7	34,7	34,8	34,8	34,9
60	41,3	41,4	41,5	41,5	41,6	41,6	41,7	41,8	41,8	41,9
70	48,2	48,3	48,4	48,4	48,5	48,6	48,6	48,7	48,8	48,9
80	55,1	55,2	55,3	55,4	55,4	55,5	55,6	55,7	55,8	55,8
90	62,0	62,1	62,2	62,3	62,4	62,5	62,5	62,6	62,7	62,8
100	68,9	69,0	69,1	69,2	69,3	69,4	69,5	69,6	69,7	69,8
200	137,8	138,0	138,2	138,4	138,6	138,8	139,0	139,2	139,4	139,6
300	206,7	207,0	207,3	207,6	207,9	208,2	208,5	208,8	209,1	209,4
400	275,6	276,0	276,4	276,8	277,2	277,6	278,0	278,4	278,8	279,2
500	344,4	344,9	345,4	345,9	346,4	346,9	347,4	347,9	348,4	348,9
600	413,3	413,9	414,5	415,1	415,7	416,3	416,9	417,5	418,1	418,7
700	482,2	482,9	483,6	484,3	485,0	485,7	486,4	487,1	487,8	488,5
800	551,1	551,9	552,7	553,5	554,3	555,1	555,9	556,7	557,5	558,3
900	620,0	620,9	621,8	622,7	623,6	624,5	625,4	626,3	627,2	628,1
1000	689	690	691	692	693	694	695	696	697	698
2000	1378	1380	1382	1384	1386	1388	1390	1392	1394	1396
3000	2067	2070	2073	2076	2079	2082	2085	2088	2091	2094
4000	2756	2760	2764	2768	2772	2776	2780	2784	2788	2792
5000	3444	3449	3454	3459	3464	3469	3474	3479	3484	3489
6000	4133	4139	4145	4151	4157	4163	4169	4175	4181	4187
7000	4822	4829	4836	4843	4850	4857	4864	4871	4878	4885
8000	5511	5519	5527	5535	5543	5551	5559	5567	5575	5583
9000	6200	6209	6218	6227	6236	6245	6254	6263	6272	6281
10000	6889	6899	6909	6919	6929	6939	6949	6959	6969	6979

Tafel 2

zur Entnahme des Gewichts von Mineralölen aus dem Raumgehalt in Liter und der scheinbaren (abgelesenen) Dichte.

Liter	0,700	0,701	0,702	0,703	0,704	0,705	0,706	0,707	0,708	0,709
	Gewicht für obige scheinbare Dichte in Kilogramm									
1	0,7	0,7	0,7	0,7	0,7	0,7	0,7	0,7	0,7	0,7
2	1,4	1,4	1,4	1,4	1,4	1,4	1,4	1,4	1,4	1,4
3	2,1	2,1	2,1	2,1	2,1	2,1	2,1	2,1	2,1	2,1
4	2,8	2,8	2,8	2,8	2,8	2,8	2,8	2,8	2,8	2,8
5	3,5	3,5	3,5	3,5	3,5	3,5	3,5	3,5	3,5	3,5
6	4,2	4,2	4,2	4,2	4,2	4,2	4,2	4,2	4,2	4,2
7	4,9	4,9	4,9	4,9	4,9	4,9	4,9	4,9	4,9	5,0
8	5,6	5,6	5,6	5,6	5,6	5,6	5,6	5,6	5,7	5,7
9	6,3	6,3	6,3	6,3	6,3	6,3	6,3	6,4	6,4	6,4
10	7,0	7,0	7,0	7,0	7,0	7,0	7,1	7,1	7,1	7,1
20	14,0	14,0	14,0	14,0	14,1	14,1	14,1	14,1	14,1	14,2
30	21,0	21,0	21,0	21,1	21,1	21,1	21,2	21,2	21,2	21,2
40	28,0	28,0	28,0	28,1	28,1	28,2	28,2	28,2	28,3	28,3
50	34,9	35,0	35,0	35,1	35,1	35,2	35,2	35,3	35,3	35,4
60	41,9	42,0	42,1	42,1	42,2	42,2	42,3	42,4	42,4	42,5
70	48,9	49,0	49,1	49,1	49,2	49,3	49,3	49,4	49,5	49,6
80	55,9	56,0	56,1	56,2	56,2	56,3	56,4	56,5	56,6	56,6
90	62,9	63,0	63,1	63,2	63,3	63,4	63,4	63,5	63,6	63,7
100	69,9	70,0	70,1	70,2	70,3	70,4	70,5	70,6	70,7	70,8
200	139,8	140,0	140,2	140,4	140,6	140,8	141,0	141,2	141,4	141,6
300	209,7	210,0	210,3	210,6	210,9	211,2	211,5	211,8	212,1	212,4
400	279,6	280,0	280,4	280,8	281,2	281,6	282,0	282,4	282,8	283,2
500	349,4	349,9	350,4	350,9	351,4	351,9	352,4	352,9	353,4	353,9
600	419,3	419,9	420,5	421,1	421,7	422,3	422,9	423,5	424,1	424,7
700	489,2	489,9	490,6	491,3	492,0	492,7	493,4	494,1	494,8	495,5
800	559,1	559,9	560,7	561,5	562,3	563,1	563,9	564,7	565,5	566,3
900	629,0	629,9	630,8	631,7	632,6	633,5	634,4	635,3	636,2	637,1
1000	699	700	701	702	703	704	705	706	707	708
2000	1398	1400	1402	1404	1406	1408	1410	1412	1414	1416
3000	2097	2100	2103	2106	2109	2112	2115	2118	2121	2124
4000	2796	2800	2804	2808	2812	2816	2820	2824	2828	2832
5000	3494	3499	3504	3509	3514	3519	3524	3529	3534	3539
6000	4193	4199	4205	4211	4217	4223	4229	4235	4241	4247
7000	4892	4899	4906	4913	4920	4927	4934	4941	4948	4955
8000	5591	5599	5607	5615	5623	5631	5639	5647	5655	5663
9000	6290	6299	6308	6317	6326	6335	6344	6353	6362	6371
10000	6989	6999	7009	7019	7029	7039	7049	7059	7069	7079

Tafel 2

zur Entnahme des Gewichts von Mineralölen aus dem Raumgehalt in Liter und der scheinbaren (abgelesenen) Dichte.

Liter	0,710	0,711	0,712	0,713	0,714	0,715	0,716	0,717	0,718	0,719
	Gewicht für obige scheinbare Dichte in Kilogramm									
1	0,7	0,7	0,7	0,7	0,7	0,7	0,7	0,7	0,7	0,7
2	1,4	1,4	1,4	1,4	1,4	1,4	1,4	1,4	1,4	1,4
3	2,1	2,1	2,1	2,1	2,1	2,1	2,1	2,1	2,2	2,2
4	2,8	2,8	2,8	2,8	2,9	2,9	2,9	2,9	2,9	2,9
5	3,5	3,5	3,6	3,6	3,6	3,6	3,6	3,6	3,6	3,6
6	4,3	4,3	4,3	4,3	4,3	4,3	4,3	4,3	4,3	4,3
7	5,0	5,0	5,0	5,0	5,0	5,0	5,0	5,0	5,0	5,0
8	5,7	5,7	5,7	5,7	5,7	5,7	5,7	5,7	5,7	5,7
9	6,4	6,4	6,4	6,4	6,4	6,4	6,4	6,4	6,5	6,5
10	7,1	7,1	7,1	7,1	7,1	7,1	7,2	7,2	7,2	7,2
20	14,2	14,2	14,2	14,2	14,3	14,3	14,3	14,3	14,3	14,4
30	21,3	21,3	21,3	21,4	21,4	21,4	21,5	21,5	21,5	21,5
40	28,4	28,4	28,4	28,5	28,5	28,6	28,6	28,6	28,7	28,7
50	35,4	35,5	35,5	35,6	35,6	35,7	35,7	35,8	35,8	35,9
60	42,5	42,6	42,7	42,7	42,8	42,8	42,9	43,0	43,0	43,1
70	49,6	49,7	49,8	49,8	49,9	50,0	50,0	50,1	50,2	50,3
80	56,7	56,8	56,9	57,0	57,0	57,1	57,2	57,3	57,4	57,4
90	63,8	63,9	64,0	64,1	64,2	64,3	64,3	64,4	64,5	64,6
100	70,9	71,0	71,1	71,2	71,3	71,4	71,5	71,6	71,7	71,8
200	141,8	142,0	142,2	142,4	142,6	142,8	143,0	143,2	143,4	143,6
300	212,7	213,0	213,3	213,6	213,9	214,2	214,5	214,8	215,1	215,4
400	283,6	284,0	284,4	284,8	285,2	285,6	286,0	286,4	286,8	287,2
500	354,4	354,9	355,4	355,9	356,4	356,9	357,4	357,9	358,4	358,9
600	425,3	425,9	426,5	427,1	427,7	428,3	428,9	429,5	430,1	430,7
700	496,2	496,9	497,6	498,3	499,0	499,7	500,4	501,1	501,8	502,5
800	567,1	567,9	568,7	569,5	570,3	571,1	571,9	572,7	573,5	574,3
900	638,0	638,9	639,8	640,7	641,6	642,5	643,4	644,3	645,2	646,1
1000	709	710	711	712	713	714	715	716	717	718
2000	1418	1420	1422	1424	1426	1428	1430	1432	1434	1436
3000	2127	2130	2133	2136	2139	2142	2145	2148	2151	2154
4000	2836	2840	2844	2848	2852	2856	2860	2864	2868	2872
5000	3544	3549	3554	3559	3564	3569	3574	3579	3584	3589
6000	4253	4259	4265	4271	4277	4283	4289	4295	4301	4307
7000	4962	4969	4976	4983	4990	4997	5004	5011	5018	5025
8000	5671	5679	5687	5695	5703	5711	5719	5727	5735	5743
9000	6380	6389	6398	6407	6416	6425	6434	6443	6452	6461
10000	7089	7099	7109	7119	7129	7139	7149	7159	7169	7179

Tafel 2

zur Entnahme des Gewichts von Mineralölen aus dem Raumgehalt in Liter und der scheinbaren (abgelesenen) Dichte.

Liter	0,720	0,721	0,722	0,723	0,724	0,725	0,726	0,727	0,728	0,729
	Gewicht für obige scheinbare Dichte in Kilogramm									
1	0,7	0,7	0,7	0,7	0,7	0,7	0,7	0,7	0,7	0,7
2	1,4	1,4	1,4	1,4	1,4	1,4	1,5	1,5	1,5	1,5
3	2,2	2,2	2,2	2,2	2,2	2,2	2,2	2,2	2,2	2,2
4	2,9	2,9	2,9	2,9	2,9	2,9	2,9	2,9	2,9	2,9
5	3,6	3,6	3,6	3,6	3,6	3,6	3,6	3,6	3,6	3,6
6	4,3	4,3	4,3	4,3	4,3	4,3	4,3	4,4	4,4	4,4
7	5,0	5,0	5,0	5,1	5,1	5,1	5,1	5,1	5,1	5,1
8	5,8	5,8	5,8	5,8	5,8	5,8	5,8	5,8	5,8	5,8
9	6,5	6,5	6,5	6,5	6,5	6,5	6,5	6,5	6,5	6,6
10	7,2	7,2	7,2	7,2	7,2	7,2	7,3	7,3	7,3	7,3
20	14,4	14,4	14,4	14,4	14,5	14,5	14,5	14,5	14,5	14,6
30	21,6	21,6	21,6	21,7	21,7	21,7	21,8	21,8	21,8	21,8
40	28,8	28,8	28,8	28,9	28,9	29,0	29,0	29,0	29,1	29,1
50	35,9	36,0	36,0	36,1	36,1	36,2	36,2	36,3	36,3	36,4
60	43,1	43,2	43,3	43,3	43,4	43,4	43,5	43,6	43,6	43,7
70	50,3	50,4	50,5	50,5	50,6	50,7	50,7	50,8	50,9	51,0
80	57,5	57,6	57,7	57,8	57,8	57,9	58,0	58,1	58,2	58,2
90	64,7	64,8	64,9	65,0	65,1	65,2	65,2	65,3	65,4	65,5
100	71,9	72,0	72,1	72,2	72,3	72,4	72,5	72,6	72,7	72,8
200	143,8	144,0	144,2	144,4	144,6	144,8	145,0	145,2	145,4	145,6
300	215,7	216,0	216,3	216,6	216,9	217,2	217,5	217,8	218,1	218,4
400	287,6	288,0	288,4	288,8	289,2	289,6	290,0	290,4	290,8	291,2
500	359,4	359,9	360,4	360,9	361,4	361,9	362,4	362,9	363,4	363,9
600	431,3	431,9	432,5	433,1	433,7	434,3	434,9	435,5	436,1	436,7
700	503,2	503,9	504,6	505,3	506,0	506,7	507,4	508,1	508,8	509,5
800	575,1	575,9	576,7	577,5	578,3	579,1	579,9	580,7	581,5	582,3
900	647,0	647,9	648,8	649,7	650,6	651,5	652,4	653,3	654,2	655,1
1000	719	720	721	722	723	724	725	726	727	728
2000	1438	440	1442	1444	1446	1448	1450	1452	1454	1456
3000	2157	2160	2163	2166	2169	2172	2175	2178	2181	2184
4000	2876	2880	2884	2888	2892	2896	2900	2904	2908	2912
5000	3594	3599	3604	3609	3614	3619	3624	3629	3634	3639
6000	4313	4319	4325	4331	4337	4343	4349	4355	4361	4367
7000	5032	5039	5046	5053	5060	5067	5074	5081	5088	5095
8000	5751	5759	5767	5775	5783	5791	5799	5807	5815	5823
9000	6470	6479	6488	6497	6506	6515	6524	6533	6542	6551
10000	7189	7199	7209	7219	7229	7239	7249	7259	7269	7279

Tafel 2

zur Entnahme des Gewichts von Mineralölen aus dem Raumgehalt in Liter und der scheinbaren (abgelesenen) Dichte.

Liter	0,730	0,731	0,732	0,733	0,734	0,735	0,736	0,737	0,738	0,739
	Gewicht für obige scheinbare Dichte in Kilogramm									
1	0,7	0,7	0,7	0,7	0,7	0,7	0,7	0,7	0,7	0,7
2	1,5	1,5	1,5	1,5	1,5	1,5	1,5	1,5	1,5	1,5
3	2,2	2,2	2,2	2,2	2,2	2,2	2,2	2,2	2,2	2,2
4	2,9	2,9	2,9	2,9	2,9	2,9	2,9	2,9	2,9	3,0
5	3,6	3,7	3,7	3,7	3,7	3,7	3,7	3,7	3,7	3,7
6	4,4	4,4	4,4	4,4	4,4	4,4	4,4	4,4	4,4	4,4
7	5,1	5,1	5,1	5,1	5,1	5,1	5,1	5,2	5,2	5,2
8	5,8	5,8	5,8	5,9	5,9	5,9	5,9	5,9	5,9	5,9
9	6,6	6,6	6,6	6,6	6,6	6,6	6,6	6,6	6,6	6,6
10	7,3	7,3	7,3	7,3	7,3	7,3	7,4	7,4	7,4	7,4
20	14,6	14,6	14,6	14,6	14,7	14,7	14,7	14,7	14,7	14,8
30	21,9	21,9	21,9	22,0	22,0	22,0	22,1	22,1	22,1	22,1
40	29,2	29,2	29,2	29,3	29,3	29,4	29,4	29,4	29,5	29,5
50	36,5	36,5	36,6	36,6	36,7	36,7	36,8	36,8	36,9	36,9
60	43,7	43,8	43,9	43,9	44,0	44,0	44,1	44,2	44,2	44,3
70	51,0	51,1	51,2	51,2	51,3	51,4	51,4	51,5	51,6	51,7
80	58,3	58,4	58,5	58,6	58,6	58,7	58,8	58,9	59,0	59,0
90	65,6	65,7	65,8	65,9	66,0	66,1	66,1	66,2	66,3	66,4
100	72,9	73,0	73,1	73,2	73,3	73,4	73,5	73,6	73,7	73,8
200	145,8	146,0	146,2	146,4	146,6	146,8	147,0	147,2	147,4	147,6
300	218,7	219,0	219,3	219,6	219,9	220,2	220,5	220,8	221,1	221,4
400	291,6	292,0	292,4	292,8	293,2	293,6	294,0	294,4	294,8	295,2
500	364,5	365,0	365,5	366,0	366,5	367,0	367,5	368,0	368,5	369,0
600	437,3	437,9	438,5	439,1	439,7	440,3	440,9	441,5	442,1	442,7
700	510,2	510,9	511,6	512,3	513,0	513,7	514,4	515,1	515,8	516,5
800	583,1	583,9	584,7	585,5	586,3	587,1	587,9	588,7	589,5	590,3
900	656,0	656,9	657,8	658,7	659,6	660,5	661,4	662,3	663,2	664,1
1000	729	730	731	732	733	734	735	736	737	738
2000	1458	1460	1462	1464	1466	1468	1470	1472	1474	1476
3000	2187	2190	2193	2196	2199	2202	2205	2208	2211	2214
4000	2916	2920	2924	2928	2932	2936	2940	2944	2948	2952
5000	3645	3650	3655	3660	3665	3670	3675	3680	3685	3690
6000	4373	4379	4385	4391	4397	4403	4409	4415	4421	4427
7000	5102	5109	5116	5123	5130	5137	5144	5151	5158	5165
8000	5831	5839	5847	5855	5863	5871	5879	5887	5895	5903
9000	6560	6569	6578	6587	6596	6605	6614	6623	6632	6641
10000	7289	7299	7309	7319	7329	7339	7349	7359	7369	7379

Tafel 2

zur Entnahme des Gewichts von Mineralölen aus dem Raumgehalt in Liter und der scheinbaren (abgelesenen) Dichte.

Liter	0,740	0,741	0,742	0,743	0,744	0,745	0,746	0,747	0,748	0,749
	Gewicht für obige scheinbare Dichte in Kilogramm									
1	0,7	0,7	0,7	0,7	0,7	0,7	0,7	0,7	0,7	0,7
2	1,5	1,5	1,5	1,5	1,5	1,5	1,5	1,5	1,5	1,5
3	2,2	2,2	2,2	2,2	2,2	2,2	2,2	2,2	2,2	2,2
4	3,0	3,0	3,0	3,0	3,0	3,0	3,0	3,0	3,0	3,0
5	3,7	3,7	3,7	3,7	3,7	3,7	3,7	3,7	3,7	3,7
6	4,4	4,4	4,4	4,5	4,5	4,5	4,5	4,5	4,5	4,5
7	5,2	5,2	5,2	5,2	5,2	5,2	5,2	5,2	5,2	5,2
8	5,9	5,9	5,9	5,9	5,9	6,0	6,0	6,0	6,0	6,0
9	6,7	6,7	6,7	6,7	6 7	6,7	6,7	6,7	6,7	6,7
10	7,4	7,4	7,4	7,4	7,4	7,4	7,5	7,5	7,5	7,5
20	14,8	14,8	14,8	14,8	14,9	14,9	14,9	14,9	14,9	15,0
30	22,2	22,2	22,2	22,3	22,3	22,3	22,4	22,4	22,4	22,4
40	29,6	29,6	29,6	29,7	29,7	29,8	29,8	29,8	29,9	29,9
50	37,0	37,0	37,1	37,1	37,2	37,2	37,3	37,3	37,4	37,4
60	44,3	44,4	44,5	44,5	44,6	44,6	44,7	44,8	44,8	44,9
70	51,7	51,8	51,9	51,9	52,0	52,1	52,1	52,2	52,3	52,4
80	59,1	59,2	59,3	59,4	59,4	59,5	59,6	59,7	59,7	59,8
90	66,5	66,6	66,7	66,8	66,9	67,0	67,0	67,1	67,2	67,3
100	73,9	74,0	74,1	74,2	74,3	74,4	74,5	74,6	74,7	74,8
200	147,8	148,0	148,2	148,4	148,6	148,8	149,0	149,2	149,4	149,6
300	221,7	222,0	222,3	222,6	222,9	223,2	223,5	223,8	224,1	224,4
400	295,6	296,0	296,4	296,8	297,2	297,6	298,0	298,4	298,8	299,2
500	369,5	370,0	370,5	371,0	371,5	372,0	372,5	373,0	373,5	374,0
600	443,3	443,9	444,5	445,1	445,7	446,3	446,9	447,5	448,1	448,7
700	517,2	517,9	518,6	519,3	520,0	520,7	521,4	522,1	522,8	523,5
800	591,1	591,9	592,7	593,5	594,3	595,1	595,9	596,7	597,5	598,3
900	665,0	665,9	666,8	667,7	668,6	669,5	670,4	671,3	672,2	673,1
1000	739	740	741	742	743	744	745	746	747	748
2000	1478	1480	1482	1484	1486	1488	1490	1492	1494	1496
3000	2217	2220	2223	2226	2229	2232	2235	2238	2241	2244
4000	2956	2960	2964	2968	2972	2976	2980	2984	2988	2992
5000	3695	3700	3705	3710	3715	3720	3725	3730	3735	3740
6000	4433	4439	4445	4451	4457	4463	4469	4475	4481	4487
7000	5172	5179	5186	5193	5200	5207	5214	5221	5228	5235
8000	5911	5919	5927	5935	5943	5951	5959	5967	5975	5983
9000	6650	6659	6668	6677	6686	6695	6704	6713	6722	6731
10000	7389	7399	7409	7419	7429	7439	7449	7459	7469	7479

Tafel 2

zur Entnahme des Gewichts von Mineralölen aus dem Raumgehalt in Liter und der scheinbaren (abgelesenen) Dichte.

Liter	0,750	0,751	0,752	0,753	0,754	0,755	0,756	0,757	0,758	0,759
	Gewicht für obige scheinbare Dichte in Kilogramm									
1	0,7	0,8	0,8	0,8	0,8	0,8	0,8	0,8	0,8	0,8
2	1,5	1,5	1,5	1,5	1,5	1,5	1,5	1,5	1,5	1,5
3	2,2	2,3	2,3	2,3	2,3	2,3	2,3	2,3	2,3	2,3
4	3,0	3,0	3,0	3,0	3,0	3,0	3,0	3,0	3,0	3,0
5	3,7	3,8	3,8	3,8	3,8	3,8	3,8	3,8	3,8	3,8
6	4,5	4,5	4,5	4,5	4,5	4,5	4,5	4,5	4,5	4,5
7	5,2	5,2	5,3	5,3	5,3	5,3	5,3	5,3	5,3	5,3
8	6,0	6,0	6,0	6,0	6,0	6,0	6,0	6,0	6,1	6,1
9	6,7	6,7	6,8	6,8	6,8	6,8	6,8	6,8	6,8	6,8
10	7,5	7,5	7,5	7,5	7,5	7,5	7,6	7,6	7,6	7,6
20	15,0	15,0	15,0	15,0	15,1	15,1	15,1	15,1	15,1	15,2
30	22,5	22,5	22,5	22,6	22,6	22,6	22,7	22,7	22,7	22,7
40	30,0	30,0	30,0	30,1	30,1	30,2	30,2	30,2	30,3	30,3
50	37,5	37,5	37,6	37,6	37,7	37,7	37,8	37,8	37,9	37,9
60	44,9	45,0	45,1	45,1	45,2	45,2	45,3	45,4	45,4	45,5
70	52,4	52,5	52,6	52,6	52,7	52,8	52,8	52,9	53,0	53,1
80	59,9	60,0	60,1	60,2	60,2	60,3	60,4	60,5	60,6	60,6
90	67,4	67,5	67,6	67,7	67,8	67,9	67,9	68,0	68,1	68,2
100	74,9	75,0	75,1	75,2	75,3	75,4	75,5	75,6	75,7	75,8
200	149,8	150,0	150,2	150,4	150,6	150,8	151,0	151,2	151,4	151,6
300	224,7	225,0	225,3	225,6	225,9	226,2	226,5	226,8	227,1	227,4
400	299,6	300,0	300,4	300,8	301,2	301,6	302,0	302,4	302,8	303,2
500	374,5	375,0	375,5	376,0	376,5	377,0	377,5	378,0	378,5	379,0
600	449,3	449,9	450,5	451,1	451,7	452,3	452,9	453,5	454,1	454,7
700	524,2	524,9	525,6	526,3	527,0	527,7	528,4	529,1	529,8	530,5
800	599,1	599,9	600,7	601,5	602,3	603,1	603,9	604,7	605,5	606,3
900	674,0	674,9	675,8	676,7	677,6	678,5	679,4	680,3	681,2	682,1
1000	749	750	751	752	753	754	755	756	757	758
2000	1498	1500	1502	1504	1506	1508	1510	1512	1514	1516
3000	2247	2250	2253	2256	2259	2262	2265	2268	2271	2274
4000	2996	3000	3004	3008	3012	3016	3020	3024	3028	3032
5000	3745	3750	3755	3760	3765	3770	3775	3780	3785	3790
6000	4493	4499	4505	4511	4517	4523	4529	4535	4541	4547
7000	5242	5249	5256	5263	5270	5277	5284	5291	5298	5305
8000	5991	5999	6007	6015	6023	6031	6039	6047	6055	6063
9000	6740	6749	6758	6767	6776	6785	6794	6803	6812	6821
10000	7489	7499	7509	7519	7529	7539	7549	7559	7569	7579

Tafel 2

zur Entnahme des Gewichts von Mineralölen aus dem Raumgehalt in Liter und der scheinbaren (abgelesenen) Dichte.

Liter	0,760	0,761	0,762	0,763	0,764	0,765	0,766	0,767	0,768	0,769
	Gewicht für obige scheinbare Dichte in Kilogramm									
1	0,8	0,8	0,8	0,8	0,8	0,8	0,8	0,8	0,8	0,8
2	1,5	1,5	1,5	1,5	1,5	1,5	1,5	1,5	1,5	1,5
3	2,3	2,3	2,3	2,3	2,3	2,3	2,3	2,3	2,3	2,3
4	3,0	3,0	3,0	3,0	3,1	3,1	3,1	3,1	3,1	3,1
5	3,8	3,8	3,8	3,8	3,8	3,8	3,8	3,8	3,8	3,8
6	4,6	4,6	4,6	4,6	4,6	4,6	4,6	4,6	4,6	4,6
7	5,3	5,3	5,3	5,3	5,3	5,3	5,4	5,4	5,4	5,4
8	6,1	6,1	6,1	6,1	6,1	6,1	6,1	6,1	6,1	6,1
9	6,8	6,8	6,8	6,9	6,9	6,9	6,9	6,9	6,9	6,9
10	7,6	7,6	7,6	7,6	7,6	7,6	7,7	7,7	7,7	7,7
20	15,2	15,2	15,2	15,2	15,3	15,3	15,3	15,3	15,3	15,4
30	22,8	22,8	22,8	22,9	22,9	22,9	23,0	23,0	23,0	23,0
40	30,4	30,4	30,4	30,5	30,5	30,6	30,6	30,6	30,7	30,7
50	38,0	38,0	38,1	38,1	38,2	38,2	38,3	38,3	38,4	38,4
60	45,5	45,6	45,7	45,7	45,8	45,8	45,9	46,0	46,0	46,1
70	53,1	53,2	53,3	53,3	53,4	53,5	53,5	53,6	53,7	53,8
80	60,7	60,8	60,9	61,0	61,0	61,1	61,2	61,3	61,4	61,4
90	68,3	68,4	68,5	68,6	68,7	68,8	68,8	68,9	69,0	69,1
100	75,9	76,0	76,1	76,2	76,3	76,4	76,5	76,6	76,7	76,8
200	151,8	152,0	152,2	152,4	152,6	152,8	153,0	153,2	153,4	153,6
300	227,7	228,0	228,3	228,6	228,9	229,2	229,5	229,8	230,1	230,4
400	303,6	304,0	304,4	304,8	305,2	305,6	306,0	306,4	306,8	307,2
500	379,5	380,0	380,5	381,0	381,5	382,0	382,5	383,0	383,5	384,0
600	455,3	455,9	456,5	457,1	457,7	458,3	458,9	459,5	460,1	460,7
700	531,2	531,9	532,6	533,3	534,0	534,7	535,4	536,1	536,8	537,5
800	607,1	607,9	608,7	609,5	610,3	611,1	611,9	612,7	613,5	614,3
900	683,0	683,9	684,8	685,7	686,6	687,5	688,4	689,3	690,2	691,1
1000	759	760	761	762	763	764	765	766	767	768
2000	1518	1520	1522	1524	1526	1528	1530	1532	1534	1536
3000	2277	2280	2283	2286	2289	2292	2295	2298	2301	2304
4000	3036	3040	3044	3048	3052	3056	3060	3064	3068	3072
5000	3795	3800	3805	3810	3815	3820	3825	3830	3835	3840
6000	4553	4559	4565	4571	4577	4583	4589	4595	4601	4607
7000	5312	5319	5326	5333	5340	5347	5354	5361	5368	5375
8000	6071	6079	6087	6095	6103	6111	6119	6127	6135	6143
9000	6830	6839	6848	6857	6866	6875	6884	6893	6902	6911
10000	7589	7599	7609	7619	7629	7639	7649	7659	7669	7679

Tafel 2

zur Entnahme des Gewichts von Mineralölen aus dem Raumgehalt in Liter und der scheinbaren (abgelesenen) Dichte.

Liter	0,770	0,771	0,772	0,773	0,774	0,775	0,776	0,777	0,778	0,779
	Gewicht für obige scheinbare Dichte in Kilogramm									
1	0,8	0,8	0,8	0,8	0,8	0,8	0,8	0,8	0,8	0,8
2	1,5	1,5	1,5	1,5	1,5	1,5	1,6	1,6	1,6	1,6
3	2,3	2,3	2,3	2,3	2,3	2,3	2,3	2,3	2,3	2,3
4	3,1	3,1	3,1	3,1	3,1	3,1	3,1	3,1	3,1	3,1
5	3,8	3,9	3,9	3,9	3,9	3,9	3,9	3,9	3,9	3,9
6	4,6	4,6	4,6	4,6	4,6	4,6	4,6	4,7	4,7	4,7
7	5,4	5,4	5,4	5,4	5,4	5,4	5,4	5,4	5,4	5,4
8	6,2	6,2	6,2	6,2	6,2	6,2	6,2	6,2	6,2	6,2
9	6,9	6,9	6,9	6,9	7,0	7,0	7,0	7,0	7,0	7,0
10	7,7	7,7	7,7	7,7	7,7	7,7	7,8	7,8	7,8	7,8
20	15,4	15,4	15,4	15,4	15,5	15,5	15,5	15,5	15,5	15,6
30	23,1	23,1	23,1	23,2	23,2	23,2	23,3	23,3	23,3	23,3
40	30,8	30,8	30,8	30,9	30,9	31,0	31,0	31,0	31,1	31,1
50	38,5	38,5	38,6	38,6	38,7	38,7	38,8	38,8	38,9	38,9
60	46,1	46,2	46,3	46,3	46,4	46,4	46,5	46,6	46,6	46,7
70	53,8	53,9	54,0	54,0	54,1	54,2	54,2	54,3	54,4	54,5
80	61,5	61,6	61,7	61,8	61,8	61,9	62,0	62,1	62,2	62,2
90	69,2	69,3	69,4	69,5	69,6	69,7	69,7	69,8	69,9	70,0
100	76,9	77,0	77,1	77,2	77,3	77,4	77,5	77,6	77,7	77,8
200	153,8	154,0	154,2	154,4	154,6	154,8	155,0	155,2	155,4	155,6
300	230,7	231,0	231,3	231,6	231,9	232,2	232,5	232,8	233,1	233,4
400	307,6	308,0	308,4	308,8	309,2	309,6	310,0	310,4	310,8	311,2
500	384,5	385,0	385,5	386,0	386,5	387,0	387,5	388,0	388,5	389,0
600	461,3	461,9	462,5	463,1	463,7	464,3	464,9	465,5	466,1	466,7
700	538,2	538,9	539,6	540,3	541,0	541,7	542,4	543,1	543,8	544,5
800	615,1	615,9	616,7	617,5	618,3	619,1	619,9	620,7	621,5	622,3
900	692,0	692,9	693,8	694,7	695,6	696,5	697,4	698,3	699,2	700,1
1000	769	770	771	772	773	774	775	776	777	778
2000	1538	1540	1542	1544	1546	1548	1550	1552	1554	1556
3000	2307	2310	2313	2316	2319	2322	2325	2328	2331	2334
4000	3076	3080	3084	3088	3092	3096	3100	3104	3108	3112
5000	3845	3850	3855	3860	3865	3870	3875	3880	3885	3890
6000	4613	4619	4625	4631	4637	4643	4649	4655	4661	4667
7000	5382	5389	5396	5403	5410	5417	5424	5431	5438	5445
8000	6151	6159	6167	6175	6183	6191	6199	6207	6215	6223
9000	6920	6929	6938	6947	6956	6965	6974	6983	6992	7001
10000	7689	7699	7709	7719	7729	7739	7749	7759	7769	7779

Tafel 2

zur Entnahme des Gewichts von Mineralölen aus dem Raumgehalt in Liter und der scheinbaren (abgelesenen) Dichte.

Liter	0,780	0,781	0,782	0,783	0,784	0,785	0,786	0,787	0,788	0,789
	Gewicht für obige scheinbare Dichte in Kilogramm									
1	0,8	0,8	0,8	0,8	0,8	0,8	0,8	0,8	0,8	0,8
2	1,6	1,6	1,6	1,6	1,6	1,6	1,6	1,6	1,6	1,6
3	2,3	2,3	2,3	2,3	2,3	2,4	2,4	2,4	2,4	2,4
4	3,1	3,1	3,1	3,1	3,1	3,1	3,1	3,1	3,1	3,2
5	3,9	3,9	3,9	3,9	3,9	3,9	3,9	3,9	3,9	3,9
6	4,7	4,7	4,7	4,7	4,7	4,7	4,7	4,7	4,7	4,7
7	5,5	5,5	5,5	5,5	5,5	5,5	5,5	5,5	5,5	5,5
8	6,2	6,2	6,2	6,3	6,3	6,3	6,3	6,3	6,3	6,3
9	7,0	7,0	7,0	7,0	7,0	7,1	7,1	7,1	7,1	7,1
10	7,8	7,8	7,8	7,8	7,8	7,8	7,9	7,9	7,9	7,9
20	15,6	15,6	15,6	15,6	15,7	15,7	15,7	15,7	15,7	15,8
30	23,4	23,4	23,4	23,5	23,5	23,5	23,6	23,6	23,6	23,6
40	31,2	31,2	31,2	31,3	31,3	31,4	31,4	31,4	31,5	31,5
50	39,0	39,0	39,1	39,1	39,2	39,2	39,3	39,3	39,4	39,4
60	46,7	46,8	46,9	46,9	47,0	47,0	47,1	47,2	47,2	47,3
70	54,5	54,6	54,7	54,7	54,8	54,9	54,9	55,0	55,1	55,2
80	62,3	62,4	62,5	62,6	62,6	62,7	62,8	62,9	63,0	63,0
90	70,1	70,2	70,3	70,4	70,5	70,6	70,6	70,7	70,8	70,9
100	77,9	78,0	78,1	78,2	78,3	78,4	78,5	78,6	78,7	78,8
200	155,8	156,0	156,2	156,4	156,6	156,8	157,0	157,2	157,4	157,6
300	233,7	234,0	234,3	234,6	234,9	235,2	235,5	235,8	236,1	236,4
400	311,6	312,0	312,4	312,8	313,2	313,6	314,0	314,4	314,8	315,2
500	389,5	390,0	390,5	391,0	391,5	392,0	392,5	393,0	393,5	394,0
600	467,3	467,9	468,5	469,1	469,7	470,3	470,9	471,5	472,2	472,8
700	545,2	545,9	546,6	547,3	548,0	548,7	549,4	550,1	550,8	551,5
800	623,1	623,9	624,7	625,5	626,3	627,1	627,9	628,7	629,5	630,3
900	701,0	701,9	702,8	703,7	704,6	705,5	706,4	707,3	708,2	709,1
1000	779	780	781	782	783	784	785	786	787	788
2000	1558	1560	1562	1564	1566	1568	1570	1572	1574	1576
3000	2337	2340	2343	2346	2349	2352	2355	2358	2361	2364
4000	3116	3120	3124	3128	3132	3136	3140	3144	3148	3152
5000	3895	3900	3905	3910	3915	3920	3925	3930	3935	3940
6000	4673	4679	4685	4691	4697	4703	4709	4715	4722	4728
7000	5452	5459	5466	5473	5480	5487	5494	5501	5508	5515
8000	6231	6239	6247	6255	6263	6271	6279	6287	6295	6303
9000	7010	7019	7028	7037	7046	7055	7064	7073	7082	7091
10000	7789	7799	7809	7819	7829	7839	7849	7859	7869	7879

Tafel 2

zur Entnahme des Gewichts von Mineralölen aus dem Raumgehalt in Liter und der scheinbaren (abgelesenen) Dichte.

Liter	0,790	0,791	0,792	0,793	0,794	0,795	0,796	0,797	0,798	0,799
	Gewicht für obige scheinbare Dichte in Kilogramm									
1	0,8	0,8	0,8	0,8	0,8	0,8	0,8	0,8	0,8	0,8
2	1,6	1,6	1,6	1,6	1,6	1,6	1,6	1,6	1,6	1,6
3	2,4	2,4	2,4	2,4	2,4	2,4	2,4	2,4	2,4	2,4
4	3,2	3,2	3,2	3,2	3,2	3,2	3,2	3,2	3,2	3,2
5	3,9	4,0	4,0	4,0	4,0	4,0	4,0	4,0	4,0	4,0
6	4,7	4,7	4,7	4,8	4,8	4,8	4,8	4,8	4,8	4,8
7	5,5	5,5	5,5	5,5	5,6	5,6	5,6	5,6	5,6	5,6
8	6,3	6,3	6,3	6,3	6,3	6,4	6,4	6,4	6,4	6,4
9	7,1	7,1	7,1	7,1	7,1	7,1	7,2	7,2	7,2	7,2
10	7,9	7,9	7,9	7,9	7,9	7,9	8,0	8,0	8,0	8,0
20	15,8	15,8	15,8	15,8	15,9	15,9	15,9	15,9	15,9	16,0
30	23,7	23,7	23,7	23,8	23,8	23,8	23,9	23,9	23,9	23,9
40	31,6	31,6	31,6	31,7	31,7	31,8	31,8	31,8	31,9	31,9
50	39,5	39,5	39,6	39,6	39,7	39,7	39,8	39,8	39,9	39,9
60	47,3	47,4	47,5	47,5	47,6	47,6	47,7	47,8	47,8	47,9
70	55,2	55,3	55,4	55,4	55,5	55,6	55,6	55,7	55,8	55,9
80	63,1	63,2	63,3	63,4	63,4	63,5	63,6	63,7	63,8	63,8
90	71,0	71,1	71,2	71,3	71,4	71,5	71,5	71,6	71,7	71,8
100	78,9	79,0	79,1	79,2	79,3	79,4	79,5	79,6	79,7	79,8
200	157,8	158,0	158,2	158,4	158,6	158,8	159,0	159,2	159,4	159,6
300	236,7	237,0	237,3	237,6	237,9	238,2	238,5	238,8	239,1	239,4
400	315,6	316,0	316,4	316,8	317,2	317,6	318,0	318,4	318,8	319,2
500	394,5	395,0	395,5	396,0	396,5	397,0	397,5	398,0	398,5	399,0
600	473,4	474,0	474,6	475,2	475,8	476,4	477,0	477,6	478,2	478,8
700	552,2	552,9	553,6	554,3	555,0	555,7	556,4	557,1	557,8	558,5
800	631,1	631,9	632,7	633,5	634,3	635,1	635,9	636,7	637,5	638,3
900	710,0	710,9	711,8	712,7	713,6	714,5	715,4	716,3	717,2	718,1
1000	789	790	791	792	793	794	795	796	797	798
2000	1578	1580	1582	1584	1586	1588	1590	1592	1594	1596
3000	2367	2370	2373	2376	2379	2382	2385	2388	2391	2394
4000	3156	3160	3164	3168	3172	3176	3180	3184	3188	3192
5000	3945	3950	3955	3960	3965	3970	3975	3980	3985	3990
6000	4734	4740	4746	4752	4758	4764	4770	4776	4782	4788
7000	5522	5529	5536	5543	5550	5557	5564	5571	5578	5585
8000	6311	6319	6327	6335	6343	6351	6359	6367	6375	6383
9000	7100	7109	7118	7127	7136	7145	7154	7163	7172	7181
10000	7889	7899	7909	7919	7929	7939	7949	7959	7969	7979

Tafel 2

zur Entnahme des Gewichts von Mineralölen aus dem Raumgehalt in Liter und der scheinbaren (abgelesenen) Dichte.

Liter	0,800	0,801	0,802	0,803	0,804	0,805	0,806	0,807	0,808	0,809
	Gewicht für obige scheinbare Dichte in Kilogramm									
1	0,8	0,8	0,8	0,8	0,8	0,8	0,8	0,8	0,8	0,8
2	1,6	1,6	1,6	1,6	1,6	1,6	1,6	1,6	1,6	1,6
3	2,4	2,4	2,4	2,4	2,4	2,4	2,4	2,4	2,4	2,4
4	3,2	3,2	3,2	3,2	3,2	3,2	3,2	3,2	3,2	3,2
5	4,0	4,0	4,0	4,0	4,0	4,0	4,0	4,0	4,0	4,0
6	4,8	4,8	4,8	4,8	4,8	4,8	4,8	4,8	4,8	4,8
7	5,6	5,6	5,6	5,6	5,6	5,6	5,6	5,6	5,6	5,7
8	6,4	6,4	6,4	6,4	6,4	6,4	6,4	6,4	6,5	6,5
9	7,2	7,2	7,2	7,2	7,2	7,2	7,2	7,3	7,3	7,3
10	8,0	8,0	8,0	8,0	8,0	8,0	8,1	8,1	8,1	8,1
20	16,0	16,0	16,0	16,0	16,1	16,1	16,1	16,1	16,1	16,2
30	24,0	24,0	24,0	24,1	24,1	24,1	24,2	24,2	24,2	24,2
40	32,0	32,0	32,0	32,1	32,1	32,2	32,2	32,2	32,3	32,3
50	40,0	40,0	40,1	40,1	40,2	40,2	40,3	40,3	40,4	40,4
60	47,9	48,0	48,1	48,1	48,2	48,2	48,3	48,4	48,4	48,5
70	55,9	56,0	56,1	56,1	56,2	56,3	56,3	56,4	56,5	56,6
80	63,9	64,0	64,1	64,2	64,2	64,3	64,4	64,5	64,6	64,6
90	71,9	72,0	72,1	72,2	72,3	72,4	72,4	72,5	72,6	72,7
100	79,9	80,0	80,1	80,2	80,3	80,4	80,5	80,6	80,7	80,8
200	159,8	160,0	160,2	160,4	160,6	160,8	161,0	161,2	161,4	161,6
300	239,7	240,0	240,3	240,6	240,9	241,2	241,5	241,8	242,1	242,4
400	319,6	320,0	320,4	320,8	321,2	321,6	322,0	322,4	322,8	323,2
500	399,5	400,0	400,5	401,0	401,5	402,0	402,5	403,0	403,5	404,0
600	479,4	480,0	480,6	481,2	481,8	482,4	483,0	483,6	484,2	484,8
700	559,2	559,9	560,6	561,3	562,0	562,7	563,4	564,1	564,8	565,5
800	639,1	639,9	640,7	641,5	642,3	643,1	643,9	644,7	645,5	646,3
900	719,0	719,9	720,8	721,7	722,6	723,5	724,4	725,3	726,2	727,1
1000	799	800	801	802	803	804	805	806	807	808
2000	1598	1600	1602	1604	1606	1608	1610	1612	1614	1616
3000	2397	2400	2403	2406	2409	2412	2415	2418	2421	2424
4000	3196	3200	3204	3208	3212	3216	3220	3224	3228	3232
5000	3995	4000	4005	4010	4015	4020	4025	4030	4035	4040
6000	4794	4800	4806	4812	4818	4824	4830	4836	4842	4848
7000	5592	5599	5606	5613	5620	5627	5634	5641	5648	5655
8000	6391	6399	6407	6415	6423	6431	6439	6447	6455	6463
9000	7190	7199	7208	7217	7226	7235	7244	7253	7262	7271
10000	7989	7999	8009	8019	8029	8039	8049	8059	8069	8079

Tafel 2

zur Entnahme des Gewichts von Mineralölen aus dem Raumgehalt in Liter und der scheinbaren (abgelesenen) Dichte.

Liter	0,810	0,811	0,812	0,813	0,814	0,815	0,816	0,817	0,818	0,819
	Gewicht für obige scheinbare Dichte in Kilogramm									
1	0,8	0,8	0,8	0,8	0,8	0,8	0,8	0,8	0,8	0,8
2	1,6	1,6	1,6	1,6	1,6	1,6	1,6	1,6	1,6	1,6
3	2,4	2,4	2,4	2,4	2,4	2,4	2,4	2,4	2,5	2,5
4	3,2	3,2	3,2	3,2	3,3	3,3	3,3	3,3	3,3	3,3
5	4,0	4,1	4,1	4,1	4,1	4,1	4,1	4,1	4,1	4,1
6	4,9	4,9	4,9	4,9	4,9	4,9	4,9	4,9	4,9	4,9
7	5,7	5,7	5,7	5,7	5,7	5,7	5,7	5,7	5,7	5,7
8	6,5	6,5	6,5	6,5	6,5	6,5	6,5	6,5	6,5	6,5
9	7,3	7,3	7,3	7,3	7,3	7,3	7,3	7,3	7,4	7,4
10	8,1	8,1	8,1	8,1	8,1	8,1	8,2	8,2	8,2	8,2
20	16,2	16,2	16,2	16,2	16,3	16,3	16,3	16,3	16,3	16,4
30	24,3	24,3	24,3	24,4	24,4	24,4	24,5	24,5	24,5	24,5
40	32,4	32,4	32,4	32,5	32,5	32,6	32,6	32,6	32,7	32,7
50	40,5	40,5	40,6	40,6	40,7	40,7	40,8	40,8	40,9	40,9
60	48,5	48,6	48,7	48,7	48,8	48,8	48,9	49,0	49,0	49,1
70	56,6	56,7	56,8	56,8	56,9	57,0	57,0	57,1	57,2	57,3
80	64,7	64,8	64,9	65,0	65,0	65,1	65,2	65,3	65,4	65,4
90	72,8	72,9	73,0	73,1	73,2	73,3	73,3	73,4	73,5	73,6
100	80,9	81,0	81,1	81,2	81,3	81,4	81,5	81,6	81,7	81,8
200	161,8	162,0	162,2	162,4	162,6	162,8	163,0	163,2	163,4	163,6
300	242,7	243,0	243,3	243,6	243,9	244,2	244,5	244,8	245,1	245,4
400	323,6	324,0	324,4	324,8	325,2	325,6	326,0	326,4	326,8	327,2
500	404,5	405,0	405,5	406,0	406,5	407,0	407,5	408,0	408,5	409,0
600	485,4	486,0	486,6	487,2	487,8	488,4	489,0	489,6	490,2	490,8
700	566,2	566,9	567,6	568,3	569,0	569,7	570,4	571,1	571,8	572,5
800	647,1	647,9	648,7	649,5	650,3	651,1	651,9	652,7	653,5	654,3
900	728,0	728,9	729,8	730,7	731,6	732,5	733,4	734,3	735,2	736,1
1000	809	810	811	812	813	814	815	816	817	818
2000	1618	1620	1622	1624	1626	1628	1630	1632	1634	1636
3000	2427	2430	2433	2436	2439	2442	2445	2448	2451	2454
4000	3236	3240	3244	3248	3252	3256	3260	3264	3268	3272
5000	4045	4050	4055	4060	4065	4070	4075	4080	4085	4090
6000	4854	4860	4866	4872	4878	4884	4890	4896	4902	4908
7000	5662	5669	5676	5683	5690	5697	5704	5711	5718	5725
8000	6471	6479	6487	6495	6503	6511	6519	6527	6535	6543
9000	7280	7289	7298	7307	7316	7325	7334	7343	7352	7361
10000	8089	8099	8109	8119	8129	8139	8149	8159	8169	8179

Tafel 2

zur Entnahme des Gewichts von Mineralölen aus dem Raumgehalt in Liter und der scheinbaren (abgelesenen) Dichte.

Liter	0,820	0,821	0,822	0,823	0,824	0,825	0,826	0,827	0,828	0,829
	Gewicht für obige scheinbare Dichte in Kilogramm									
1	0,8	0,8	0,8	0,8	0,8	0,8	0,8	0,8	0,8	0,8
2	1,6	1,6	1,6	1,6	1,6	1,6	1,7	1,7	1,7	1,7
3	2,5	2,5	2,5	2,5	2,5	2,5	2,5	2,5	2,5	2,5
4	3,3	3,3	3,3	3,3	3,3	3,3	3,3	3,3	3,3	3,3
5	4,1	4,1	4,1	4,1	4,1	4,1	4,1	4,1	4,1	4,1
6	4,9	4,9	4,9	4,9	4,9	4,9	5,0	5,0	5,0	5,0
7	5,7	5,7	5,7	5,8	5,8	5,8	5,8	5,8	5,8	5,8
8	6,6	6,6	6,6	6,6	6,6	6,6	6,6	6,6	6,6	6,6
9	7,4	7,4	7,4	7,4	7,4	7,4	7,4	7,4	7,4	7,5
10	8,2	8,2	8,2	8,2	8,2	8,2	8,3	8,3	8,3	8,3
20	16,4	16,4	16,4	16,4	16,5	16,5	16,5	16,5	16,5	16,6
30	24,6	24,6	24,6	24,7	24,7	24,7	24,8	24,8	24,8	24,8
40	32,8	32,8	32,8	32,9	32,9	33,0	33,0	33,0	33,1	33,1
50	41,0	41,0	41,1	41,1	41,2	41,2	41,3	41,3	41,4	41,4
60	49,1	49,2	49,3	49,3	49,4	49,4	49,5	49,6	49,6	49,7
70	57,3	57,4	57,5	57,5	57,6	57,7	57,7	57,8	57,9	58,0
80	65,5	65,6	65,7	65,8	65,8	65,9	66,0	66,1	66,2	66,2
90	73,7	73,8	73,9	74,0	74,1	74,2	74,2	74,3	74,4	74,5
100	81,9	82,0	82,1	82,2	82,3	82,4	82,5	82,6	82,7	82,8
200	163,8	164,0	164,2	164,4	164,6	164,8	165,0	165,2	165,4	165,6
300	245,7	246,0	246,3	246,6	246,9	247,2	247,5	247,8	248,1	248,4
400	327,6	328,0	328,4	328,8	329,2	329,6	330,0	330,4	330,8	331,2
500	409,5	410,0	410,5	411,0	411,5	412,0	412,5	413,0	413,5	414,0
600	491,4	492,0	492,6	493,2	493,8	494,4	495,0	495,6	496,2	496,8
700	573,2	573,9	574,6	575,3	576,0	576,7	577,4	578,1	578,8	579,5
800	655,1	655,9	656,7	657,5	658,3	659,1	659,9	660,7	661,5	662,3
900	737,0	737,9	738,8	739,7	740,6	741,5	742,4	743,3	744,2	745,1
1000	819	820	821	822	823	824	825	826	827	828
2000	1638	1640	1642	1644	1646	1648	1650	1652	1654	1656
3000	2457	2460	2463	2466	2469	2472	2475	2478	2481	2484
4000	3276	3280	3284	3288	3292	3296	3300	3304	3308	3312
5000	4095	4100	4105	4110	4115	4120	4125	4130	4135	4140
6000	4914	4920	4926	4932	4938	4944	4950	4956	4962	4968
7000	5732	5739	5746	5753	5760	5767	5774	5781	5788	5795
8000	6551	6559	6567	6575	6583	6591	6599	6607	6615	6623
9000	7370	7379	7388	7397	7406	7415	7424	7433	7442	7451
10000	8189	8199	8209	8219	8229	8239	8249	8259	8269	8279

Dichte 0,830 — 0,839.

Tafel 2

zur Entnahme des Gewichts von Mineralölen aus dem Raumgehalt in Liter und der scheinbaren (abgelesenen) Dichte.

Liter	0,830	0,831	0,832	0,833	0,834	0,835	0,836	0,837	0,838	0,839
	Gewicht für obige scheinbare Dichte in Kilogramm									
1	0,8	0,8	0,8	0,8	0,8	0,8	0,8	0,8	0,8	0,8
2	1,7	1,7	1,7	1,7	1,7	1,7	1,7	1,7	1,7	1,7
3	2,5	2,5	2,5	2,5	2,5	2,5	2,5	2,5	2,5	2,5
4	3,3	3,3	3,3	3,3	3,3	3,3	3,3	3,3	3,3	3,4
5	4,1	4,2	4,2	4,2	4,2	4,2	4,2	4,2	4,2	4,2
6	5,0	5,0	5,0	5,0	5,0	5,0	5,0	5,0	5,0	5,0
7	5,8	5,8	5,8	5,8	5,8	5,8	5,8	5,9	5,9	5,9
8	6,6	6,6	6,6	6,7	6,7	6,7	6,7	6,7	6,7	6,7
9	7,5	7,5	7,5	7,5	7,5	7,5	7,5	7,5	7,5	7,5
10	8,3	8,3	8,3	8,3	8,3	8,3	8,4	8,4	8,4	8,4
20	16,6	16,6	16,6	16,6	16,7	16,7	16,7	16,7	16,7	16,8
30	24,9	24,9	24,9	25,0	25,0	25,0	25,1	25,1	25,1	25,1
40	33,2	33,2	33,2	33,3	33,3	33,4	33,4	33,4	33,5	33,5
50	41,5	41,5	41,6	41,6	41,7	41,7	41,8	41,8	41,9	41,9
60	49,7	49,8	49,9	49,9	50,0	50,0	50,1	50,2	50,2	50,3
70	58,0	58,1	58,2	58,2	58,3	58,4	58,4	58,5	58,6	58,7
80	66,3	66,4	66,5	66,6	66,6	66,7	66,8	66,9	67,0	67,0
90	74,6	74,7	74,8	74,9	75,0	75,1	75,1	75,2	75,3	75,4
100	82,9	83,0	83,1	83,2	83,3	83,4	83,5	83,6	83,7	83,8
200	165,8	166,0	166,2	166,4	166,6	166,8	167,0	167,2	167,4	167,6
300	248,7	249,0	249,3	249,6	249,9	250,2	250,5	250,8	251,1	251,4
400	331,6	332,0	332,4	332,8	333,2	333,6	334,0	334,4	334,8	335,2
500	414,5	415,0	415,5	416,0	416,5	417,0	417,5	418,0	418,5	419,0
600	497,4	498,0	498,6	499,2	499,8	500,4	501,0	501,6	502,2	502,8
700	580,2	580,9	581,6	582,3	583,0	583,7	584,4	585,1	585,8	586,5
800	663,1	663,9	664,7	665,5	666,3	667,1	667,9	668,7	669,5	670,3
900	746,0	746,9	747,8	748,7	749,6	750,5	751,4	752,3	753,2	754,1
1000	829	830	831	832	833	834	835	836	837	838
2000	1658	1660	1662	1664	1666	1668	1670	1672	1674	1676
3000	2487	2490	2493	2496	2499	2502	2505	2508	2511	2514
4000	3316	3320	3324	3328	3332	3336	3340	3344	3348	3352
5000	4145	4150	4155	4160	4165	4170	4175	4180	4185	4190
6000	4974	4980	4986	4992	4998	5004	5010	5016	5022	5028
7000	5802	5809	5816	5823	5830	5837	5844	5851	5858	5865
8000	6631	6639	6647	6655	6663	6671	6679	6687	6695	6703
9000	7460	7469	7478	7487	7496	7505	7514	7523	7532	7541
10000	8289	8299	8309	8319	8329	8339	8349	8359	8369	8379

Tafel 2

zur Entnahme des Gewichts von Mineralölen aus dem Raumgehalt in Liter und der scheinbaren (abgelesenen) Dichte.

Liter	0,840	0,841	0,842	0,843	0,844	0,845	0,846	0,847	0,848	0,849
	Gewicht für obige scheinbare Dichte in Kilogramm									
1	0,8	0,8	0,8	0,8	0,8	0,8	0,8	0,8	0,8	0,8
2	1,7	1,7	1,7	1,7	1,7	1,7	1,7	1,7	1,7	1,7
3	2,5	2,5	2,5	2,5	2,5	2,5	2,5	2,5	2,5	2,5
4	3,4	3,4	3,4	3,4	3,4	3,4	3,4	3,4	3,4	3,4
5	4,2	4,2	4,2	4,2	4,2	4,2	4,2	4,2	4,2	4,2
6	5,0	5,0	5,0	5,1	5,1	5,1	5,1	5,1	5,1	5,1
7	5,9	5,9	5,9	5,9	5,9	5,9	5,9	5,9	5,9	5,9
8	6,7	6,7	6,7	6,7	6,7	6,8	6,8	6,8	6,8	6,8
9	7,6	7,6	7,6	7,6	7,6	7,6	7,6	7,6	7,6	7,6
10	8,4	8,4	8,4	8,4	8,4	8,4	8,5	8,5	8,5	8,5
20	16,8	16,8	16,8	16,8	16,9	16,9	16,9	16,9	16,9	17,0
30	25,2	25,2	25,2	25,3	25,3	25,3	25,4	25,4	25,4	25,4
40	33,6	33,6	33,6	33,7	33,7	33,8	33,8	33,8	33,9	33,9
50	42,0	42,0	42,1	42,1	42,2	42,2	42,3	42,3	42,4	42,4
60	50,3	50,4	50,5	50,5	50,6	50,6	50,7	50,8	50,8	50,9
70	58,7	58,8	58,9	58,9	59,0	59,1	59,1	59,2	59,3	59,4
80	67,1	67,2	67,3	67,4	67,4	67,5	67,6	67,7	67,8	67,8
90	75,5	75,6	75,7	75,8	75,9	76,0	76,0	76,1	76,2	76,3
100	83,9	84,0	84,1	84,2	84,3	84,4	84,5	84,6	84,7	84,8
200	167,8	168,0	168,2	168,4	168,6	168,8	169,0	169,2	169,4	169,6
300	251,7	252,0	252,3	252,6	252,9	253,2	253,5	253,8	254,1	254,4
400	335,6	336,0	336,4	336,8	337,2	337,6	338,0	338,4	338,8	339,2
500	419,5	420,0	420,5	421,0	421,5	422,0	422,5	423,0	423,5	424,0
600	503,4	504,0	504,6	505,2	505,8	506,4	507,0	507,6	508,2	508,8
700	587,2	587,9	588,6	589,3	590,0	590,7	591,4	592,1	592,8	593,5
800	671,1	671,9	672,7	673,5	674,3	675,1	675,9	676,7	677,5	678,3
900	755,0	755,9	756,8	757,7	758,6	759,5	760,4	761,3	762,2	763,1
1000	839	840	841	842	843	844	845	846	847	848
2000	1678	1680	1682	1684	1686	1688	1690	1692	1694	1696
3000	2517	2520	2523	2526	2529	2532	2535	2538	2541	2544
4000	3356	3360	3364	3368	3372	3376	3380	3384	3388	3392
5000	4195	4200	4205	4210	4215	4220	4225	4230	4235	4240
6000	5034	5040	5046	5052	5058	5064	5070	5076	5082	5088
7000	5872	5879	5886	5893	5900	5907	5914	5921	5928	5935
8000	6711	6719	6727	6735	6743	6751	6759	6767	6775	6783
9000	7550	7559	7568	7577	7586	7595	7604	7613	7622	7631
10000	8389	8399	8409	8419	8429	8439	8449	8459	8469	8479

Tafel 2

zur Entnahme des Gewichts von Mineralölen aus dem Raumgehalt in Liter und der scheinbaren (abgelesenen) Dichte.

Liter	0,850	0,851	0,852	0,853	0,854	0,855	0,856	0,857	0,858	0,859
	Gewicht für obige scheinbare Dichte in Kilogramm									
1	0,8	0,9	0,9	0,9	0,9	0,9	0,9	0,9	0,9	0,9
2	1,7	1,7	1,7	1,7	1,7	1,7	1,7	1,7	1,7	1,7
3	2,5	2,6	2,6	2,6	2,6	2,6	2,6	2,6	2,6	2,6
4	3,4	3,4	3,4	3,4	3,4	3,4	3,4	3,4	3,4	3,4
5	4,2	4,3	4,3	4,3	4,3	4,3	4,3	4,3	4,3	4,3
6	5,1	5,1	5,1	5,1	5,1	5,1	5,1	5,1	5,1	5,1
7	5,9	6,0	6,0	6,0	6,0	6,0	6,0	6,0	6,0	6,0
8	6,8	6,8	6,8	6,8	6,8	6,8	6,8	6,8	6,9	6,9
9	7,6	7,6	7,7	7,7	7,7	7,7	7,7	7,7	7,7	7,7
10	8,5	8,5	8,5	8,5	8,5	8,5	8,6	8,6	8,6	8,6
20	17,0	17,0	17,0	17,0	17,1	17,1	17,1	17,1	17,1	17,2
30	25,5	25,5	25,5	25,6	25,6	25,6	25,7	25,7	25,7	25,7
40	34,0	34,0	34,0	34,1	34,1	34,2	34,2	34,2	34,3	34,3
50	42,5	42,5	42,6	42,6	42,7	42,7	42,8	42,8	42,9	42,9
60	50,9	51,0	51,1	51,1	51,2	51,2	51,3	51,4	51,4	51,5
70	59,4	59,5	59,6	59,6	59,7	59,8	59,9	59,9	60,0	60,1
80	67,9	68,0	68,1	68,2	68,2	68,3	68,4	68,5	68,6	68,6
90	76,4	76,5	76,6	76,7	76,8	76,9	76,9	77,0	77,1	77,2
100	84,9	85,0	85,1	85,2	85,3	85,4	85,5	85,6	85,7	85,8
200	169,8	170,0	170,2	170,4	170,6	170,8	171,0	171,2	171,4	171,6
300	254,7	255,0	255,3	255,6	255,9	256,2	256,5	256,8	257,1	257,4
400	339,6	340,0	340,4	340,8	341,2	341,6	342,0	342,4	342,8	343,2
500	424,5	425,0	425,5	426,0	426,5	427,0	427,5	428,0	428,5	429,0
600	509,4	510,0	510,6	511,2	511,8	512,4	513,0	513,6	514,2	514,8
700	594,3	595,0	595,7	596,4	597,1	597,8	598,5	599,2	599,9	600,6
800	679,1	679,9	680,7	681,5	682,3	683,1	683,9	684,7	685,5	686,3
900	764,0	764,9	765,8	766,7	767,6	768,5	769,4	770,3	771,2	772,1
1000	849	850	851	852	853	854	855	856	857	858
2000	1698	1700	1702	1704	1706	1708	1710	1712	1714	1716
3000	2547	2550	2553	2556	2559	2562	2565	2568	2571	2574
4000	3396	3400	3404	3408	3412	3416	3420	3424	3428	3432
5000	4245	4250	4255	4260	4265	4270	4275	4280	4285	4290
6000	5094	5100	5106	5112	5118	5124	5130	5136	5142	5148
7000	5943	5950	5957	5964	5971	5978	5985	5992	5999	6006
8000	6791	6799	6807	6815	6823	6831	6839	6847	6855	6863
9000	7640	7649	7658	7667	7676	7685	7694	7703	7712	7721
10000	8489	8499	8509	8519	8529	8539	8549	8559	8569	8579

Dichte 0,860 — 0,869.

Tafel 2

zur Entnahme des Gewichts von Mineralölen aus dem Raumgehalt in Liter und der scheinbaren (abgelesenen) Dichte.

Liter	0,860	0,861	0,862	0,863	0,864	0,865	0,866	0,867	0,868	0,869
	Gewicht für obige scheinbare Dichte in Kilogramm									
1	0,9	0,9	0,9	0,9	0,9	0,9	0,9	0,9	0,9	0,9
2	1,7	1,7	1,7	1,7	1,7	1,7	1,7	1,7	1,7	1,7
3	2,6	2,6	2,6	2,6	2,6	2,6	2,6	2,6	2,6	2,6
4	3,4	3,4	3,4	3,4	3,5	3,5	3,5	3,5	3,5	3,5
5	4,3	4,3	4,3	4,3	4,3	4,3	4,3	4,3	4,3	4,3
6	5,2	5,2	5,2	5,2	5,2	5,2	5,2	5,2	5,2	5,2
7	6,0	6,0	6,0	6,0	6,0	6,0	6,1	6,1	6,1	6,1
8	6,9	6,9	6,9	6,9	6,9	6,9	6,9	6,9	6,9	6,9
9	7,7	7,7	7,7	7,8	7,8	7,8	7,8	7,8	7,8	7,8
10	8,6	8,6	8,6	8,6	8,6	8,6	8,6	8,7	8,7	8,7
20	17,2	17,2	17,2	17,2	17,3	17,3	17,3	17,3	17,3	17,4
30	25,8	25,8	25,8	25,9	25,9	25,9	26,0	26,0	26,0	26,0
40	34,4	34,4	34,4	34,5	34,5	34,6	34,6	34,6	34,7	34,7
50	43,0	43,0	43,1	43,1	43,2	43,2	43,3	43,3	43,4	43,4
60	51,5	51,6	51,7	51,7	51,8	51,8	51,9	52,0	52,0	52,1
70	60,1	60,2	60,3	60,3	60,4	60,5	60,6	60,6	60,7	60,8
80	68,7	68,8	68,9	69,0	69,0	69,1	69,2	69,3	69,4	69,4
90	77,3	77,4	77,5	77,6	77,7	77,8	77,8	77,9	78,0	78,1
100	85,9	86,0	86,1	86,2	86,3	86,4	86,5	86,6	86,7	86,8
200	171,8	172,0	172,2	172,4	172,6	172,8	173,0	173,2	173,4	173,6
300	257,7	258,0	258,3	258,6	258,9	259,2	259,5	259,8	260,1	260,4
400	343,6	344,0	344,4	344,8	345,2	345,6	346,0	346,4	346,8	347,2
500	429,5	430,0	430,5	431,0	431,5	432,0	432,5	433,0	433,5	434,0
600	515,4	516,0	516,6	517,2	517,8	518,4	519,0	519,6	520,2	520,8
700	601,3	602,0	602,7	603,4	604,1	604,8	605,5	606,2	606,9	607,6
800	687,1	687,9	688,7	689,5	690,3	691,1	691,9	692,7	693,5	694,3
900	773,0	773,9	774,8	775,7	776,6	777,5	778,4	779,3	780,2	781,1
1000	859	860	861	862	863	864	865	866	867	868
2000	1718	1720	1722	1724	1726	1728	1730	1732	1734	1736
3000	2577	2580	2583	2586	2589	2592	2595	2598	2601	2604
4000	3436	3440	3444	3448	3452	3456	3460	3464	3468	3472
5000	4295	4300	4305	4310	4315	4320	4325	4330	4335	4340
6000	5154	5160	5166	5172	5178	5184	5190	5196	5202	5208
7000	6013	6020	6027	6034	6041	6048	6055	6062	6069	6076
8000	6871	6879	6887	6895	6903	6911	6919	6927	6935	6943
9000	7730	7739	7748	7757	7766	7775	7784	7793	7802	7811
10000	8589	8599	8609	8619	8629	8639	8649	8659	8669	8679

Tafel 2

zur Entnahme des Gewichts von Mineralölen aus dem Raumgehalt in Liter und der scheinbaren (abgelesenen) Dichte.

Liter	0,870	0,871	0,872	0,873	0,874	0,875	0,876	0,877	0,878	0,879
	Gewicht für obige scheinbare Dichte in Kilogramm									
1	0,9	0,9	0,9	0,9	0,9	0,9	0,9	0,9	0,9	0,9
2	1,7	1,7	1,7	1,7	1,7	1,7	1,8	1,8	1,8	1,8
3	2,6	2,6	2,6	2,6	2,6	2,6	2,6	2,6	2,6	2,6
4	3,5	3,5	3,5	3,5	3,5	3,5	3,5	3,5	3,5	3,5
5	4,3	4,4	4,4	4,4	4,4	4,4	4,4	4,4	4,4	4,4
6	5,2	5,2	5,2	5,2	5,2	5,2	5,3	5,3	5,3	5,3
7	6,1	6,1	6,1	6,1	6,1	6,1	6,1	6,1	6,1	6,1
8	7,0	7,0	7,0	7,0	7,0	7,0	7,0	7,0	7,0	7,0
9	7,8	7,8	7,8	7,8	7,9	7,9	7,9	7,9	7,9	7,9
10	8,7	8,7	8,7	8,7	8,7	8,7	8,8	8,8	8,8	8,8
20	17,4	17,4	17,4	17,4	17,5	17,5	17,5	17,5	17,5	17,6
30	26,1	26,1	26,1	26,2	26,2	26,2	26,3	26,3	26,3	26,3
40	34,8	34,8	34,8	34,9	34,9	35,0	35,0	35,0	35,1	35,1
50	43,5	43,5	43,6	43,6	43,7	43,7	43,8	43,8	43,9	43,9
60	52,1	52,2	52,3	52,3	52,4	52,4	52,5	52,6	52,6	52,7
70	60,8	60,9	61,0	61,0	61,1	61,2	61,3	61,3	61,4	61,5
80	69,5	69,6	69,7	69,8	69,8	69,9	70,0	70,1	70,2	70,2
90	78,2	78,3	78,4	78,5	78,6	78,7	78,7	78,8	78,9	79,0
100	86,9	87,0	87,1	87,2	87,3	87,4	87,5	87,6	87,7	87,8
200	173,8	174,0	174,2	174,4	174,6	174,8	175,0	175,2	175,4	175,6
300	260,7	261,0	261,3	261,6	261,9	262,2	262,5	262,8	263,1	263,4
400	347,6	348,0	348,4	348,8	349,2	349,6	350,0	350,4	350,8	351,2
500	434,5	435,0	435,5	436,0	436,5	437,0	437,5	438,0	438,5	439,0
600	521,4	522,0	522,6	523,2	523,8	524,4	525,0	525,6	526,2	526,8
700	608,3	609,0	609,7	610,4	611,1	611,8	612,5	613,2	613,9	614,6
800	695,1	695,9	696,7	697,5	698,3	699,1	699,9	700,7	701,5	702,3
900	782,0	782,9	783,8	784,7	785,6	786,5	787,4	788,3	789,2	790,1
1000	869	870	871	872	873	874	875	876	877	878
2000	1738	1740	1742	1744	1746	1748	1750	1752	1754	1756
3000	2607	2610	2613	2616	2619	2622	2625	2628	2631	2634
4000	3476	3480	3484	3488	3492	3496	3500	3504	3508	3512
5000	4345	4350	4355	4360	4365	4370	4375	4380	4385	4390
6000	5214	5220	5226	5232	5238	5244	5250	5256	5262	5268
7000	6083	6090	6097	6104	6111	6118	6125	6132	6139	6146
8000	6951	6959	6967	6975	6983	6991	6999	7007	7015	7023
9000	7820	7829	7838	7847	7856	7865	7874	7883	7892	7901
10000	8689	8699	8709	8719	8729	8739	8749	8759	8769	8779

Dichte 0,880 — 0,889.

Tafel 2

zur Entnahme des Gewichts von Mineralölen aus dem Raumgehalt in Liter und der scheinbaren (abgelesenen) Dichte.

Liter	0,880	0,881	0,882	0,883	0,884	0,885	0,886	0,887	0,888	0,889
	Gewicht für obige scheinbare Dichte in Kilogramm									
1	0,9	0,9	0,9	0,9	0,9	0,9	0,9	0,9	0,9	0,9
2	1,8	1,8	1,8	1,8	1,8	1,8	1,8	1,8	1,8	1,8
3	2,6	2,6	2,6	2,6	2,6	2,7	2,7	2,7	2,7	2,7
4	3,5	3,5	3,5	3,5	3,5	3,5	3,5	3,5	3,5	3,6
5	4,4	4,4	4,4	4,4	4,4	4,4	4,4	4,4	4,4	4,4
6	5,3	5,3	5,3	5,3	5,3	5,3	5,3	5,3	5,3	5,3
7	6,2	6,2	6,2	6,2	6,2	6,2	6,2	6,2	6,2	6,2
8	7,0	7,0	7,0	7,1	7,1	7,1	7,1	7,1	7,1	7,1
9	7,9	7,9	7,9	7,9	7,9	8,0	8,0	8,0	8,0	8,0
10	8,8	8,8	8,8	8,8	8,8	8,8	8,8	8,9	8,9	8,9
20	17,6	17,6	17,6	17,6	17,7	17,7	17,7	17,7	17,7	17,8
30	26,4	26,4	26,4	26,5	26,5	26,5	26,6	26,6	26,6	26,6
40	35,2	35,2	35,2	35,3	35,3	35,4	35,4	35,4	35,5	35,5
50	44,0	44,0	44,1	44,1	44,2	44,2	44,3	44,3	44,4	44,4
60	52,7	52,8	52,9	52,9	53,0	53,0	53,1	53,2	53,2	53,3
70	61,5	61,6	61,7	61,7	61,8	61,9	62,0	62,0	62,1	62,2
80	70,3	70,4	70,5	70,6	70,6	70,7	70,8	70,9	71,0	71,0
90	79,1	79,2	79,3	79,4	79,5	79,6	79,6	79,7	79,8	79,9
100	87,9	88,0	88,1	88,2	88,3	88,4	88,5	88,6	88,7	88,8
200	175,8	176,0	176,2	176,4	176,6	176,8	177,0	177,2	177,4	177,6
300	263,7	264,0	264,3	264,6	264,9	265,2	265,5	265,8	266,1	266,4
400	351,6	352,0	352,4	352,8	353,2	353,6	354,0	354,4	354,8	355,2
500	439,5	440,0	440,5	441,0	441,5	442,0	442,5	443,0	443,5	444,0
600	527,4	528,0	528,6	529,2	529,8	530,4	531,0	531,6	532,2	532,8
700	615,3	616,0	616,7	617,4	618,1	618,8	619,5	620,2	620,9	621,6
800	703,1	703,9	704,7	705,5	706,3	707,1	707,9	708,7	709,5	710,3
900	791,0	791,9	792,8	793,7	794,6	795,5	796,4	797,3	798,2	799,1
1000	879	880	881	882	883	884	885	886	887	888
2000	1758	1760	1762	1764	1766	1768	1770	1772	1774	1776
3000	2637	2640	2643	2646	2649	2652	2655	2658	2661	2664
4000	3516	3520	3524	3528	3532	3536	3540	3544	3548	3552
5000	4395	4400	4405	4410	4415	4420	4425	4430	4435	4440
6000	5274	5280	5286	5292	5298	5304	5310	5316	5322	5328
7000	6153	6160	6167	6174	6181	6188	6195	6202	6209	6216
8000	7031	7039	7047	7055	7063	7071	7079	7087	7095	7103
9000	7910	7919	7928	7937	7946	7955	7964	7973	7982	7991
10000	8789	8799	8809	8819	8829	8839	8849	8859	8869	8879

Tafel 2

zur Entnahme des Gewichts von Mineralölen aus dem Raumgehalt in Liter und der scheinbaren (abgelesenen) Dichte.

Liter	0,890	0,891	0,892	0,893	0,894	0,895	0,896	0,897	0,898	0,899
	Gewicht für obige scheinbare Dichte in Kilogramm									
1	0,9	0,9	0,9	0,9	0,9	0,9	0,9	0,9	0,9	0,9
2	1,8	1,8	1,8	1,8	1,8	1,8	1,8	1,8	1,8	1,8
3	2,7	2,7	2,7	2,7	2,7	2,7	2,7	2,7	2,7	2,7
4	3,6	3,6	3,6	3,6	3,6	3,6	3,6	3,6	3,6	3,6
5	4,4	4,5	4,5	4,5	4,5	4,5	4,5	4,5	4,5	4,5
6	5,3	5,3	5,3	5,4	5,4	5,4	5,4	5,4	5,4	5,4
7	6,2	6,2	6,2	6,2	6,3	6,3	6,3	6,3	6,3	6,3
8	7,1	7,1	7,1	7,1	7,1	7,2	7,2	7,2	7,2	7,2
9	8,0	8,0	8,0	8,0	8,0	8,0	8,1	8,1	8,1	8,1
10	8,9	8,9	8,9	8,9	8,9	8,9	9,0	9,0	9,0	9,0
20	17,8	17,8	17,8	17,8	17,9	17,9	17,9	17,9	17,9	18,0
30	26,7	26,7	26,7	26,8	26,8	26,8	26,9	26,9	26,9	26,9
40	35,6	35,6	35,6	35,7	35,7	35,8	35,8	35,8	35,9	35,9
50	44,5	44,5	44,6	44,6	44,7	44,7	44,8	44,8	44,9	44,9
60	53,3	53,4	53,5	53,5	53,6	53,6	53,7	53,8	53,8	53,9
70	62,2	62,3	62,4	62,4	62,5	62,6	62,7	62,7	62,8	62,9
80	71,1	71,2	71,3	71,4	71,4	71,5	71,6	71,7	71,8	71,8
90	80,0	80,1	80,2	80,3	80,4	80,5	80,5	80,6	80,7	80,8
100	88,9	89,0	89,1	89,2	89,3	89,4	89,5	89,6	89,7	89,8
200	177,8	178,0	178,2	178,4	178,6	178,8	179,0	179,2	179,4	179,6
300	266,7	267,0	267,3	267,6	267,9	268,2	268,5	268,8	269,1	269,4
400	355,6	356,0	356,4	356,8	357,2	357,6	358,0	358,4	358,8	359,2
500	444,5	445,0	445,5	446,0	446,5	447,0	447,5	448,0	448,5	449,0
600	533,4	534,0	534,6	535,2	535,8	536,4	537,0	537,6	538,2	538,8
700	622,3	623,0	623,7	624,4	625,1	625,8	626,5	627,2	627,9	628,6
800	711,1	711,9	712,7	713,5	714,3	715,1	715,9	716,7	717,5	718,3
900	800,0	800,9	801,8	802,7	803,6	804,5	805,4	806,3	807,2	808,1
1000	889	890	891	892	893	894	895	896	897	898
2000	1778	1780	1782	1784	1786	1788	1790	1792	1794	1796
3000	2667	2670	2673	2676	2679	2682	2685	2688	2691	2694
4000	3556	3560	3564	3568	3572	3576	3580	3584	3588	3592
5000	4445	4450	4455	4460	4465	4470	4475	4480	4485	4490
6000	5334	5340	5346	5352	5358	5364	5370	5376	5382	5388
7000	6223	6230	6237	6244	6251	6258	6265	6272	6279	6286
8000	7111	7119	7127	7135	7143	7151	7159	7167	7175	7183
9000	8000	8009	8018	8027	8036	8045	8054	8063	8072	8081
10000	8889	8899	8909	8919	8929	8939	8949	8959	8969	8979

Tafel 2

zur Entnahme des Gewichts von Mineralölen aus dem Raumgehalt in Liter und der scheinbaren (abgelesenen) Dichte.

Liter	0,900	0,901	0,902	0,903	0,904	0,905	0,906	0,907	0,908	0,909
	Gewicht für obige scheinbare Dichte in Kilogramm									
1	0,9	0,9	0,9	0,9	0,9	0,9	0,9	0,9	0,9	0,9
2	1,8	1,8	1,8	1,8	1,8	1,8	1,8	1,8	1,8	1,8
3	2,7	2,7	2,7	2,7	2,7	2,7	2,7	2,7	2,7	2,7
4	3,6	3,6	3,6	3,6	3,6	3,6	3,6	3,6	3,6	3,6
5	4,5	4,5	4,5	4,5	4,5	4,5	4,5	4,5	4,5	4,5
6	5,4	5,4	5,4	5,4	5,4	5,4	5,4	5,4	5,4	5,4
7	6,3	6,3	6,3	6,3	6,3	6,3	6,3	6,3	6,3	6,4
8	7,2	7,2	7,2	7,2	7,2	7,2	7,2	7,2	7,3	7,3
9	8,1	8,1	8,1	8,1	8,1	8,1	8,1	8,2	8,2	8,2
10	9,0	9,0	9,0	9,0	9,0	9,0	9,0	9,1	9,1	9,1
20	18,0	18,0	18,0	18,0	18,1	18,1	18,1	18,1	18,1	18,2
30	27,0	27,0	27,0	27,1	27,1	27,1	27,2	27,2	27,2	27,2
40	36,0	36,0	36,0	36,1	36,1	36,2	36,2	36,2	36,3	36,3
50	45,0	45,0	45,1	45,1	45,2	45,2	45,3	45,3	45,4	45,4
60	53,9	54,0	54,1	54,1	54,2	54,2	54,3	54,4	54,4	54,5
70	62,9	63,0	63,1	63,1	63,2	63,3	63,4	63,4	63,5	63,6
80	71,9	72,0	72,1	72,2	72,2	72,3	72,4	72,5	72,6	72,6
90	80,9	81,0	81,1	81,2	81,3	81,4	81,4	81,5	81,6	81,7
100	89,9	90,0	90,1	90,2	90,3	90,4	90,5	90,6	90,7	90,8
200	179,8	180,0	180,2	180,4	180,6	180,8	181,0	181,2	181,4	181,6
300	269,7	270,0	270,3	270,6	270,9	271,2	271,5	271,8	272,1	272,4
400	359,6	360,0	360,4	360,8	361,2	361,6	362,0	362,4	362,8	363,2
500	449,5	450,0	450,5	451,0	451,5	452,0	452,5	453,0	453,5	454,0
600	539,4	540,0	540,6	541,2	541,8	542,4	543,0	543,6	544,2	544,8
700	629,3	630,0	630,7	631,4	632,1	632,8	633,5	634,2	634,9	635,6
800	719,1	719,9	720,7	721,5	722,3	723,1	723,9	724,7	725,5	726,3
900	809,0	809,9	810,8	811,7	812,6	813,5	814,4	815,3	816,2	817,1
1000	899	900	901	902	903	904	905	906	907	908
2000	1798	1800	1802	1804	1806	1808	1810	1812	1814	1816
3000	2697	2700	2703	2706	2709	2712	2715	2718	2721	2724
4000	3596	3600	3604	3608	3612	3616	3620	3624	3628	3632
5000	4495	4500	4505	4510	4515	4520	4525	4530	4535	4540
6000	5394	5400	5406	5412	5418	5424	5430	5436	5442	5448
7000	6293	6300	6307	6314	6321	6328	6335	6342	6349	6356
8000	7191	7199	7207	7215	7223	7231	7239	7247	7255	7263
9000	8090	8099	8108	8117	8126	8135	8144	8153	8162	8171
10000	8989	8999	9009	9019	9029	9039	9049	9059	9069	9079

Dichte 0,910 — 0,919.

Tafel 2

zur Entnahme des Gewichts von Mineralölen aus dem Raumgehalt in Liter und der scheinbaren (abgelesenen) Dichte.

Liter	0,910	0,911	0,912	0,913	0,914	0,915	0,916	0,917	0,918	0,919
	Gewicht für obige scheinbare Dichte in Kilogramm									
1	0,9	0,9	0,9	0,9	0,9	0,9	0,9	0,9	0,9	0,9
2	1,8	1,8	1,8	1,8	1,8	1,8	1,8	1,8	1,8	1,8
3	2,7	2,7	2,7	2,7	2,7	2,7	2,7	2,7	2,8	2,8
4	3,6	3,6	3,6	3,6	3,7	3,7	3,7	3,7	3,7	3,7
5	4,5	4,6	4,6	4,6	4,6	4,6	4,6	4,6	4,6	4,6
6	5,5	5,5	5,5	5,5	5,5	5,5	5,5	5,5	5,5	5,5
7	6,4	6,4	6,4	6,4	6,4	6,4	6,4	6,4	6,4	6,4
8	7,3	7,3	7,3	7,3	7,3	7,3	7,3	7,3	7,3	7,3
9	8,2	8,2	8,2	8,2	8,2	8,2	8,2	8,2	8,3	8,3
10	9,1	9,1	9,1	9,1	9,1	9,1	9,1	9,2	9,2	9,2
20	18,2	18,2	18,2	18,2	18,3	18,3	18,3	18,3	18,3	18,4
30	27,3	27,3	27,3	27,4	27,4	27,4	27,5	27,5	27,5	27,5
40	36,4	36,4	36,4	36,5	36,5	36,6	36,6	36,6	36,7	36,7
50	45,5	45,5	45,6	45,6	45,7	45,7	45,8	45,8	45,9	45,9
60	54,5	54,6	54,7	54,7	54,8	54,8	54,9	55,0	55,0	55,1
70	63,6	63,7	63,8	63,8	63,9	64,0	64,1	64,1	64,2	64,3
80	72,7	72,8	72,9	73,0	73,0	73,1	73,2	73,3	73,4	73,4
90	81,8	81,9	82,0	82,1	82,2	82,3	82,3	82,4	82,5	82,6
100	90,9	91,0	91,1	91,2	91,3	91,4	91,5	91,6	91,7	91,8
200	181,8	182,0	182,2	182,4	182,6	182,8	183,0	183,2	183,4	183,6
300	272,7	273,0	273,3	273,6	273,9	274,2	274,5	274,8	275,1	275,4
400	363,6	364,0	364,4	364,8	365,2	365,6	366,0	366,4	366,8	367,2
500	454,5	455,0	455,5	456,0	456,5	457,0	457,5	458,0	458,5	459,0
600	545,4	546,0	546,6	547,2	547,8	548,4	549,0	549,6	550,2	550,8
700	636,3	637,0	637,7	638,4	639,1	639,8	640,5	641,2	641,9	642,6
800	727,1	727,9	728,7	729,5	730,3	731,1	731,9	732,7	733,5	734,3
900	818,0	818,9	819,8	820,7	821,6	822,5	823,4	824,3	825,2	826,1
1000	909	910	911	912	913	914	915	916	917	918
2000	1818	1820	1822	1824	1826	1828	1830	1832	1834	1836
3000	2727	2730	2733	2736	2739	2742	2745	2748	2751	2754
4000	3636	3640	3644	3648	3652	3656	3660	3664	3668	3672
5000	4545	4550	4555	4560	4565	4570	4575	4580	4585	4590
6000	5454	5460	5466	5472	5478	5484	5490	5496	5502	5508
7000	6363	6370	6377	6384	6391	6398	6405	6412	6419	6426
8000	7271	7279	7287	7295	7303	7311	7319	7327	7335	7343
9000	8180	8189	8198	8207	8216	8225	8234	8243	8252	8261
10000	9089	9099	9109	9119	9129	9139	9149	9159	9169	9179

GPSR Compliance

The European Union's (EU) General Product Safety Regulation (GPSR) is a set of rules that requires consumer products to be safe and our obligations to ensure this.

If you have any concerns about our products, you can contact us on ProductSafety@springernature.com

In case Publisher is established outside the EU, the EU authorized representative is:

Springer Nature Customer Service Center GmbH
Europaplatz 3
69115 Heidelberg, Germany

Batch number: 10844655

Printed by Printforce, the Netherlands